网络金融系列丛书

Examples of Network Finance System Design and Implementation

网络金融系统设计与实现案例集

梁 循 主编

内 容 提 要

本书收录了编者讲授的北京大学计算机专业研究生选修课"网络金融"课程的期末大作业,分成网络银行、网络证券、网络保险、网络理财、网络信息和其他等六个部分,多侧面地展示了网络金融系统的设计与实现。

本书的读者可以是爱好金融应用的计算机专业人士,也可以是爱好计算机软件系统实现的金融专业人士。它可以作为高等院校计算机专业、金融专业本科生和研究生教材,也可供计算机金融信息处理、网络证券分析、电子商务等领域的科技人员和高校师生参考。

图书在版编目(CIP)数据

网络金融系统设计与实现案例集/梁循主编. —北京:北京大学出版社,2009.1
(网络金融系列丛书)
ISBN 978-7-301-14507-4

Ⅰ.网… Ⅱ.梁… Ⅲ.计算机网络-应用-金融-案例-汇编 Ⅳ.F830.49

中国版本图书馆 CIP 数据核字(2008)第 183967 号

书　　　　名:	网络金融系统设计与实现案例集
著作责任者:	梁　循　主编
责 任 编 辑:	沈承凤
封 面 设 计:	张　虹
标 准 书 号:	ISBN 978-7-301-14507-4/TP・0988
出 版 发 行:	北京大学出版社
地　　　　址:	北京市海淀区成府路 205 号　100871
网　　　　址:	http://www.pup.cn
电 子 信 箱:	zpup@pup.pku.edu.cn
电　　　　话:	邮购部 62752015　市场营销中心 62750672　编辑部 62752038　出版部 62754962
印 　刷 　者:	北京大学印刷厂
经 　销 　者:	新华书店
	787 毫米×1092 毫米　16 开本　17.5 印张　434 千字
	2009 年 1 月第 1 版　2009 年 1 月第 1 次印刷
定　　　　价:	32.00 元

未经许可,不得以任何方式复制或抄袭本书之部分或全部内容。
版权所有,侵权必究
举报电话:(010)62752024　电子信箱:fd@pup.pku.edu.cn

国家自然科学基金资助项目(70571003, 70871001)

科技部 863 计划项目(2007AA01Z437)

北京大学(2007)研究生课程立项建设资助项目

前　言

本书收集了编者在北京大学计算机系2004—2008年7次大约400名学生的期末报告的扩展摘要，这是我宝贵的教学实践的重要组成部分。感谢北京大学这些出色的学生，在和他们的教学相长的实践中使我积累了很多经验。编者至今对他们做期末报告时鲜活的面孔、精彩演讲和表演，仍然记忆犹新。他们的卓越工作，有的甚至达到了软件职业工程师业务水准的工作，使本书有机会被编辑整理出来，供对网络金融感兴趣的读者参考。

由于篇幅的原因，有一部分项目没有被收录进来。此外，也有一些项目做得非常好的，只是当时该组同学提交成果时采用的是pdf格式，编辑起来很不方便，也没有被收录进来。编者对此深表遗憾。

本书和编者先前出版的另外5本书籍《网络金融》、《数据挖掘算法与应用》、《互联网金融信息系统的设计与实现》、《电子商务理论与实践》和《网络金融信息挖掘导论》（实线框），以及计划出版的《金融信息垂直舆情挖掘》（虚线框）的关系见图0-1。

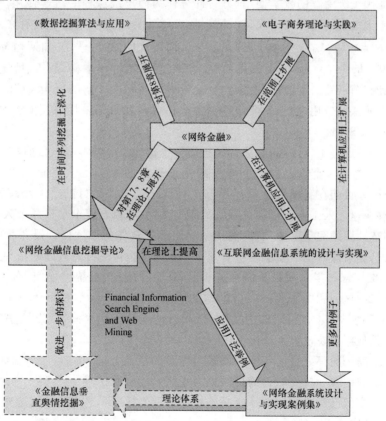

图0-1　《网络金融》、《数据挖掘算法与应用》、《互联网金融信息系统的设计与实现》、《电子商务理论与实践》、《网络金融信息挖掘导论》、《网络金融系统设计与实现案例集》、《金融信息垂直舆情挖掘》和 Financial Information Search Engine and Web Mining 之间的关系

编者曾参照网络金融国内同行的分类,在《网络金融》、《互联网金融信息系统的设计与实现》和《网络金融信息挖掘导论》中,进行了如表 0-1 的分类。根据学生们的选题内容,本书从结构上也参考表 0-1 分成 6 篇:网络银行、网络证券、网络保险、网络理财、网络信息和其他。为了避免重复,在对同一类系统的选例中,编者安排各个学生小组分别有不同的侧重点,例如,有的小组主要采用了需求分析,有的主要采用了程序设计,有的主要采用了系统实现,也有的小组采用了综合的方式,等等。

表 0-1 网络金融的核心领域和扩展领域

核心领域 \ 扩展领域	网络结算	网络理财	网络信息	...
网络银行				
网络证券				
网络保险	↕	↕	↕	...
网络彩票				
网络房产				
...				

几年来,作为一门前沿的课程,其讲义也不断演化扩充。编者计划将这些材料劈成两部分,一部分作为硕士级课程的教学使用,另一部分作为博士级课程的教学使用。同一个主题,分别在硕士、博士级别的课程中出现,这是美、加大学的普遍做法,例如,编者在加拿大做博士后时,本科的课程是 1***、2***,硕士的是 3***,而博士的是 4***;又如斯坦福大学,本科的课程是 1**,硕士的是 2**,而博士的是 3**。每个教授均讲授本科、硕士、博士的课,不少硕士、博士的课具有前沿性。一般地,安排一个教授讲授同一个方向的硕士、博士的课没什么不适当,只是硕士的课偏应用,博士的课偏理论而已,例如,如果某教授讲授 CS331,那么他(她)很有可能也讲授 CS231。

本书的最大特点是工程性较强,适合硕士研究生作为课外参考书。目前,对硕士的工程培养已经是欧美大学的一个重点。一个典型的例子是美国大学工学院面向硕士生的项目课(project course)。目前在我国大学里还没有这种课。这类课的目的是缩小理论和实践的鸿沟,使学生能够快速进入工业。以软件系统的编写为例,项目课要求学员几个人组成一个团队完成一个全制造周期的完整工业项目,例如一个完整的软件制造过程。授课教师只断续地讲授几次课,不过,其余课时仍然要求学生必须以小组为单位接受授课教师的指导。课程设多次期中答辩和 1 次期末答辩。项目从需求分析到概要设计直至系统编程实现,工作量相当大。项目课是软件工程这门课中需要做一个学期的团队大作业。编者在 Stanford 大学学习时曾观察到,其 CS 系的学生不仅科研能力很强,做项目的水平也相当高,所以这些学生毕业后在公司的年薪比其他周边院校常常高出不少也就不足为奇了。

项目课的主题一般都是目前各个领域较为流行的产业方向,例如,网络金融。应该承认,大部分(硕士)研究生在学校受教育的目的是为了将来能够在工业生产实践中扮演一个角色,而毕业生就业率高低已经成为评价一所高校好坏的重要标准。这无疑是对选择讲授内容的巨大挑战。

本项目的要求是,用本课程所学知识,构建一个可运作的系统,建议用 J2EE 实现系统,以小组的方式完成项目,每个小组 5 人,每个小组须有一个组长。项目包括:(1) 网络银行系统,

(2) 电子理财系统,(3) 电子保险系统,(4) 互联网金融信息搜索获取系统,(5) 金融热点信息挖掘系统,(6) 股票/金融产品定价系统,(7) 股市操纵网上监管系统,(8) (动态)股民交易分析挖掘系统,(9) 金融风险评估系统,(10) 中国 Edgar 系统,(11) Open。

本课历年的助教是：黄谦、王伟、吴智发、路斌、张琴、阮进、张海生、李锟、王超、胡雅杰。

由于本书是在 2008 年夏开始真正着手准备的,为了征得各组同学的同意,编者动员了上述助教尽量联系了所有上过本课同学,本书中项目,均是组中至少一名同学同意后发表的。有些组,特别是 2004 年已经毕业的同学的项目,很遗憾由于无法联系,只能"忍痛割爱"。此外,限于篇幅和出版成本,有些很长的文档,也只能进行裁减。

编者在本书的编写过程中,还得到所在单位北京大学计算机所领导的大力支持以及一些同事和同学的帮助。参加整理的同事同学有闫永平、阮进、王超、李楠、唐典章等,他(她)们把各种格式的文档整理成符合出版要求的统一标准格式,付出了艰辛的劳动。在此一并致谢。

本书和上面的 5 本书一起,组成北京大学计算机系研究生选修课教学和辅导材料。课程网页上还提供了另外一些相关材料,网页的地址是 http://www.icst.pku.edu.cn/course/efinance/2008/index.html。

在北京大学出版社资深责任编辑沈承凤老师的倡导下,从上一本书《网络金融信息挖掘导论》开始,编者将图 0-1 中的书籍组成了一个"网络金融系列丛书"。由于编者在写第 1 本书时并没有预想到后来写了这么多,各书出版当时也并未考虑丛书问题,所以前面出版的书籍封面上并没有丛书字样,以后再次印刷时会补上。

在本书即将动笔编辑之时,作者再一次迎来了"乔迁之喜"——我们从方正大厦的 412 室又搬回到了 315 室,所以,这篇前言最后的落款也从上本书《电子商务理论与实践》的地点换回到了"故居"。

由于编者水平和时间的限制,书中一定存在不少缺点和错误,恳请读者批评指正。编者也准备将更正及时发表在网上,作为本书的一个补充。

梁 循
2008 年 10 月于北京大学计算机所中关村方正集团大厦 315 室

目 录

第1篇 网络银行

第1章 网络银行系统 (3)
- 1.1 概述 (3)
- 1.2 总体规划 (3)
- 1.3 数据库设计 (5)
- 1.4 场景描述 (8)

第2章 网络银行客户服务系统 (9)
- 2.1 概述 (9)
- 2.2 需求规格说明书 (9)
- 2.3 客户服务 (11)
- 2.4 系统管理 (12)
- 2.5 业务管理 (13)
- 2.6 不支持的功能 (14)
- 2.7 详细设计书 (15)

第3章 网络银行 eBank 系统 (32)
- 3.1 概述 (32)
- 3.2 软件需求规格说明 (32)
- 3.3 总体设计书 (37)
- 3.4 系统运行 (40)

第4章 网络银行金融系统 (42)
- 4.1 概述 (42)
- 4.2 功能描述 (42)

第2篇 网络证券

第5章 校园债券投资助手网 (49)
- 5.1 文档介绍 (49)
- 5.2 系统单元设计 (50)

第6章 网络证券 eStock 系统 (54)
- 6.1 系统概述 (54)
- 6.2 设计约束 (54)
- 6.3 产品描述 (54)
- 6.4 产品需求概述 (55)

6.5 功能需求 ……………………………………………………………………… (56)
6.6 运行需求 ……………………………………………………………………… (57)
6.7 设计策略 ……………………………………………………………………… (58)
6.8 系统总体结构 ………………………………………………………………… (58)
6.9 系统单元设计 ………………………………………………………………… (59)
6.10 接口设计 ……………………………………………………………………… (61)
6.11 开发环境的配置 ……………………………………………………………… (62)
6.12 运行环境的配置 ……………………………………………………………… (62)
6.13 测试环境的配置 ……………………………………………………………… (62)
6.14 单元测试 ……………………………………………………………………… (63)
6.15 其他 …………………………………………………………………………… (63)

第 7 章 Storm 金融定价分析系统 ……………………………………………… (64)
7.1 产品描述 ……………………………………………………………………… (64)
7.2 项目概述 ……………………………………………………………………… (64)
7.3 具体需求 ……………………………………………………………………… (66)
7.4 运行环境 ……………………………………………………………………… (68)
7.5 总体设计 ……………………………………………………………………… (69)
7.6 总体功能模块设计 …………………………………………………………… (70)
7.7 数据库设计 …………………………………………………………………… (71)
7.8 附录 …………………………………………………………………………… (73)

第 8 章 股票交易分析系统 ………………………………………………………… (75)
8.1 产品描述 ……………………………………………………………………… (75)
8.2 产品需求概述 ………………………………………………………………… (75)
8.3 数据描述 ……………………………………………………………………… (76)
8.4 股票预测算法 ………………………………………………………………… (76)
8.5 股票交易设计 ………………………………………………………………… (77)
8.6 数据库设计 …………………………………………………………………… (78)
8.7 用户界面设计 ………………………………………………………………… (78)

第 9 章 股票预测系统 …………………………………………………………… (80)
9.1 产品描述 ……………………………………………………………………… (80)
9.2 外部设计 ……………………………………………………………………… (80)
9.3 结构设计 ……………………………………………………………………… (81)
9.4 使用到的接口 ………………………………………………………………… (83)

第 10 章 金融风险评估系统 ……………………………………………………… (85)
10.1 概述 …………………………………………………………………………… (85)
10.2 总体规划 ……………………………………………………………………… (87)
10.3 系统概要设计 ………………………………………………………………… (88)

第 11 章 Stock 股票分析系统 …………………………………………………… (97)
11.1 概述 …………………………………………………………………………… (97)
11.2 总体规划 ……………………………………………………………………… (97)

11.3　数据库设计 ………………………………………………………………………………(99)
　11.4　功能描述 ………………………………………………………………………………(100)

第3篇　网络保险

第12章　电子保险系统 ………………………………………………………………………(103)
　12.1　功能描述 ………………………………………………………………………………(103)
　12.2　系统总体结构 …………………………………………………………………………(104)
　12.3　用户管理模块设计说明 ………………………………………………………………(110)
　12.4　理赔管理模块设计说明 ………………………………………………………………(118)
　12.5　投保模块设计说明 ……………………………………………………………………(124)
　12.6　参考文献 ………………………………………………………………………………(133)

第13章　无忧车保电子保险系统 ……………………………………………………………(134)
　13.1　相关序列图 ……………………………………………………………………………(134)
　13.2　产品概述 ………………………………………………………………………………(136)
　13.3　数据库设计 ……………………………………………………………………………(141)
　13.4　系统单元 ………………………………………………………………………………(141)
　13.5　系统层次结构 …………………………………………………………………………(143)

第4篇　网络理财

第14章　电子理财投资系统 …………………………………………………………………(147)
　14.1　产品描述 ………………………………………………………………………………(147)
　14.2　产品需求概述 …………………………………………………………………………(147)
　14.3　功能需求 ………………………………………………………………………………(148)
　14.4　数据描述 ………………………………………………………………………………(151)
　14.5　设计约束 ………………………………………………………………………………(152)
　14.6　设计策略 ………………………………………………………………………………(152)
　14.7　系统总体结构 …………………………………………………………………………(153)
　14.8　系统单元设计 …………………………………………………………………………(154)
　14.9　系统接口设计 …………………………………………………………………………(157)
　14.10　单元模块实现 …………………………………………………………………………(157)
　14.11　单元测试方案 …………………………………………………………………………(168)
　14.12　不确定的问题 …………………………………………………………………………(169)
　14.13　其他 ……………………………………………………………………………………(169)

第15章　网上理财系统 …………………………………………………………………………(170)
　15.1　产品描述 ………………………………………………………………………………(170)
　15.2　产品需求概述 …………………………………………………………………………(171)
　15.3　需求分析 ………………………………………………………………………………(172)
　15.4　系统总体结构 …………………………………………………………………………(174)

15.5 数据描述 (175)
15.6 性能需求 (176)
15.7 运行需求 (178)
15.8 设计约束 (178)
15.9 关键技术与算法 (179)
15.10 系统单元设计 (179)
15.11 接口设计 (180)
15.12 开发环境的配置 (180)
15.13 运行环境的配置 (181)
15.14 测试环境配置 (181)
15.15 故障处理要求 (181)
15.16 其他 (181)
15.17 编写人员和编写日期 (182)
15.18 参考文献 (182)

第16章 投资理财顾问系统 (183)
16.1 产品需求概述 (183)
16.2 数据描述 (184)
16.3 总体设计 (185)
16.4 接口设计 (188)
16.5 数据结构和算法 (188)
16.6 系统出错信息处理 (189)

第5篇 网络信息

第17章 金融信息垂直搜索引擎 (193)
17.1 系统概述 (193)
17.2 文档介绍 (193)
17.3 设计约束 (194)
17.4 设计策略 (194)
17.5 系统总体结构 (194)
17.6 系统单元设计 (195)
17.7 接口设计 (196)

第18章 金融信息搜集及预测系统 (198)
18.1 概述 (198)
18.2 总体规划 (198)
18.3 算法流程 (201)
18.4 数据描述 (201)

第19章 SIMS股市信息采集挖掘系统 (204)
19.1 概述 (204)

19.2 总体设计 ……………………………………………………………………… (204)

第20章 互联网股市信息挖掘系统 …………………………………………… (210)
20.1 文档介绍 ……………………………………………………………………… (210)
20.2 系统概述 ……………………………………………………………………… (210)
20.3 系统功能 ……………………………………………………………………… (212)
20.4 运行环境 ……………………………………………………………………… (212)
20.5 信息获取模块 ………………………………………………………………… (213)
20.6 中文分词模块 ………………………………………………………………… (222)

第21章 搜索系统 Unique Engine ……………………………………………… (226)
21.1 产品描述 ……………………………………………………………………… (226)
21.2 产品需求概述 ………………………………………………………………… (226)
21.3 功能需求 ……………………………………………………………………… (227)
21.4 数据描述 ……………………………………………………………………… (228)
21.5 用户界面 ……………………………………………………………………… (228)
21.6 系统概述 ……………………………………………………………………… (229)
21.7 设计约束 ……………………………………………………………………… (229)
21.8 设计策略 ……………………………………………………………………… (230)
21.9 系统总体结构 ………………………………………………………………… (231)

第22章 金融信息服务集成平台 ……………………………………………… (233)
22.1 文档介绍 ……………………………………………………………………… (233)
22.2 系统总体结构 ………………………………………………………………… (236)

第23章 网络信息 EDGAR 系统 ……………………………………………… (242)
23.1 产品描述 ……………………………………………………………………… (242)
23.2 产品需求概述 ………………………………………………………………… (243)
23.3 功能需求 ……………………………………………………………………… (244)
23.4 接口设计 ……………………………………………………………………… (247)
23.5 程序系统体系结构 …………………………………………………………… (247)
23.6 全局数据结构说明 …………………………………………………………… (248)
23.7 接口设计 ……………………………………………………………………… (249)
23.8 性能需求 ……………………………………………………………………… (253)
23.9 运行需求 ……………………………………………………………………… (253)
23.10 其他需求 …………………………………………………………………… (254)
23.11 参考文献 …………………………………………………………………… (255)

第6篇 其 他

第24章 校园物品交易平台 …………………………………………………… (259)
24.1 产品概述 ……………………………………………………………………… (259)
24.2 产品需求概述 ………………………………………………………………… (259)
24.3 系统框图 ……………………………………………………………………… (260)
24.4 数据描述 ……………………………………………………………………… (261)

第1篇
网络银行

第1章 网络银行系统

作者：崔静，堵俊平，葛浩，古亮，吴定明　　编辑：梁循，闫永平

1.1 概　　述

近些年来网络银行逐渐获得大众青睐，与其能够为客户带来巨大价值有着密切的关系。网上银行的突出优点是：拓展了银行服务渠道，突破时间、地点限制，提供 3A 式服务；为企业客户提供了先进的、现代化的资金管理服务；为个人客户提供了功能丰富、方便、快捷的新型金融服务手段。

由于银行业对于系统和信息安全性的高要求，在我们实现网络银行系统的过程中，将把安全、可靠作为主要的着眼点。

我们的网络银行系统包括如下几部分内容：

① 客户服务：账户管理、在线支付缴费、转账管理；
② 业务管理：客户账户管理、统计报表；
③ 系统管理：用户管理、日志管理、系统维护。

1.2 总 体 规 划

1.2.1 体系结构

我们认为符合 J2EE 规范的 Intenet/Intranet 技术构架和多层软件应用结构可以很好地满足网络银行系统的建设要求，它包含四个层次，分别是客户层、Web 层、业务逻辑层和数据层（见图 1-1）。

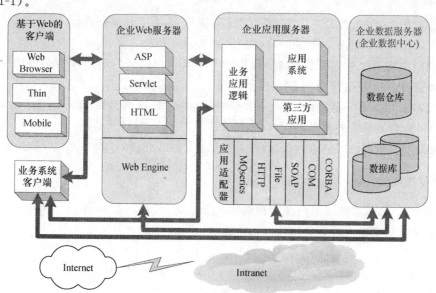

图 1-1　系统 J2EE 体系结构

1.2.2 关键技术

1. 数据库

考虑到系统的灵活性以及可靠性,所用的数据库将在 MS SQL Server 和 Oracle 中选择。MS SQL Server 作为企业级数据库中的轻量级解决方案,对于 Windows 平台有很好的兼容性,同时因其良好的管理界面使得 MS SQL Server 成为系统开发及测试阶段最好的选择。由于 Oracle 具有出色的性能及可靠性,在系统正式部署的时候将使用 Oracle 作为数据库服务器。

由于开发和部署过程采用不同的数据库服务器,并考虑到系统将来在其他数据库系统上需要进行平滑的移植,在开发过程中将采用 SQL98 标准,并决定不采用存储过程和触发器来实现业务逻辑的编写。同时为了保证系统数据的可靠与完整,将在数据库层进行严格的完整性约束。

2. 应用服务器层

考虑到对各种 EJB 容器的熟悉程度,我们最终决定采用 BEA Weblogic9.x 作为 EJB 容器。

采用 O/RM 技术实现应用服务器层和数据库层的交互。具体的策略是选择开源项目 Hibernate 作为 O/RM 框架。Hibernate 是时下比较流行并稳定的 O/RM 支持框架,并且在 EJB 3.0 规范将其纳入其中代替传统的 Entity Bean 封装模式。除了将数据库中的记录及记录间的关系封装成对象及对象间的关系之外,Hibernate 还提供了 HQL 作为类 SQL 的对象检索及访问语言,同时也支持数据库原生 SQL 处理。

在应用服务器层将系统中涉及的各种实体进行 EJB 封装。在 Hibernate 基础上各种实体将封装成 Entity Bean,采用 Stateless Session Bean 来发布面向表现层的各种服务方法。由于 Hibernate 尚不处于 EJB 2.0 规范中,且自行管理事务,所以在本系统中将自行管理事务来代替容器管理事务,这么做无法实现分布式事务管理,但鉴于本系统尚不需要和其他系统的 EJB 进行互操作,所缺少的这一特性不会对系统的性能带来任何的影响。

3. 表现层

系统将使用 Servlet 和 JSP 作为表现层的实现形式,事实上除 applet 这一过时的技术之外,J2EE 框架中没有其他的基于 Internet 应用的表现层解决方案。

在表现层中将再次对应用服务器层提供的对象及接口进行封装而成为 JavaBean,所有的 JSP 页面将通过 JavaBean 来访问 EJB 提供的服务。

表现层将采用 MVC 模式,WebWork 2.0 作为 MVC 框架。JavaBean 形成 Module 层。由于 WebForm 带来一系列便利的同时,也带来了几乎无法扩展的问题,所以将采用标准 JSP 来实现 View 层。最后编写一系列的 Action 来形成 Control 层对用户的访问活动进行控制。

1.2.3 功能描述

如概述中所述,该系统所面向的用户分为三类:客户、业务管理员、系统管理员。以下将详细描述系统对每类用户提供的功能。

1. 客户

账户管理:客户信息修改:查看及修改客户的个人信息、账户信息;

余额查询:查看账户余额;

存取款记录：查看历次存取款清单；

支付策略定制：针对各种费用类别（水、电、煤气、电话等）定制支付策略（拒绝、手工支付、自动支付等）；

在线支付：查看当期各种费用清单，手工选择进行支付；

支付记录：查看历次支付记录，并能进行简单的查询和统计；

在线转账：向本系统的其他账号进行转账；

转账记录：查看历次转账记录。

2. 业务管理员

开户；

销户；

冻结账户：停止用户对账户的存取权限；

现金流量月报表：按月统计各月存取款信息，分析现金流量；

账户余额月报表：按月统计各月各个账户的余额，分析存取款动态；

代收费用统计表：统计各种代收代缴费用的支付情况。

3. 系统管理员

用户管理：进行用户注册并为每个用户分配权限，权限采用角色模式，分为客户、业务管理员、系统管理员三个角色；

日志管理：查看系统的操作日志；

系统维护：进行数据备份等操作。

1.3 数据库设计

数据库的表有：bank_account（账户表）、bank_accountMoney（账户存款表）、bank_accountType（账户类型表）、bank_accountFlow（账户资金流动）、bank_transfer（转账记录表）、bank_recevier（收款方表）、bank_define（银行定义）、bank_feeDefine（缴费定义）、bank_feeSetting（缴费设置）及 bank_fee（缴费记录），分别见表 1-1 至表 1-10。

表 1-1 bank_account（账户表）

字段名	类型	中文名	为空	说明
account	varchar(20)	账号	no	PK
password	varchar(20)	密码	no	
isFrozen	bool	是否冻结	no	是否被冻结，默认为 false
userName	varchar(20)	姓名	no	
idType	varchar(20)	证件类型	no	身份证、军官证、其他
idCode	varchar(20)	证件号码	no	
address	varchar(100)	地址		
telephone	varchar(100)	电话		
mobile	varchar(100)	手机		
regDate	datetime	注册日期	no	
regBank	varchar(100)	开户银行	no	
regUser	varchar(20)	开户人	no	

表 1-2　bank_accountMoney(账户存款表)

字段名	类型	中文名	为空	说明
ID	autoinc			PK
account	varchar(20)	账号	no	FK 关联 bank_account
accountTypeID	tinyint	账户类型	no	FK 关联 bank_accountType
amount	float	总金额	no	
startDate	date	开始日期	no	本类型存款开始日期
status	tinyint	状态	no	0—活动,1—结束
endDate	date	结束日期		
endReason	varchar(200)	结束原因		结束原因描述文字,可能是到期也可能是转成其他类型存款

表 1-3　bank_accountType(账户类型表)

字段名	类型	中文名	为空	说明
typeID	int			
typeName	varchar(20)	类型名称	no	
ratio	float	每日利率	no	
dateLength	int	定期天数	no	根据时间长短,可以从长往短转,0 表示活期

表 1-4　bank_accountFlow(账户资金流动)

字段名	类型	中文名	为空	说明
ID	autoinc			PK
account	varchar(20)	账号	no	FK 关联 bank_account
occurTime	datetime	发生时间	no	
amount	float	金额	no	
description	varchar(200)	描述		

表 1-5　bank_transfer(转账记录表)

字段名	类型	中文名	为空	说明
ID	autoinc			PK
amount	float	金额	no	
outBankID	int	转出银行	no	FK 关联 bank_define
outAccount	varchar(20)	转出账号	no	
outUser	varchar(20)	转出用户	no	
receiverID	int	收款人		
inBankID	int	转入银行		FK 关联 bank_define
inAccount	varchar(20)	转入账号	no	
inUser	varchar(20)	转入用户	no	
occurTime	datetime	发生时间	no	
status	tinyint	状态	no	0—未处理,1—成功,2—失败,3—取消
description	varchar(200)	描述		

表 1-6　bank_recevier（收款方表）

字段名	类型	中文名	为空	说明
ID	autoinc			PK
account	varchar(20)	账号		FK 关联 bank_account，为空表示不属于某个具体账户而是所有账户公用的收款方，用于缴费
receiverName	varchar(20)	收款人	no	
bankID	int	所在银行	no	FK 关联 bank_define
receiverAccount	varchar(20)	账号	no	收款人账号
address	varchar(200)	地址		
telephone	varchar(20)	电话		
description	text	描述		

表 1-7　bank_define（银行定义）

字段名	类型	中文名	为空	说明
ID	autoinc			PK
bankName	varchar(20)	银行名称	no	
telephone	varchar(20)	电话		
linkMan	varchar(20)	联系人		
outRatio	float	转出汇率	no	同行转账不收手续费
inRatio	float	转入汇率	no	同行转账不收手续费

表 1-8　bank_feeDefine（缴费定义）

字段名	类型	中文名	为空	说明
ID	autoinc			PK
feeName	varchar(20)	费用名称	no	
receiverID	int	收款人	no	FK 关联 bank_receiver
delayRatio	float	延期罚款率	no	以天计算

表 1-9　bank_feeSetting（缴费设置）

字段名	类型	中文名	为空	说明
ID	autoinc			PK
account	varchar(20)	账号	no	FK 关联 bank_account
feeID	int	费用	no	FK 关联 bank_feeDefine
payMethod	int	支付方式	no	0—不缴纳，1—自动缴纳，2—手工缴纳

表 1-10　bank_fee（缴费记录）

字段名	类型	中文名	为空	说明
ID	autoinc			PK
account	varchar(20)	账号	no	FK 关联 bank_account
feeID	int	费用	no	FK 关联 bank_feeDefine
amount	float	金额	no	
status	int	状态	no	0—未缴纳，1—已缴纳
deadline	datetime	期限	no	
payTime	datetime	支付日期		

1.4 场景描述

1.4.1 开户

开户时需要在 bank_account 表中记录用户的开户信息,同时在 bank_accountMoney 中记录用户开户时存入的钱。

1.4.2 账户查询

通过查询 bank_account 表获得账户基本信息,查询 bank_accountMoney 表获得相应账户的各种存期的金钱信息,查询 bank_accountFlow 表获得用户资金流动情况。

1.4.3 转账

用户可以维护自己的收款人信息,该信息保存在 bank_receiver 中;用户填写的转账单保存在 bank_transfer 表中;当用户确认转出后,如果是同行转账需要复写一份转入方的转账单存放在 bank_transfer 表中,对于转入转出双方要修改 bank_accountMoney 中记录的活期存款数,并在 bank_accountFlow 表中记录本次转账活动。

1.4.4 费用支付

系统预先定义一些系统代缴的费用项目存放在 bank_feeDefine 表中;用户可以针对每种费用定制自己的缴费方案,该方案存放在 bank_feeSetting 表中,用户注册时所有的费用均默认为手工缴纳。

用户可以查看 bank_fee 表得知自己有什么费用需要缴纳,缴纳某项费用的处理流程同转账流程,即等同于用户向费用收缴方进行转账。

第 2 章 网络银行客户服务系统

作者：楚玉强，胡钢清，肖赞，张乐，张林　　编辑：梁循

2.1 概　述

当前，随着互联网络和电子贸易的发展，人们对银行提供网络金融服务的要求越来越多。银行作为电子贸易不可缺少的服务机构，担负着完成电子货币的支付和清算的重任。银行业正进入一个新的黄金发展期，网络银行正蓬勃发展。

建立在 Internet 基础上的网络银行，能够随时为客户提供高质量的服务，具有快速、准确、方便的特点。目前，网络银行主要是在现有的传统银行基础上，运用公用互联网服务，开展传统银行业务交易处理服务，通过其发展家庭银行、企业银行等服务。网络银行是对现有银行专用网的延伸和对银行传统业务方式的补充，银行能把自己的网络延伸到客户的办公室或家里，弥补传统银行业务中营业网点少和营业时间短的不足。

网络银行的实质是为各种通过 Internet 进行电子商务活动的客户提供电子结算手段。其特点是客户只要拥有账号和密码便能在任何地方与 Internet 联网，进入网络银行处理各种交易。在网络银行中，客户能办理储蓄、转账等简单业务和信用卡、交费等业务，在不受干扰的情况下，客户可以 24 小时随时随地使用。

由于网络银行具有以上特点，国内许多银行不断创新，纷纷推出适应网上贸易发展需求的网络银行金融服务。受 M 银行的委托，我们需要开发一个银行客户在线理财系统：客户可以在网上了解存款的具体状况，并可对资金进行操作，达到不用到银行营业厅也可以完成任务的目的。

2.2 需求规格说明书

2.2.1 产品描述

1. 编写目的

编写此文档的目的主要是明确系统的功能需求，起到连接用户需求和开发的桥梁作用。预期的读者是委托方 M 银行，小组开发人员、本课程老师以及助教。

2. 产品名称

网络银行客户在线理财服务系统。

3. 产品简称

网络银行客户服务系统。

4. 产品代号

Efinance2005Group3。

5. 产品版本号

1.04。

2.2.2 产品概述

1. 系统功能

本系统的服务对象分为四类：公共客户、个人客户以及银行系统管理员、银行业务管理员。对于公共客户只能实现一些网上"只读"的功能，比如查询。要实现可操作资金的功能，需要注册为个人客户，这只需要存入一定金额的保证金（由系统管理员确定）即可，保证金类似于定期存款，保证金数目以及存期决定个人客户的有效期。系统主要功能可以分为三类：一、银行的广告、宣传资料和公共信息的发布，这是网络银行最基本、最简单的功能；二、实现客户在银行各类账户信息的查询，及时反映客户的财务状况，实现客户安全交易，真正意义上实现电子贸易等实时功能；三、为银行管理人员提供一定的网络管理接口，如业务汇总、报表生成等。具体服务对象的功能划分见表 2-1。

表 2-1　网络银行客户服务系统功能列表

功能		服务对象			
		公共客户 commonclient	个人客户 VIP	系统管理员 systemmanager	业务管理员（业务员） businessmanager
客户服务	银行卡挂失	√	√		√
	密码修改	√	√	√	√
	激活个人客户	√	√		
	查询账户余额	√	√		√
	查询交易流水	√	√		√
	转账		√		
	转账记录查询		√		
	查询缴费		√		
	缴费		√		
业务管理	交易流水提取				√
	账户冻结/解冻				√
	销户				√
	创建账户				√
系统管理	登录	√	√	√	√
	系统设置			√	
	日志查询			√	
	添加业务人员			√	
	删除业务人员			√	
	浏览业务人员			√	

本系统建立银行信息数据库，存储和记录客户及账户信息、交易历史记录等，所有功能以此为基础来实现，目前准备实现的是一个非完全独立产品，主要体现在某些业务需第三方提供正式接口，如网上缴费。

2. 运行环境

硬件环境：CPU：PIII 800 MHz；RAM：256 MB；VRAM：8 MB；HARDDISK：10.0 GB。

软件环境：操作系统：服务器端 Windows Server 2000 及其以上，客户端 Windows 2000 及以上；网络软件：服务器端 J2EE，客户端 IE6.0；数据库系统：mySQL。

3. 功能需求

本系统的用例见 2.4 节中的图 2-1、图 2-2、图 2-3、图 2-4、图 2-5。

2.3 客户服务

优先级：高

2.3.1 账号挂失

详细描述

功能：供用户挂失其账号，银行暂时停止对该账号的服务
输入：卡号、密码
输出：成功或失败信息

2.3.2 密码修改

详细描述

功能：用户修改密码
输入：旧密码与新密码且确定新密码
输出：成功或失败信息

2.3.3 激活个人客户

详细描述

功能：将公共客户升级为个人客户，可以获得更多的服务
输入：输入保证金数目以及存期
输出：个人客户的有效期
说明：有效期＝当前日期＋保证金数目(元)/1000(元)＊存期(年)

2.3.4 查询账户余额

详细描述

功能：供用户查询其账号上的余额
输入：无
输出：余额和可用资金

2.3.5 查询交易流水

详细描述

功能：供用户或业务管理员查询交易的详细记录
输入：需查询交易的起始日期
输出：交易日期、转出账号、转入账号、交易金额、备注

2.3.6 转账

详细描述

功能：向其他账号转出资金

输入：转账密码、目的账号、金额

输出：转账成功输出：转账金额目的账号金额；否则输出出错信息，包括：目的账号不存在或现有可用资金不足或密码错误

2.3.7 转账记录查询

详细描述

功能：查询转账的历史记录

输入：起始日期、终止日期、转入或转出

输出：源账户、交易时间、交易金额、目标账户、备注

2.3.8 缴费

详细描述

功能：网上缴纳电信费用

输入：账号、密码、上缴金额

输出：若成功则输出：上缴金额、上次余额、现有余额；否则输出出错信息，包括：现有可用资金不足或密码错误

2.3.9 缴费查询

详细描述

功能：查询网上缴费的详细记录

输入：缴费类型、缴费号码

输出：收费单位、缴费号码、欠费、手续费、上次余额、合计

2.4 系统管理

优先级：高

功能描述：对于个人（公共）客户，系统管理包括注册登录，对系统管理员提供系统设置以及维护功能

2.4.1 登录

详细描述

功能：服务的用户均须登录

输入：ID、密码、用户类型

输出：成功或失败界面

2.4.2 系统设置

详细描述

功能：用来设定一些系统变量

输入：利率,最低保证金(以这两个为例子)
输出：成功或失败界面

2.4.3 日志查询

详细描述
功能：系统管理员查询日志(只是业务员以及系统管理员的活动历史要写入日志)
输入：起始日期、终止日期
输出：日志列表

2.4.4 创建业务员

详细描述：初始密码为身份证的后6位
功能：根据用户输入信息保存于数据库
输入：姓名、性别、身份证号、电话
输出：成功或失败界面

2.4.5 删除业务员

详细描述：无
功能：根据业务员编号从数据库中删除信息
输入：业务员编号
输出：成功或失败界面

2.4.6 浏览业务员

详细描述：无
功能：浏览系统中所有的业务员信息
输入：无
输出：列表：业务员编号、姓名、性别、身份证号、电话

2.5 业务管理

优先级：中
功能描述：为业务管理员分析业务提供数据支持

2.5.1 交易流水提取

详细描述
功能：将指定用户的交易流水保存到相应文件供后续分析使用
输入：起始日期、终止日期、保存目的地
输出：成功或失败界面

2.5.2 用户冻结/解冻

详细描述

功能：对给定用户冻结/解冻其账户
输入：账户、冻结/解冻原因
输出：成功或失败界面

2.5.3 销户

详细描述
功能：对要求销户的用户，删除其相关记录
输入：账户
输出：账户、日期

2.5.4 创建账户

详细描述：为公共客户或个人客户创建账户
功能：
输入：姓名、地址、性别、身份证号、电话、出生日期、密码、客户类型
输出：成功或失败界面

2.6 不支持的功能

本系统只对表 2-1 列出的功能提供实现，特别地对于网上缴费只提供接口。
下面给出类图来说明所描述的对象（见图 2-1 至图 2-5）。

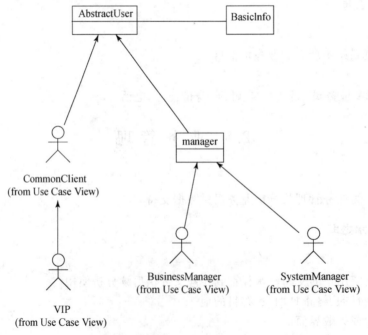

图 2-1 用户类：用户及其继承关系

图 2-2　业务处理类：账户、卡以及交易记录的聚合关系

图 2-3　管理类：业务管理员相关

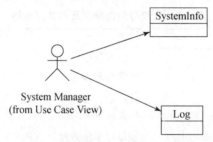

图 2-4　管理类：系统管理员相关

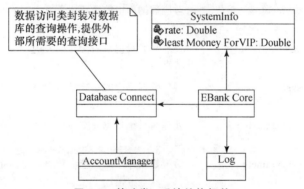

图 2-5　基础类：系统结构相关

2.7　详细设计书

2.7.1　文档修订记录

文档修订记录见表 2-2。

表 2-2　文档修订记录

版本编号	说明（如形成文件、变更内容和变更范围）	日期	执行人	批准日期	批准人
V0.1	第一次编写	2005-12-12	胡钢清		
1.01	添加公共客户以及 VIP 客户的类说明	2005-12-17	张乐		
1.02	添加 Handler 基类的描述	2005-12-20	肖赞		

2.7.2 文档介绍

1. 文档目的

本文档根据总体设计书给出详尽的系统实现细节。预期的读者：小组开发人员、本课程老师以及助教。

2. 文档范围

本文档给出系统的体系结构，给出每个类的定义，包括属性以及接口。还给出每个类之间的约束关系。

3. 程序系统体系结构

表2-3给出了处理与数据库交互的类的描述。

表2-3 处理与数据库交互的类的描述

程序的名称	标识符	功能	源程序文件名
账户实体	account	对应数据库中的账户表	account.java
账户实体交互器	accounthandler	处理与账户表交互相关的请求	accounthandler.java
系统用户实体	adminuser	对应数据库中的系统管理用户表	adminuserhandler.java
系统用户实体交互器	adminuserhandler	处理与系统管理用户表交互相关的请求	adminuserhandler.java
缴费实体	payment	对应数据库中的缴费记录表	payment.java
缴费实体交互器	paymenthandler	处理与缴费记录表交互相关的请求	paymenthandler.java
日志实体	syslog	对应数据库中的系统日志表	syslog.java
日志实体交互器	sysloghandler	处理与系统日志表交互相关的请求	sysloghandler.java
系统参数实体	sysparameter	对应数据库中的系统参数表	sysparamete.java
系统参数实体交互器	sysparameterhandler	处理与系统参数表交互相关的请求	sysparameterhandler.java
交易记录实体	transaction	对应数据库中的交易记录表	transaction.java
交易记录实体交互器	transactionhandler	处理与交易记录表交互相关的请求	transactionhandler.java
交互器	handler	各个handler的基类，包含数据库连接、初始化以及关闭的功能	在设计上保留这个概念对于我们理解这个系统还是有好处的

表2-4给出与异常相关的类描述。

表 2-4　异常相关的类描述

程序名称	标识符	功能	源程序文件名
无账户存在异常	accountnotfoundexception	表明没有找到指定的账户	accountnotfoundexception.java
无系统用户异常	adminusernotfoundexception	表明没有找到指定的系统用户	adminusernotfoundexception.java
账户类型异常	illegalaccounttypeexception	当用户试图"越权"操作时抛出	illegalaccounttypeexception.java
资金不足异常	insufficientfundsexception	表明资金不足	insufficientfundsexception.java
参数错误异常	invalidparameterexception	表明传入参数错误	invalidparameterexception.java
无交易记录异常	transactionnotfoundexception	表明无指定的交易记录	transactionnotfoundexception.java

表 2-5 给出与用户相关的类描述。

表 2-5　与用户相关类的描述

程序名称	标识符	功能	源程序文件名
普通用户	customer	实现普通用户相关的功能：密码修改、激活个人客户、查询账户余额、查询交易流水以及登录	customer.java
vip 客户	vipcustomer	在实现普通用户功能的基础上实现转账、转账记录查询、查询缴费、缴费等功能	vipcustomer.java
业务员	businessadmin	实现业务员的相关功能：登录、密码修改、交易流水提取、账户冻结/解冻、销户以及创建账户	businessadmin.java
系统管理员	systemadmin	实现系统管理员的相关功能：登录、密码修改、系统设置、日志查询、添加业务人员、删除业务人员以及浏览业务人员	systemadmin.java
用户	user	实现上面 4 类用户的公共功能：登录以及修改密码	在设计上保留这个概念对于我们理解这个系统还是有好处的

4．数据库交互类说明

说明：对应于数据库表的每个实体设计为 JavaBean 类，每个属性都有对应的读写方法。格式如下：

　　读：变量名对应类型 get 属性变量名()；

　　写：void set 属性变量名(变量名对应类型)；

所以下面的描述对于 JavaBean 类不给出读写方法的说明。JavaBean 的每个类属性应该可以在其描述的表中找到对应的属性。另外，原来这个 section 在模板里面对应"全局数据结构说明"，但是本系统没有全局变量，故在这里将这个 section 改为"数据库交互说明"，所描述的类作为实现各个子系统的基础。

(1) AdmiUser(JavaBean)类设计说明
① 说明：对应系统管理用户表。
② 属性说明

可见性 数据类型 变量名　　　　　　//说明
private String userId;　　　　　　//用户账号
private String password;　　　　　//密码
private String userType;　　　　　//用户类型，系统管理员-1，业务管理员-2
private String userName;　　　　　//姓名
private String identify;　　　　　//身份证号
private String address;　　　　　 //地址
private String phone;　　　　　　 //电话
private date createTime;　　　　　//创建时间
private date birthday;　　　　　　//生日

(2) Payment (JavaBean)类设计说明
① 说明：对应缴费记录表。
② 属性说明

可见性 数据类型 变量名　　　　　　//说明
private String payId;　　　　　　 //交费编号
private String targetId;　　　　　//目的账号
private String accountId;　　　　 //交费账户
private BigDecimal amount;　　　　//缴费金额
private date timestamp;　　　　　 //交费日期
private String event;　　　　　　 //事件描述

(3) Syslog (JavaBean)类设计说明
① 说明：对应系统日志表。
② 属性说明

可见性 数据类型 变量名　　　　　　//说明
private String logId;　　　　　　 //日志记录编号
private String userId;　　　　　　//当事人 ID
private date timestamp;　　　　　 //日期
private String event;　　　　　　 //事件描述

(4) SysParameter (JavaBean)类设计说明
① 说明：对应系统参数表。
② 属性说明

可见性 数据类型 变量名　　　　　　//说明
private BigDecimal ensureSum;　　 //保证金底线
private BigDecimal interest;　　　//利息

(5) Transaction (JavaBean)类设计说明
① 说明：对应交易记录表。

② 属性说明

可见性 数据类型 变量名　　　　　　　//说明

private String txId;　　　　　　　　//交易记录编号

private String accountId;　　　　　　//源账号

private String type;　　　　　　　　//交易类型,(1：入账,2：出账,3：网上交费)

private BigDecimal amount;　　　　　//交易金额数量

private java.util.date timestamp;　　　//日期

private String tradeAccount;　　　　　//目的账户

private String description;　　　　　　//描述

(6) Handler 类设计说明

① 说明：这个类只存在于设计概念中，实现时可按实际情况灵活处理。该类派生出类 AccountHandler、AdminUserHandler、PaymentHandler、SyslogHandler、SysParameterHandler 以及 TransactionHandler。

② 属性说明

可见性 数据类型 变量名　　　　　　　//说明

protected DataSource ds　　　　　　//数据源，在构造函数中通过 JNDI 查找获得

③ 方法说明

● 方法1

public static final java.SQL.date toSQLDate(java.util.date inDate)

功能：将 java.SQL.Date 格式的日期转换为 java.util.Date 格式的日期

输入：java.SQL.Date 格式的日期

输出：java.util.Date 格式的日期

异常：无

● 方法2

public static final java.util.date toUtilDate(java.SQL.date inDate)

功能：将 java.SQL.Date 格式的日期转换为 java.util.Date 格式的日期

输入：java.util.Date 格式的日期

输出：java.SQL.Date 格式的日期

异常：无

● 方法3

public void closeConnection(Connection con)

功能：关闭连接

输入：连接

输出：无

异常：无

● 方法4

public void closePrepStmt(PreparedStatement prepStmt)

功能：关闭查询

输入：查询

输出：无

异常：无

● 方法 5

public void closeResultSet(ResultSet rs)

功能：关闭记录集

输入：记录集

输出：无

异常：无

● 方法 6

public Connection getConnection()

功能：获得连接

输入：无

输出：无

异常：连接不成功时抛出异常 Exception

(7) AccountHandler 类设计说明

① 属性说明

无

② 方法说明

● 方法 1

public String createAccount(String password, String accountType, String customer-Name, String identify, String address, String phone, BigDecimal balance, BigDecimal initialBalance, java.util.date birthday) throws InvalidParameterException, SQLException

功能：创建账号

输入：账号中所有的域，除了 accountId, createTime, active 分别自动生成和默认为 true

输出：账号的 ID, (account 表中的 accountId)

异常：当用户 password 为空时，抛出 InvalidParameterException；当数据库操作失败时，抛出 SQLException

● 方法 2

Account getAccount(String accountId) throws AccountNotFoundException

功能：根据 accountId, 获得账号的全部信息

输入：accountId

输出：对应的 Account 对象

异常：当用户不存在时，抛出 AccountNotFoundException 异常

● 方法 3

void updateAccount(Account ac) throws AccountNotFoundException, SQLException

功能：将 ac 账号的信息写入数据库，实现更新账号

输入：账户对象

输出：无

异常：当数据库操作失败时，抛出 SQLException；当用户不存在时，抛出 AccountNot-

FoundException 异常

● 方法 4

void deleteAccount(String accountId)

功能：删除 ID 为 accountId 的账号

输入：accountId

输出：无

异常：当数据库操作失败时，抛出 SQLException；当用户不存在时，抛出 AccountNotFoundException 异常

(8) AdminUserHandler 类设计说明

① 属性说明

② 方法说明

● 方法 1

public String createAdminUser(String password, String userType, String userName, String identify, String address, String phone, java.util.date birthday) throws InvalidParameterException, SQLException

功能：创建系统用户账户

输入：系统管理用户表记录所有的域，除了 userID, createTime 自动生成

输出：账号的 ID，(AdminUser 表中的 userID)

异常：当用户 password 为空时，抛出 InvalidParameterException；当数据库操作失败时，抛出 SQLException

● 方法 2

public void deleteAdminUser(String userId) throws AdminUserNotFoundException, SQLException

功能：删除系统用户（该功能只有系统管理员可用）

输入：用户编号

输出：无

异常：当用户不存在时，抛出 AdminUserNotFoundException 异常

● 方法 3

public AdminUser getAdminUser(String userId) throws AdminUserNotFoundException

功能：根据 userId 得到指定系统用户的信息

输入：用户编号

输出：无

异常：当用户不存在时，抛出 AdminUserNotFoundException 异常

● 方法 4

public void updateAccount(AdminUser au) throws AdminUserNotFoundException, SQLException

功能：将 au 系统用户的信息写入数据库，实现更新账号

输入：系统用户对象

输出：无

异常:当数据库操作失败时,抛出 SQLException;当用户不存在时,抛出 AdminUserNotFoundException 异常

(9) PaymentHandler 类设计说明

这个类不仅为实现本系统在线交费提供数据库交互接口,还为第三方(电信、水电收费方)提供数据库访问接口;这个类只与 Payment 表交互有关,调用这个类的方法不要做任何与该表没有直接联系的其他假设,比如添加交费记录前是否改动过账户表的数据。

① 属性说明

无

② 方法说明

● 方法 1

public String createPayment(String targetId, String accountId, BigDecimal amount, String event) throws InvalidParameterException, SQLException

功能:创建缴费记录

输入:缴费记录表所有的域,除了 payId, timestamp 自动生成

输出:缴费记录的 ID

异常:当用户 password 为空时,抛出 InvalidParameterException;当数据库操作失败时,抛出 SQLException

● 方法 2

public void deletePayment(String accountId) throws SQLException

功能:删除给定账户的所有缴费记录(该功能只为第三方程序提供接口,本系统不调用该程序)

输入:账号

输出:无

异常:当数据库操作失败时,抛出 SQLException

● 方法 3

public Collection getPaymentOfAccount(date startDate, date endDate, String accountId) throws SQLException

功能:根据 userId 得到指定日期的缴费信息

输入:账号以及起始日期

输出:缴费记录集合

异常:当数据库操作失败时,抛出 SQLException

● 方法 4

public public Collection getPaymentOfAccount(String accountId) throws SQLException

功能:根据 userId 得到所有的缴费信息

输入:账号

输出:缴费记录集合

异常:当数据库操作失败时,抛出 SQLException

(10) SyslogHandler 类设计说明

① 属性说明

无
② 方法说明
● 方法 1
public String createSyslog(String userId, String event)
throws InvalidParameterException, SQLException
功能：添加系统日志
输入：系统日志表所有的域，除了 logId，timestamp 自动生成
输出：日志的 Id（AdminUser 表中的 userID）
异常：当用户 password 为空时，抛出 InvalidParameterException；当数据库操作失败时，抛出 SQLException
● 方法 2
public void deleteSyslog(String userId) throws SQLExceptionn
功能：删除给定系统账户的系统日志
输入：系统账户编号
输出：无
异常：当数据库操作失败时，抛出 SQLException
● 方法 3
public Collection getSyslogOfUser(date startDate, date endDate, String userId) throws SQLException
功能：根据 userId 得到指定日期的日志信息
输入：系统用户编号以及起始日期
输出：日志记录集合
异常：当数据库操作失败时，抛出 SQLException
● 方法 4
public Collection getSyslogOfUser(String userId) throws SQLException
功能：根据 userId 得到所有的日志信息
输入：系统用户编号
输出：日志记录集合
异常：当数据库操作失败时，抛出 SQLException
(11) TransactionHandler 类设计说明
① 属性说明

可见性 数据类型 变量名	//说明
private AccountHandler ah	//账户初始值为 null
private BigDecimal bigZero	//初始值 BigDecimal("0.00")
private BigDecimal ensure	//保证金 new BigDecimal("0.00")
private SysParameterHandler sh	//系统日志初始值 null

② 方法说明
● 方法 1
public String createTransaction(String accountId, String type,

BigDecimal amount，BigDecimal balance，java.util.date timestamp，String tradeAccount，String descrption)

功能：往交易记录表中添加交易记录

输入：交易中所有的域，除了 txId，timestamp 分别自动生成

输出：交易记录的 ID，(transactions 表中的 txId)

异常：当用户 accountId 为空时，抛出 InvalidParameterException

当数据库操作失败时，抛出 SQLException

- 方法 2

public void deleteTrofAccount(String accountId) throws SQLException

功能：删除账号 ID 为 userId 的所有交易记录

输入：accountId（表示交易账号的 Id)

输出：无

异常：当数据库操作失败时，抛出 SQLException

- 方法 3

public Collection getTrOfAccount (date startDate, date endDate, String accountId) throws SQLException

功能：获得账号 accountId 在指定时间内的所有交易

输入：系统用户编号以及起始日期

输出：交易记录集合

异常：当数据库操作失败时，抛出 SQLException

- 方法 4

public Transaction getTransaction(String txId) throws TransactionNotFoundException

功能：根据 txId 获得特定的交易记录

输入：txtId（表示交易的 ID)

输出：交易记录实体

异常：当交易记录不存在时，抛出 TransactionNotFoundException

- 方法 5

void withdraw(BigDecimal amount, String description, String accountId) throws InsufficientFundsException, AccountNotFoundException, InvalidParameterException

功能：实现取钱功能，该过程会更新交易记录表以及账户表（余额)

输入：金额，事件描述以及账号

输出：无

异常：当钱不够抛出 InsufficientFundsException，当账号不存在抛出 AccountNotFoundException

- 方法 6

void deposit(BigDecimal amount, String description, String accountId)功能：实现存钱功能，该过程会更新交易记录表以及账户表（余额)

输入：金额，事件描述以及账号

输出：无

异常：无

● 方法 7

public void transferFunds(BigDecimal amount, String description, String fromAccountId, String toAccountId) throws InvalidParameterException, AccountNotFoundException, InsufficientFundsException, IllegalAccountTypeException

功能：实现转账，该过程会更新交易记录表以及账户表（余额）

输入：金额，事件描述，源账号以及目的账号

输出：无

异常：当不是个人客户时，抛出 IllegalAccountTypeException；当钱不够时，抛出 InsufficientFundsException；当账号不存在时，抛出 AccountNotFoundException

● 方法 8

public void makePayment(BigDecimal amount, String description, String accountId) throws InvalidParameterException, AccountNotFoundException, IllegalAccountTypeException

功能：实现缴费，该过程会更新交易记录表以及账户表（余额）

输入：金额，事件描述，目的账号

输出：无

异常：当不是个人客户时，抛出 IllegalAccountTypeException；当钱不够时，抛出 InsufficientFundsException；当账号不存在时，抛出 AccountNotFoundException

5. 单元设计

（1）业务管理员 BusinessAdmin 说明

这个类实现总体设计中给出的对应业务员的各项功能。

① 属性说明

可见性 数据类型变量名   //说明
private AccountHandler ah;   //账户表 Handler 操作工具
private TransactionHandler th;   //交易流水表操作工具
private AdminUserHandler auh;   //系统用户表操作工具
private SyslogHandler sh;   //系统日志表操作工具

② 源程序文件说明

文件名：BusinessAdmin.java

③ 函数说明

● 方法 1

public String login(String userid, String password)

throws AdminUserNotFoundException

功能：实现登录

输入：用户 ID，密码

输出：无

算法说明：利用 AdminUserHandler 依 userID 取出对应的实体

比较该实体的密码是否与给定密码一致

使用约束：无

● 方法 2

public boolean changePassword(String userID, String oldpassword, String newpassword) throws AdminUserNotFoundException, SQLException

功能：实现修改密码

输入：用户 ID,旧密码,新密码

输出：是否成功

算法说明：利用 AdminUserHandler 依 userID 取出对应的实体,当且仅当该实体的密码与给定旧密码一致时,修改密码

使用约束：无

● 方法 3

public String createAccount(String AdminId, String password, String accountType, String customerName, String identify, String address, String phone, BigDecimal balance, BigDecimal initialBalance, java.util.date birthday) throws InvalidParameterException, SQLException

功能：创建账户

输入：业务管理员编号,密码,客户类型,姓名,身份证号,地址,电话,初始现金,保证金,出生日期

输出：账户 ID

算法说明：利用 AccountHander 生成账户,将该过程写入日志

使用约束：无

● 方法 4

public boolean disableAccount(String AdminId, String accountID) throws SQLException, AccountNotFoundException, InvalidParameterException

功能：冻结账户(解冻账户类似)

输入：业务管理员编号,账号

输出：是否成功

算法说明：利用 AccountHander 得到给定的账号实体,设置该实体的 active 属性为冻结,利用 AccountHander 将该账号实体更新到数据库中,将该过程写入日志

使用约束：无

● 方法 5

public void deleteAccount(String AdminId, String accountID) throws SQLException, AccountNotFoundException, InvalidParameterException

功能：删除账户

输入：业务管理员编号,账号

输出：无

算法说明：利用 AccountHander 删除给定实体的账户,利用 TransactionHandler 删除给定实体的交易记录,将该过程写入日志

使用约束：无

- 方法 6

public Collection getTransaction(date startDate, date endDate, String accountID) throws SQLException

功能：查询给定账户的交易记录

输入：其实日期,终止日期,账号

输出：交易记录列表

算法说明：利用 TransactionHandler 得到给定实体的交易记录,使用约束：若输入的 accountID 为空,将得到所有账户的相应交易记录；否则得到给定账户的相应交易记录

- 方法 7

public void deposit(String AdminId, BigDecimal amount, String description, String accountID) throws AccountNotFoundException, InvalidParameterException, SQLException

功能：业务管理员为指定账户存钱

输入：业务管理员编号,金额,目标账户

输出：无

算法说明：利用 TransactionHandler 为给定实体的存钱,将该过程写入日志

使用约束：无

- 方法 8

public void deposit(String AdminId, BigDecimal amount, String description, String accountID) throws AccountNotFoundException, InvalidParameterException, SQLException

功能：业务管理员为指定账户取钱

输入：业务管理员编号,金额,目标账户

输出：无

算法说明：利用 TransactionHandler 为给定实体的取钱,将该过程写入日志

使用约束：无

(2) 系统管理员 SystemAdmin 说明

这个类实现总体设计中给出的对应系统管理员的各项功能。

① 属性说明

可见性 数据类型 变量名	//说明
private AdminUserHandler auh;	//系统用户表操作工具
private SyslogHandler sh;	//系统日志表操作工具
private SysParameterHandler sph;	//系统参数表操作工具

② 源程序文件说明

文件名：SystemAdmin.java

③ 函数说明

- 方法 1

public BigDecimal getInterest() throws SQLException

功能：得到利率

输入：无

输出：利率

算法说明：利用 SysParameterHandler 取出利率

使用约束：无

● 方法 2

public BigDecimal getEnsureSum() throws SQLException

功能：得到保证金

输入：无

输出：保证金

算法说明：利用 SysParameterHandler 取出保证金值

使用约束：无

● 方法 3

public void setParam(BigDecimal ensuresum, BigDecimal interest) throws SQLException

功能：设置保证金以及利率

输入：保证金、利率

输出：无

算法说明：用保证金和利率生成一个 SysParameter 实体，调用 SysParameterHandler 更新数据库

使用约束：无

● 方法 4

public Collection getSystemLog(date startDate, date endDate, String userId) throws SQLException

功能：得到系统日志

输入：起始日期、终止日期以及用户 ID

输出：系统日志集合

算法说明：调用 SyslogHandler 得到日志集合

使用约束：若输入的 accountID 为空，将得到所有系统用户的日志记录；否则得到给定系统用户的日志记录

● 方法 5

public void deleteSyslog(String userId) throws SQLException

功能：删除给定系统用户的系统日志

输入：用户 ID

输出：无

算法说明：调用 SyslogHandler 相关方法删除给定系统用户的系统日志

使用约束：无

● 方法 6

public Collection getAdminUser(String userId) throws InvalidParameterException, SQLException, AdminUserNotFoundException

功能：浏览系统用户信息

输入：用户 ID

输出：系统用户集合

算法说明：调用 AdminUserHandler 得到用户信息集合

使用约束：输入的 accountID 为空，将得到所有系统用户的信息。否则得到给定系统用户的日志信息

- 方法 7

public String createAdminUser(String password, String userType, String userName, String identify, String address, String phone,java.util.date birthday) throws InvalidParameterException, SQLException

功能：创建系统用户

输入：密码、用户类型、姓名、身份证号、地址、电话、生日

输出：系统用户编号

算法说明：调用 AdminUserHandler 相关方法创建用户

使用约束：无

- 方法 8

public void deleteAdminUser(String userId) throws AdminUserNotFoundException, SQLException

功能：删除系统用户

输入：系统用户编号

输出：无

算法说明：调用 AdminUserHandler 相关方法删除用户

使用约束：无

(3) 公共客户 Customer 说明

这个类实现总体设计中给出的对应公共客户的各项功能。

① 属性说明

无。

② 源程序文件说明

文件名：Customer.java

③ 函数说明

- 方法 1

public int login(String userID, String psw)

功能：实现登录

输入：用户 ID,密码

返回：1——登录成功；2——账户不存在；3——密码错；4——账户被冻结

算法说明：利用 AccountHandler 依 userID 取出对应的实体
比较该实体的密码是否与给定密码一致

使用约束：无

- 方法 2

public String getUserType(String userID)

功能：得到用户的类型（个人或者公共）

输入：用户 ID

返回：1——普通用户；2——VIP 用户

使用约束：无

- 方法 3

public BigDecimal getBalance(String userID)

功能：得到全部余额

输入：用户 ID

返回：用户全部余额

使用约束：无

- 方法 4

public BigDecimal getUsableBalance(String userID)

功能：得到可用余额

输入：用户 ID

返回：用户的可用余额

使用约束：无

- 方法 5

public Vector getHistory(String start, String end, String userID)

功能：得到交易记录

输入：起始时间,终止时间,用户 ID

返回：用户在起始时间和终止时间之内的所有交易记录

使用约束：无

- 方法 6

public int upgrade(String userID)

功能：用户升级

输入：用户 ID

返回：1——升级成功；2——余额不足

使用约束：无

- 方法 7

public int changePsw(String userID, String oldPsw, String newPsw)

功能：修改密码

输入：用户 ID,旧密码,新密码

返回：1——修改成功；2——旧密码不正确,修改失败

使用约束：无

(4) 个人客户 VipCustomer 说明

这个类实现总体设计中给出的对应个人客户的各项功能。

① 属性说明

无

② 源程序文件说明

文件名：VipCustomer.java

③ 函数说明

- 方法 1

public int payBill(String src, String des, BigDecimal ammount, String describe)

功能：交费

输入：交费 ID,收费 ID,交费金额,交费描述

返回：1——成功；2——不是个人客户,转账失败；3——余额不足,转账失败；4——账户不存在,转账失败；5——网络故障或其他原因,转账失败；* 6——参数错误,转账失败

使用约束：无

- 方法 2

public int transfer(String src, String des, BigDecimal ammount, String describe)

功能：转账

输入：转出 ID,转入 ID,转账金额,描述

返回：1——成功；2——不是个人客户,转账失败；3——余额不足,转账失败；* 4——账户不存在,转账失败；5——网络故障或其他原因,转账失败；* 6——参数错误,转账失败

使用约束：无

- 方法 3

public void degrade(String userID)

功能：用户降级

输入：用户 ID

返回：无

使用约束：无

- 方法 4

public Vector getPayHistory(String start, String end, String userID)

功能：得到交费记录

输入：起始日期,终止日期,用户 ID

返回：从起始日期到终止日期的所有该用户的交费记录

使用约束：无

- 方法 5

public Vector getTransferHistory(String start, String end, String userID)

功能：得到转账记录

输入：起始日期,终止日期,用户 ID

返回：从起始日期到终止日期的所有该用户的转账记录

使用约束：无

第 3 章　网络银行 eBank 系统

作者：刘军涛，李田，乔志刚，王晶，曾跃　　编辑：梁循，王超

3.1 概　　述

近几年，网络银行业务正在以惊人的速度增长，交易成本低廉，突破时间、空间限制，随时随地可提供金融服务，这些都是网络银行业务以几何速度增长的原因。网络银行日益成为现代商业银行对外提供高质量服务的重要渠道。网络银行系统不仅是银行业务品种的良好宣传窗口，能够提升银行形象，还可以大幅度降低经营成本，使银行专注于银行产品和服务的开发，以获得更高价值的客户。在网上服务中，客户处于中心地位。他们不仅仅满足于能够 7×24 小时接入自己的账户，而且希望银行对更多的需求提供简单的解决方案。

网络银行不但可实现网上查询、转账结算、缴费、汇兑、挂失、咨询、投诉等银行传统业务，更可以开展存折炒股、个人外汇实盘买卖、消费信贷、电子信用证等新兴业务，为您提供从信息查询到个人账户转账等全面的账户服务，让您时刻掌握最新的财务状况。网络银行可以通过互联网为个人客户提供全面、高效、安全的自助金融服务，并满足不同客户个性化的金融服务需求。为您省却跑银行的时间和麻烦，让您随时随地轻松理财，尽享现代金融无限乐趣。

网络银行的优势在于其非常安全，您可以获得一些客户认证证书，可以进行网上的大的转账和汇款，非常方便。并且它功能非常强大，包括我的账户、缴费站、个人理财等 12 大项功能。您无论何时何地都可以享受到网络银行的服务。您可以根据自己的需求进行设置，不需要任何的注册手续就可以直接上网查询活期的余额和缴纳手机费和一些费用，比如说有一个朋友给您打长途电话告诉您给您汇款了，您非常繁忙，存折也没带在身边，这个时候我建议您要想到我们网络银行的存折版，登录我们的网址，只要通过输入您的账号和密码就可以知道该汇款到了没有，不用再去银行排队查验。

用户只需要在银行开有储蓄账户或信用卡账户，并具有一台可联接互联网的 PC 机和一个固定的 E-mail（电子邮件）账号，并且通过在互联网上申请开通网络银行服务，进行账户、身份及密码的确认，由网络银行中心进行审查，确认无误后发给客户 CA 证书，客户获得 CA 证书后需在 PC 机上安装 CA 证书，就可以进行网络银行业务。

3.2 软件需求规格说明

3.2.1 文档修订记录

文档修订记录如表 3-1 所示。

第 3 章 网络银行 eBank 系统

表 3-1 文档修订记录

版本编号	说明(如形成文件、变更内容和变更范围)	日期	执行人	批准日期	批准人
01000	项目初步分析报告	11/5/2004	全体组员	11/5/2004	全体组员
01001	项目再次分析报告	11/12/2004	乔志刚,李田,王晶	11/12/2004	乔志刚,李田,王晶
01002	系统功能模块分划	11/17/2004	乔志刚,李田,刘军涛	11/17/2004	乔志刚,李田,刘军涛
01003	项目中期报告	11/24/2004	全体组员	11/24/2004	全体组员
01004	系统功能模块的详细设计	12/1/2004	乔志刚,李田	12/1/2004	乔志刚,李田
01005	系统模块的实现	12/25/2004	全体组员	12/25/2004	全体组员
01006	系统的测试与整合	12/30/2004	全体组员	12/30/2004	全体组员
1.0	网络银行1.0版	12/30/2004	网络银行开发小组	12/30/2004	网络银行开发小组

3.2.2 产品描述

1. 编写目的

本文档主要是针对网络银行的需求规格进行说明,主要内容包括:系统的设计约束和策略,系统设计实现过程中的关键性技术和算法,各个部分的具体设计和接口规范;同时包含测试、运行和开发的环境。主要是针对具有一定专业知识的软件工程的开发和设计人员,作为开发和设计的参考。

2. 产品名称

本产品的项目全称为:网络银行 eBank 系统,简称网络银行,代号为 eBank,版本号为 v1.0。

3. 名词定义

网络银行:也称"Internet 银行",是指银行通过因特网平台设立银行网站以提供各种金融业务的网上服务系统。

B/S 结构:即 Browser/Server(浏览器/服务器)结构

XML 数据交换方式:XML 技术是互联网联合组织(W3C)创建的一组规范,它可以在电子商务、出版、CAD/CAM、保险机构等方面提供各具特色的独立解决方案,是目前最先进的数据交换方式。

3.2.3 产品需求概述

1. 功能简介

eBank 系统的功能主要包括:我的账户、余额/明细查询、账户设置、E 家亲账户、转账、网上缴费、缴费项目设置、缴费记录查询、缴费记录的状态、个人资料修改。具体介绍如下:

① 我的账户:可查询账户相关信息,包括账户余额、交易明细及消费积分等。并可进行账户挂失。

② 余额/明细查询:账户查询是网络银行为客户提供的基本服务功能;余额查询自动显示您的活期账户余额;明细查询选中一个活期类账户或一个一卡通类子账户可以进行账户明细查询,明细查询需给定查询时间范围,系统默认起止时间均为当前日期;账户挂失在网络银行办理挂失手续。

③ 账户设置:设置使用账号密码等。

④ E家亲账户：可以将本人名下的账户授权给他人，供他人查询使用；也可以接受他人授权给你的账户，供查询使用；授权发出后，也可以收回。

⑤ 转账：转账服务的转出账户须是已签约的账户且已在功能设置中添加了转账服务，由于只有一个数据库，所以只能在一个银行内部进行。

⑥ 网上缴费：每次只能办理一项缴费业务，合同号是缴费项目的唯一关键选项，由日期等组成流水号。

⑦ 缴费项目设置：只有在此处设置了缴费项目，才能对该项目进行缴纳款项；需要为水电管理的部门留有接口；可选择增加或删除您的缴费项目；一次可以选择多个缴费项目。

⑧ 缴费记录查询：特别说明：网上办理缴费记录查询不收手续费。查询时，根据缴费时间、缴费的项目这两个条件进行查询，网银系统将筛选出符合条件的网上缴费记录予以显示。

⑨ 缴费记录的状态：分为成功、失败、不确定三种状态。

⑩ 个人资料修改：提供了个人资料修改的功能，修改密码等，当个人资料发生变化的时候，可通过此功能进行更正。

2. 运行环境

(1) 硬件环境

① 服务器：没有特殊限制。

② 客户端：使用浏览器的瘦客户形式。

(2) 服务器端软件环境

① 需要 Oracle、SQL Server 或 MySQL 等数据库的支持。

② Tomcat Web Server。

(3) 条件与限制

系统通过后台银行业务管理系统和客户端服务系统相结合，通过数据库并联，来共享数据，共同管理数据库和更新数据库，从而达到响应和处理用户的各种请求和操作。系统的基本要求是运用现代信息管理系统的理论与方法，利用先进的信息处理手段建立起一个模拟的"网络银行"教学系统。银行后台管理子系统和客户端"网络银行"子系统相结合，"以网络为依托，以数据库为核心"采用 B/S 体系结构，既充分有效地利用服务器的资源，实现信息共享与并联，也利用后台管理系统辅助客户端服务系统，给客户展现一个视觉效果美观、操作方便、信息完备的"个人网络银行"界面。

在系统设计的过程中，最重要的是解决如下四个方面的问题：安全性问题、立法与规范的问题、技术标准和行业管理标准问题、信息技术与银行业务的融合问题。

针对上述约束与问题要求，所需要的技术内容如下：Web 相关技术，主要包括网站设计和维护、加密、解密和认证技术，数据库、数据仓库技术，数据挖掘技术，J2EE、XML 等，与银行系统的接口规范遵循国际标准 ISO858，采用 JDBC 标准数据库编程接口和数据库连接池技术。

3.2.4 功能需求

1. 功能划分

从用户的角度看，网络银行的主要功能包括个人账户开通(申请)、网上交易等。eBank 系统的功能主要包括：我的账户、账户查询、账户设置、E家亲账户、银行转账、网上缴费、网上理财、股票信息查询、个人资料修改等。

2. 账户申请

在网上申请网络银行时,以个人的有效证件(和在本银行开户时的证件一样)的号码为唯一标识。在申请页里,详细填写申请人的个人资料,包括一个账号、账户所在分行、账号密(即存折密码或卡密码)等信息,确认输入后提交请求,所输入的账户信息将通过加密方式传递到网银中心进行校验;在收到网银中心返回申请成功的页面后,点击下载证书的超链接,链接到站点下载根证书和客户证书;证书下载成功后,即可使用网银中心分配的用户号和登录密码登录网银系统进行交易。

用户通过向后台系统输入一系列的个人信息,系统对用户的信息进行验证、处理。如果数据不正确,则系统返回;正确则继续下一步。最后进入数据库操作,如果成功就给一个银行账号,不成功则显示失败。

数据有效性验证即是系统对用户的证件类型、证件号码、开户人姓名、性别等一系列用户信息的验证。

系统在验证完用户的所有信息以后,如果验证无误,则提供用户一个账号;同时将用户数据存入数据库。银行网站申请"个人网络银行"账号如下图所示

3. 网络银行登录

在申请了"个人网络银行"后,要享用网络银行的业务服务,就要登录网络银行网站,具体步骤是:

① 在登录页面显示的是"登录号码"和"登录密码",其中"登录号码"是客户在申请网络银行时的"证件号码",各人的证件号码都是唯一的,这样就避免了一个人申请多个网络银行的可能。而且,证件号码还包含了很多有用的信息,对于银行的管理也很重要。

② 登录密码是在申请个人网络银行成功后,客户端服务系统自动生成的是证件号码的后六位。在网络银行里可以更改。

③ 登录成功后,系统显示出用户上次的登录时间、登录次数和登录访问的网站。

4. 个人网络银行功能

这是本系统,也是客户端服务系统的重点。个人网络银行提供多种服务,分别是:

① 个人查询服务。包括账户余额查询,个人网络银行账户中已添加的所有账号都可以被查询;账户明细账查询,包括取款、存款、查询、挂失、修改密码操作;账户信息查询,如开户日、账户状态等。三个查询的流程基本一样,以账户余额查询为典型。

② 转账/汇款服务。包括个人内部转账,即在个人网络银行中已申请的账号之间转账,费用为0。转账的步骤是:选择一个要转出的账号,再选一个要转进的账号;异人转账,网络银行里的账户,转账到另外一个人的账户上。因为模拟系统,并且也不清楚不同银行之间转账是怎样进行的,所以假定要转账的两个账户是在同一个银行系统里的。其基本流程的操作和个人内部转账是一样的,只是在转账前多了一个对转入账户的合法性的验证。

③ 取款和存款服务。取款和存款服务是两个完全虚拟的服务,因为以现在的技术是不能在网上取款和存款的。但把这两种服务分为信用卡和储蓄账户是考虑到信用卡和储蓄账户在现实中取款和存款也有所不同。以信用卡取款为例,取款流程如图3-1所示。

④ 挂失服务。储蓄账户和信用卡挂失的过程和作用相同。在个人银行里的账户一旦在网上个人银行里挂失,其一切操作将被禁止。要恢复其功能要到后台管理系统进行解挂。

⑤ 基本服务。包括:更改登录密码,更改交易密码。设立的交易密码是出于安全性考

虑,有些服务是经常要用的,为了防止过多的信息传输而泄露信息,用户用这个服务就可不用密码了,但有些服务是比较少用的,而且关系到金钱,所以要设交易密码;往日日志查询,查询的内容是用户在个人网络银行里的操作,操作的种类即个人网络银行所具有功能的所有操作;当日日志查询,查询的内容是用户当日在个人网络银行里所有操作;账号服务管理是个人网络银行里的账号的服务管理(见图 3-1)。

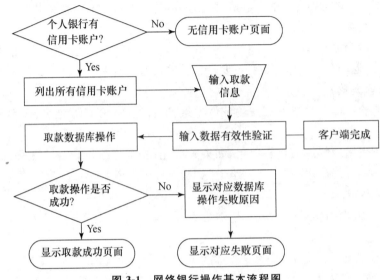

图 3-1　网络银行操作基本流程图

个人设置服务包括修改个人资料,主要是修改个人的通讯方法,在个人的通讯方法发生变化时,可以通过此项服务来改变自己的联系方法;删除/添加账户,在个人网络银行里若是允许有多个账户的,则可以把在个人网络银行里的账户删除掉,也可以把本银行系统里的账户添加到网络银行里来。

3.2.5　数据交互

数据库设计主要依据信息间的联系进行数据库模式设计,数据库模式设计包括数据库设计和表设计,本系统中信息间的关系如图 3-2 所示。表的设计主要存在着表的规范化及表的关键字的建立和数据完整性的约束等问题。表的规范化处理主要是为了解决表的重组问题,本系统采用手工的方法来实现。数据的完整性约束问题主要是通过设置完整性规则的方式解决的(见图 3-2)。

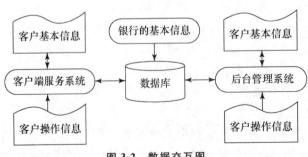

图 3-2　数据交互图

3.3 总体设计书

3.3.1 系统单元设计

根据系统的特点和操作的流程,可以从系统的基本操作流程来设计整个系统的逻辑关系,并设计出详细的程序流程。同时,系统要求较强的安全保密性,此处采用 IP 地址和用户账号认证两种安全措施。用户账号的认证通过对用户提交的用户名和密码进行认证,系统运用微软的六位密码保护,确保系统的安全。

1. 个人网络银行开户

(1) 申请

在网上申请网络银行时,以个人的有效证件(和在本银行开户时的证件一样)的号码为唯一标识。在申请页里,详细填写申请人的个人资料,包括一个账号、账户所在分行、账号密码(即存折密码或卡密码)等信息,确认输入后提交请求,所输入的账户信息将通过加密方式传递到网银中心进行校验;在收到网银中心返回申请成功的页面后,点击下载证书的超链接 456,链接到 72 站点下载根证书和客户证书;证书下载成功后,即可使用网银中心分配的用户号和登录密码登录网银系统进行交易。

(2) 开户

用户通过向后台系统输入一系列的个人信息,系统对用户的信息进行验证、处理。如果数据不正确,则系统返回;正确则继续下一步。最后进入数据库操作,如果成功就给一个银行账号,不成功则显示失败。

(3) 数据有效性验证

数据有效性验证即是系统对用户的证件类型、证件号码、开户人姓名、性别等一系列用户信息的验证。

(4) 银行账户生成

系统在验证完用户的所有信息以后,如果验证无误,则提供用户一个账号,同时将用户数据存入数据库。

(5) 银行网站申请"个人网络银行"账号(见图 3-3)

2. 申请账号基本流程

流程分析:

① 如实填写申请页面的内容后,提交到网络银行客户端服务器进行校验。其中"真实姓名"、"性别"、"证件类型"、"证件号码"、"开户行行号"、"账号"和"密码"是要校验的,与用户在银行营业厅开账户时的要求一致。校验通过后,证件号码将作为"个人网络银行"的唯一标识。

② 有了网络银行账户后,可以把用这个证件号码开户的储蓄账户或信用卡添加到网络银行中,即得到一个网上账户、多个账号的功能。只要有一个账号是不消除和锁定的就可以使用网络银行。

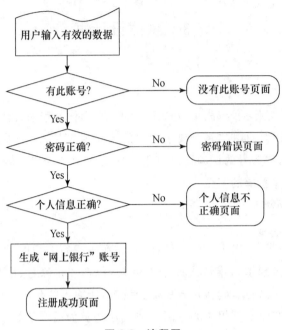

图 3-3 流程图

③ 网络银行申请成功后,客户端服务器将把客户的资料存入数据库并建表。此表和用户在银行营业厅开户时的数据表格是不同的两个对象。

3. 个人网络银行服务

(1) 个人网络银行登录

在申请了"个人网络银行"后,要享用网络银行的业务服务,就要登录网络银行网站,具体步骤是:

在登录页面显示的是"登录号码"和"登录密码",其中"登录号码"是客户在申请网络银行时的"证件号码",各人的证件号码都是唯一的,这样就避免了一个人申请多个网络银行的可能。而且,证件号码还包含了很多有用的信息,对于银行的管理也很重要。"登录密码"是在申请个人网络银行成功后,由客户端服务系统自动生成的,是证件号码的后六位。在网络银行里可以更改。

在没有证书验证的情况下,登录成功后,系统为了防止客户不经过登录页面直接进入网络银行服务页面,设置了一个会话对象 session certification num,用户若要访问后继页面,session certification num 不能为空。

登录成功后,系统显示出用户上次的登录时间、登录次数和登录访问的网站。

(2) 个人网络银行服务

这是本系统,也是客户端服务系统的重点。个人网络银行提供 6 种服务,分别是:

① 个人查询服务。包括账户余额查询,个人网络银行账户中已添加的所有账号都可以被查询;账户明细账查询,包括取款、存款、查询、挂失、修改密码操作;账户信息查询,如开户日,账户状态等。三个查询的流程基本一样,以账户余额查询为典型。

② 转账/汇款服务。包括个人内部转账,即在个人网络银行中已申请的账号之间转账,费用为 0。转账的步骤是,选择一个要转出的账号,再选一个要转进的账号;异人转账,网络银行里的账户,转账到另外一个人的账户上。因为模拟系统,并且也不清楚不同银行之间转账是怎样

进行的,所以假定要转账的两个账户是在同一个银行系统里的。其基本流程的操作和个人内部转账是一样的,只是在转账前多了一个对转入账户的合法性的验证。

③ 取款和存款服务。取款和存款服务是两个完全虚拟的服务,因为以现在的技术是不能在网上取款和存款的。但把这两种服务分为信用卡和储蓄账户是考虑到信用卡和储蓄账户在现实中取款和存款也有所不同。以信用卡取款为例,取款流程如图3-4所示。

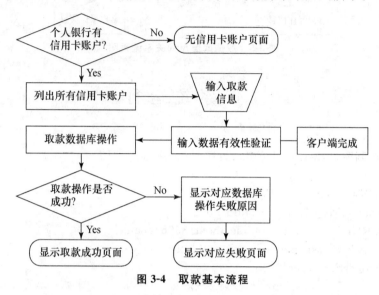

图 3-4 取款基本流程

④ 挂失服务。储蓄账户和信用卡挂失的过程和作用相同。在个人银行里的账户一旦在网上个人银行里挂失,其一切操作将被禁止。要恢复其功能要到后台管理系统进行解挂。基本服务包括更改登录密码,更改交易密码,设立的交易密码是出于安全性考虑,在有些服务是经常要用的,为了防止过多的信息传输而泄露信息,用户用这个服务就可不用密码了,但有些服务是比较少用的,而且关系到金钱,所以要设交易密码;往日日志查询,查询的内容是用户在个人网络银行里的操作、操作的种类即个人网络银行所具有功能的所有操作;当日日志查询,查询的内容是用户当日在个人网络银行里所有操作;账号服务管理,它是个人网络银行里的账号的服务管理。

⑤ 基本服务。包括:更改登录密码,输入新旧密码后,保存为新密码;往日日志查询,输入查询日期,查询当日日志;当日日志查询,账号服务管理,可以查询账务信息。

⑥ 个人设置服务。包括:修改个人资料,主要是修改个人的通讯方法,在个人的通讯方法发生变化时,可通过此项服务来改变自己的联系方法;删除/添加账户,在个人网络银行里是允许有多个账户的,可以把在个人网络银行里的账户删除掉,也可以把本银行系统里的账户添加到网络银行里来。

4. 数据库设计

数据库设计主要依据信息间的联系进行数据库模式设计,数据库模式设计包括数据库设计和表设计,本系统中信息间的关系如图3-5所示。

表的设计主要存在着表的规范化及表的关键字的建立和数据完整性的约束等问题。表的规范化处理主要是为了解决表的重组问题,本系统采用手工的方法来实现。数据的完整性约束问题主要是通过设置完整性规则的方式解决的如图3-5所示。

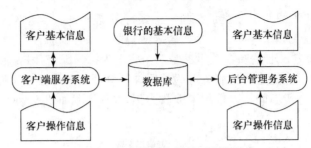

图 3-5 数据库信息间关系流程图

3.4 系 统 运 行

配置 JDBC
打开 WL 控制窗口，http://localhost:7001/console
配置 JDBC
  配置 JDBC Connection Pool：
    name：MySQL Connection Pool
    URL：jdbc:mySQL://localhost:3306/ebank
    Driver Classname：com.mySQL.jdbc.Driver
    Properties：user=root
      Password=xxxxxxxxxx
  Apply/Create
  配置 Tx Data Source：
    name：MySQL Tx Data Source
    JNDI name：ebankDB
    Pool name：MySQL Connection Poo
    Emulate Two-Phase Commit for non-XA Driver
  Apply/Create
配置 JMS
  配置 JMS Connection Factories
    name：MyJMS Connection Factory
    JNDI name：TestQueueFactory
    配置 Transactions
      User Transactions Enabled
      XAConnection Factory Enabled
    Apply/Create
  配置 JMS Servers
    name：MyJMSServer
Apply/Create
    配置 JMSQueue(运用 JMS P2P 模型)
      name：MyJMSQueue
      JNDIName：TestQueue
      Enable Store：：None
    Apply/Create

3.4.1 部署 EJB

支持热部署,将打包生成的 ebank.jar 放入 domain/applications 中即可,或手动部署,打开 http://localhost:7001/console 选择 EJB,按照提示继续即可

部署 JSP:将 jsp 文件放入 domain/applications/DefaultWebapp 下面即可将所需 EJB 的 remote 与 home 接口放入 domain/applications/DefaultWebapp/WEB-INF/classes 中,将所需包放入 domain/applications/DefaultWebapp/WEB-INF/lib 中,注意配置文件 domain/applications/DefaultWebapp/WEB-INF/web.xml 文件可以控制哪个页面为首页。

3.4.2 操作示例

登录界面和首页如图 3-6 和图 3-7 所示。

图 3-6 登录界面

图 3-7 首页

第4章　网络银行金融系统

作者：胡雅杰，刘艳珠，夏曙光，陈赢，潘俊华　　编辑：王超，闫永平

4.1　概　　述

网络银行系统提供一个友好快捷的网上操作平台，该平台不仅提供查询、汇款、转账、缴费等常见业务操作，还提供一系列个人理财的工具和参考解决方案。由于金融业务的特定需求，网络银行系统必须力求稳定、安全、可靠。

系统采用传统的B/S架构模式。服务器端软件采用典型的MVC模式设计，应用现成的MVC框架struts。数据持久化层采用hibernate框架。对于个人理财这块业务，考虑到其交互性比较强，用了比较灵活的applet客户端技术。

4.2　功能描述

4.2.1　注册

用户必须通过注册后得到网络银行系统的账号才能登录网络银行进行业务操作。注册的时候必须提供用户的卡号和密码以及相关的用户信息，包括电话、E-mail等。

4.2.2　查询

用户可以及时查询到银行账户里的余额和相关操作的历史信息。

4.2.3　注销

与注册相反，用户可以选择注销网络银行的登录账号。注意：这里是注销网银账号，而不是卡号。

4.2.4　转账

用户可以选择把钱转到任意一个银行账户上，无论这个账户是否已经在网络银行系统注册过账号。

4.2.5　缴费

开通的缴费业务有：水费、电费、煤气费。

4.2.6　更改注册资料

更改注册时的资料。

4.2.7 个人理财

1. 储蓄管理

在网络银行系统中开发储蓄管理模块是网络银行系统本身的用户需求所决定的,银行储蓄种类分为以下几种:

(1) 活期储蓄:该储种适应广大客户临时闲置不用的资金的存储。

一元起存,由储蓄机构发给存折。存折记名,可以预留密码。存折遗失可以挂失。开户后凭存折可以随时存取,可在联网的计算机储蓄所通存通兑。利息按结息日(6月30日)挂牌的活期储蓄存款利率计付。全部支取存款时,按支取日挂牌活期储蓄存款利率计付利息。

(2) 定活两便储蓄:该储种既有定期之利,又有活期之便,安全方便,适合群众一时投资渠道举棋不定时存储。

起存金额一般为50元。存单分记名和不记名两种。存期不满3个月的,按天数计付活期利息;存期3个月以上(含3个月),不满半年的,整个存期按支取日定期整存整取3个月存款利率打六折计息;存期半年以上(含半年),不满一年的,整个存期按支取日定期整存整取半年期存款利率打六折计息;存期在一年以上(含一年),无论存期多长,整个存期一律按支取日定期整存整取一年期存款利率打六折计息。上述各档次均不分段计息。

(3) 整存整取定期储蓄:该储种适应广大群众生活待用款,存储既安全、又获利。

起存金额一般为50元。存期分3个月、半年、1年、2年、3年、5年。本金一次存入,由银行开具存单。存单记名,可留密码,可挂失。利息按存单开户日挂牌公告的相应的定期储蓄存款利率计付,提前支取按支取日挂牌公告的活期储蓄存款利率计付利息。提前支取,须凭存单和存款人的身份证明办理。存单可在联网的计算机储蓄所通存通兑。

(4) 零存整取定期储蓄:简称零整储蓄,是分次存入,到期一次提取本息的定期储蓄。该储种适合广大职工、居民每月节余款项存储,以达到计划开支的目的。其存款利率分别高于活期和定活两便储蓄。

存期分1年、3年、5年三种。每月固定存额,5元起开户,多存不限。开户时银行开具存折,存折记名,可留密码,可挂失,可凭本人身份证件办理提前支取。每月续存可在同城计算机联网储蓄所办理通存,到期时需在开户所办理支取。到期支取以存入日零整储蓄挂牌利率日积数计付利息。提前支取及逾期部分按活期利率计付利息。

(5) 存本取息定期储蓄:该储种适合持较大数额现金的储蓄投资者。

一次存入本金,起存金额一般为5 000元,多存不限。存期分为1年、3年、5年三种。存折记名,可留印鉴或密码,可挂失。利息凭存折分期支取,可以一个月或几个月取息一次,由储户与储蓄机构协商确定。

(6) 个人通知存款:该储种适合于手上持有现金,一时又无法确定存期的储户。具有集活期之便,得定期之利的特点。

起存金额外负担1 000元,多存不限,千元以上部分须为百元整倍数。存期分为1个月、2个月、3个月、4个月、5个月、6个月、7个月、8个月、9个月、10个月、11个月、1年、2年、3年14个档次,存入时不必约定存期,本金一次存入。可凭存单一次或部分支取,部分支取时,未取部分按原存入日起息,如取款金额较大,请提前通知储蓄所,以便为您做好付款准备。利息按实际存期并按同档次利率计付利息,实际存期不满 1 个月或超过 3 年部分的,按支取日挂牌公告的活期存款利率计付利息。该储蓄为记名式,可以挂失,但不得转让。

2. 房屋贷款计算

用户可以选择不同的贷款模式,现在主流的方式为等本息和等本金两种方式。

(1) 等本息方式

用户每个月还贷金额固定,按照本息综合平均到每个月的方式还款。适合还款能力有限、收入稳定的用户,每个月需要偿还固定钱数,直观来看,还款总额比等本金方式多。大多数用户选择这种还款方式,还款金额固定,方便计划开销。

(2) 等本金方式

用户还款金额逐月减少,前期还款金额较大,适合还款能力较强的用户。直观来看,用户还款总额比等本息方式少。但由于计算方式复杂,每月还款金额不固定,不方便用户计划理财。

3. 模拟期权定价

购买期权时价格是否合理,决定了将来收益的情况,除了利用用户经验估计期权价格外,还可以利用数学的方法计算可能的价格,为投资期权提供参考。主流的期权定价模型有二叉树模型和蒙特卡罗模拟,用户选择需要的模拟方式,提供当前利率和一些市场信息,由计算机计算模拟可能的执行价格。

(1) 二叉树定价模型

通过对交易价格可能的走向的判定,经过多次模拟和二叉变化,自然模拟价格分布的情况,经过向回反推,确定可能的定价结果。在计算中假设未来的价格变化具有等概率的特点。可能随着变化次数的增加,预测结果的偏离程度会逐渐加大,经过反推的结果可能也会受到影响。二叉树模型只适用于美式期权,即在执行时间前随时可以提前执行。

(2) 蒙特卡罗模拟

在价格变化过程中,假定每次变化符合中心概率分布,经过多步随机选择价格,形成一次随机游走过程。设定一定次数的随机游走,取价格分布的结果,做概率统计,得到概率较大的预测值。蒙特卡罗模型类似于线性选择价格的二叉树模型,能够更好地通过概率的方法模拟价格的变化,提供期权执行价格的参考值。

4. 投资组合建议

理财的主要目的是客户根据自身的财务能力和风险承受度,在不同的保障和投资工具之间合理分配资金,并最大程度地获得保障和增值的过程。投资理财是理财中获得增值的那一部分,而理财中的另外一部分则是少损失。

真正的理财特别强调一个"理"字,即遵循"量身订制"和"独立观点"的原则。首先对个人和家庭的现金收支、资产状况和投资品种进行盘点和清理,发现存在的问题,改进不合理的开支和投资,制定符合自身特点的投资与保障计划。然后在各类投资品种中,客观地挑选最优、最适合自己的产品才进行投资。

然而由于普通市民并不具备投资金融产品的能力和知识,因此我们希望通过本系统,使得客户可以直观地获得一些关于理财方面的信息,对自己的投资具有一定的指导意义。

本系统根据客户的资金数额和承受能为客户提供优化的投资组合,允许用户动态交互。通过图形化界面,显示投资比例。当用户拖动代表收益与风险的滚动条时,实时获取用户输入,计算出最优投资组合,以饼状图形式展现给用户。

系统中考虑三种投资方式:储蓄、基金、股票。用户的资金量是固定的,希望合理的分配资金,一部分储蓄,一部分用于基金,一部分投资于股票,使得:

① 在保证不小于用户期望的投资收益的前提下使得风险最小;

② 在保证不大于用户期望的投资风险前提下收效最大。

第 2 篇
网 络 证 券

第5章 校园债券投资助手网

作者：蒋亚康，杨寿贵，张颖，郑丽丽，肖忠民　　编辑：阮进、梁循

5.1 文档介绍

5.1.1 文档目的

详细描述系统的设计架构和实现算法、数据格式、部署方法、体系结构等。

5.1.2 系统概述

债券投资助手网旨在为商业银行、保险公司和社保基金等债券投资大型机构提供债券投资的辅助服务。

主要功能有债券套利机会的寻找、债券免疫策略计算和债券行情显示及K线分析。

5.1.3 设计约束

需求约束于《债券投资助手网软件需求说明书》。

5.1.4 设计策略

本系统设计采用J2EE推荐的软件体系结构，基本符合MVC。前台采用browser-server架构，后台采用Java Application。前后台使用数据库作为数据接口。

5.1.5 系统总体结构

系统的功能性很强，所以按照功能划分，分为以下模块：
- 用户管理模块
- 数据实时获取模块
- 现券交易结算价格显示模块
- 套利组合探索模块
- 债券投资免疫模块

系统的前台采用brower-server架构，使用JSP、JavaBean实现；后台服务端有数据抓取、套利模型系数计算，采用Java Application实现；前台后台采用数据库作为交互接口，使用MySQL数据库实现。

系统的总体结构图如图5-1所示。

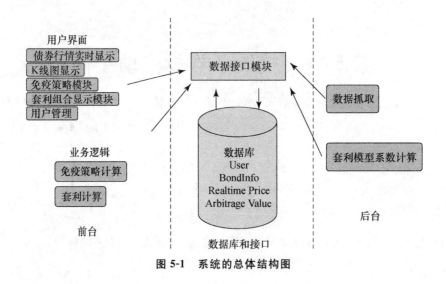

图 5-1 系统的总体结构图

5.1.6 关键技术与算法

关键技术有数据爬去模块、K 线图显示技术。
关键算法有套利组合探索计算、免疫策略计算。
具体的介绍在后面会详细介绍。

5.1.7 关键数据结构

债券信息 BondInfo；
债券实时全价信息 FullPriceInfo；
债券实时净价信息 NetPriceInfo；
债券历史交易信息 History。

5.1.8 加密方案

用户管理中的用户密码需要保护。

5.2 系统单元设计

5.2.1 系统单元

主要系统单元为：
- 数据实时获取模块
- 套利组合探索模块
- 债券投资免疫模块
- 现券交易价格和 K 线图显示模块

5.2.2 系统层次结构

系统层次结构图如图 5-2 所示。

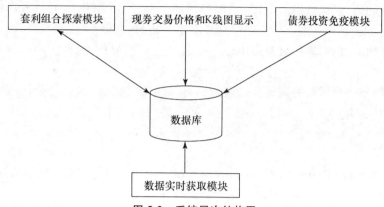

图 5-2 系统层次结构图

5.2.3 金融信息抓取和数据存储接口管理模块

系统结构目的包括：

(1) 实现金融信息的抓取，抓取 www.ChinaBond.com 中相关页面的信息。

(2) 分析所抓取的文档的结构，构建出针对各类文档的解析器(parser)，进行信息抽取，并存入数据库。

(3) 构建一套数据库访问机制，为其他模块提供使用数据库中所存数据的方法。

系统结构如图 5-3 所示。

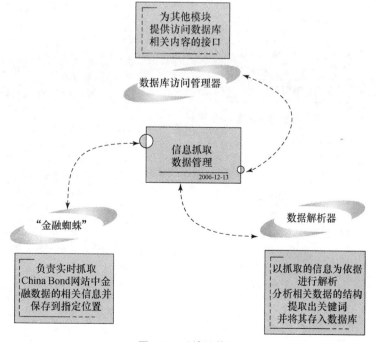

图 5-3 系统结构图

5.2.4 关键技术与算法

1. 关键技术和难点分析

(1)"金融蜘蛛"根据给定的 URL 抓取相信的文档。解析 URL,并与其远程服务器建立连接,分析所返回的结果,用这个结果建立数据流,将返回内容存入文件。

(2)"金融蜘蛛"能够根据数据库中已经存入的所有债券代码,去实时抓取相应债券的基本信息。

(3)解析器根据所抓取的文档类型归为三类:① 实时数据文档,② 历史数据文档,③ 债券信息文档。因为各类文档的结构类型不同,所以要构建不同的解析器,来抽取出所想要的信息。

2. 算法技术

(1)在针对字符串(如:ContainsLocalAnchor,getDomain)操作的方法中共同使用了 QuickSearch(String s, String p)方法,这个方法使用了 KMP 算法。

(2)使用了多线程技术进行抓取。

(3)可以根据给定的 URL 抓取整个网站内容,而不只是一个页面。

(4)使用了正则表达式进行关键字匹配。

5.2.5 关键数据结构

在"金融蜘蛛"中,ThreeStrings 结构用来分析 URL 的各个组成部分,TQueue 用来管理检索各个相关 URL 的地址存储,TwoStrings 用来解析 HTML 文档中相关数据的内容,doParser 中使用了正则表达式从充满"噪音"的文档中找到所要数据。

5.2.6 系统层次结构

系统层次结构如图 5-4 所示。

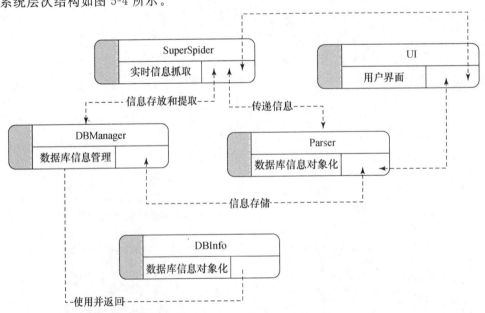

图 5-4 系统层次结构图

5.2.7 系统单元设计

1. fiance.dbinfo 包

该包定义了一整套对应数据库信息的对象,这样相当于一种 OR-Mapping 的方法,把从数据库中取得的信息转换为相应的对象,其他模块直接使用返回的对象。而不去管数据库存取的细节。

由其所含的 DBInfo、FullPriceInfo、NetPriceInfo、History 来对应数据库中不同的表信息。

2. inaceInfo.dbmanager 包

该包定义了访问数据的方法,并向用户隐藏数据库连接和释放的细节问题。用户只要用它给出的公共接口就可以得到所需要的债券信息。

含有:DBManager。

3. financeInfo.supersipder 包

金融蜘蛛的实现包,用它实现对网站信息的抓取。

含有:SuperSpider,ThreeStrings,TQueue,TwoStrings。

4. financeInfo.parser 包

分析所抓取的信息,解析,并存入数据库。

含有:Parser4BasicBondInfo 和 Parser4FullPriceAndNetPrice。

5. financeInfo.ui

提供了一套图形用户接口,来操作数据。

含有:DBController。

第 6 章　网络证券 eStock 系统

作者：李锟，陈春，李一卜，耿丽敏，蒋飞，修冬，王雷　　编辑：闫永平，梁循

6.1　系统概述

网上股票信息系统是一个为用户提供实时股票信息的金融网站，它能够帮助系统用户了解股市整体行情，并且提供针对单只股票的查询、分析。本系统主要分为五个功能模块：股票市场新闻浏览、大盘走势分析、股市消息浏览、单股信息查询、单股走势预测。此外还设置了网友留言功能。

股票市场新闻浏览：每当用户打开该系统的主页时，该系统会实时地把互联网上关于股票市场的新闻搜索出来，并向用户提供相应新闻的链接。

大盘走势分析：分析数据来自中国上海以及深圳证券交易所，实时地显示股票市场交易状况。

股市消息浏览：提供最新的股市资讯消息以及专家点评。

单股信息查询：系统用户输入需要查询的股票代码，则在新的网页窗口上显示出该只股票的走势图以及其他相关分析指标，用户可以进行最近一个月的查询。

单股走势预测：用户在查询完单股信息后，该系统可以通过神经网络算法预测出在未来 20 天内该股票的走势。

网友留言：系统用户可以在网站发表对该只股票的评论。

6.2　设计约束

用户界面约束：符合人性化设计，用户界面简单、易于操作。
时间效率约束：用户提交请求到收到响应时间间隔不超过 6 秒。
健壮性约束：系统能够承受 1 000 人同时访问。
隐含约束：假设该系统用户都具有一定的股票知识背景。

6.3　产品描述

6.3.1　编写目的

随着网络信息技术、计算机技术等远距离信息和数据传输技术广泛应用于证券交易之中，网络证券交易迎来了发展的"春天"。证券服务开始转向网络化、智能化、全能化、个性化，交易的规模和对经济的影响力急剧增长。而股票信息产品正是"春天里最美丽的花朵"。本软件用于编制金融信息网页，反映金融市场上的财经信息和股市状况，为金融专业人士制定决策提供信息和分析支持，适应于财经领域的工作人员阅读。本软件力求能全面包括金融分析所需的

各种信息和技术分析,其中主要为各股票的分时走势图、公司财务报表、公司股票价格预测。

6.3.2 产品名称

网上股票信息系统、E-Stock、V1.0。

6.3.3 术语解释

术语解释如表 6-1 所示。

表 6-1 术语解释

缩写、术语	解释
MVC	Model Viewer Controller
JDK	Java Development Kits
K 线图	描述股票走势的一种图形
JFreeChart	Java 一种开源的图形插件
…	

6.3.4 参考文献

[1] ZHANG Defu. An intelligent trading system based on neural network.
[2] Steven Haines. Java 2 from SCRATCH.
[3] 梁循,曾月卿等.网络金融.北京:北京大学出版,2005.
[4] 梁循,杨健,陈华.互联网金融信息系统的设计与实现.北京:北京大学出版社.2006.
[5] 梁循.数据挖掘算法与应用.北京:北京大学出版社.2006.

6.3.5 名词定义

数据层:实现数据持久化。将信息搜集模块与网页抓取模块的数据存入本地数据库逻辑层;Web 服务器与数据库进行交互,对数据库中的数据进行处理,将处理后的数据发布到系统主页上;向数据库发出更新数据请求,数据库将此请求传递到数据层进行处理;基于神经网络模型的方法,对时间序列进行分析,依据已存在的时间序列历史数据,对未来的时间序列做短期预测。

表现层:实现与用户的交互,用户通过浏览器对服务器发出查询指令。

6.4 产品需求概述

6.4.1 功能简介

本网站是集财经信息和股市行情于一体的金融门户网站,其提供当日政策、公司信息发布、个股行情和专家观点。所采集的信息立足于中国金融市场,用于从事中国金融工作的需求者对金融信息的查询和阅读。

本网站是中国金融市场的门户网站,所需数据来自中国深圳和上海证券交易所以及政府部门和其他金融单位发布的信息,其功能结构如图 6-1 所示。

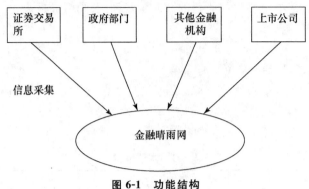

图 6-1 功能结构

6.4.2 功能名称描述

主页介绍：E-Stock 导航模块；个股查询搜索；股市咨询；时事新闻连接；图片连接新闻。

个股查询：相关公司链接；网友评论；利用时间序列程序训练网络。

股票预测：利用编程语言按照神经网络知识和逻辑结构对每只股票的价格走势进行预测分析。

6.4.3 运行环境

1. 硬件环境

最低配置如下：

(1) 主频在 166 MHz 以上的奔腾型 CPU；

(2) 48 MB 以上的内存；

(3) 65 MB 以上的可用硬盘空间。

2. 软件环境

Windows 95/98/ME/NT/2000/XP 等操作系统。

6.4.4 条件与限制

服务器必须安装 J2EE 开发平台，编写语言采用 Java 语言。数据库使用 SQL Server。客户端浏览器需要 IE5.0 以上。时间效率约束：用户提交请求到收到响应时间间隔不超过 6 秒；健壮性约束：系统能够承受 1 000 人同时访问；隐含约束：假设该系统用户都具有一定的股票知识背景。

6.5 功能需求

本网站实现功能包括：

- 及时显示和传递中国金融市场上的最新咨询；
- 提供浏览上市公司资料和股市走势图；
- 可供选择性地显示技术分析图示，可供比较参照图示；
- 罗列各金融分析机构的最新分析评论；

- 预测股票价格走势。

6.5.1 功能划分

1. 功能1：主页介绍

功能：E-Stock 导航模块；个股查询搜索；股市咨询；时事新闻连接；图片连接新闻。

本导航条目包括当前新闻咨询查询，上市公司各股走势查询，上市公司信息查询，网友评论。本功能的实现包括使用数据库装载主页页面的各证券交易所的指数走势图和历史数据，以及衔接各个股查询和时事新闻查询。另外利用爬虫技术对于所要搜索的股票信息进行搜索，这里利用的是百度的搜索引擎，搜索到的信息储存到后台数据库，就是前面所介绍的数据库。

2. 功能2：个股查询

功能：相关公司链接；网友评论；利用时间序列程序训练网络；分析预测一周内本只股票价格走势。

本查询系统主要包括上证和深证各上市公司的股票的查询以及公司信息的查询。通过输入查询框里要查询股票的代码，即可从后台数据库里提取当日该股股票的股价日走势图，以及公司的基本上市信息，包括公司股票上市时间、上市价格、公司名称、公司每股资产和每股价格。后台数据库的装载按照证券交易所的数据接口连接，每日更新并可达到每时更新，让交易所的所有数据通过网络连接得到时时更新。

3. 功能3：股票预测

功能：利用编程语言按照神经网络知识和逻辑结构对每只股票的价格走势进行预测分析。

本预测系统可以全面地对所要预测的股票进行远期预测。预测方法为神经网络模型，根据设定好的参数在程序中的运用，只需要把所要预测的股票日走势图往预测系统中一拖，股票价格数据就可以直接进入系统并自行运行系统。

6.6 运行需求

系统用户界面全部为图形界面，用户仅需简单地用鼠标点击表示某项系统功能的菜单和图形，就可方便地执行某个系统功能，系统每个功能都有动态提示，对于复杂的操作还提供向导，由它帮助您轻松完成工作。

6.6.1 接口设计

1. 硬件接口

(1) 数字中继和交换机的接口

采用 E1 数字中继、信令为中国一号信令。

(2) ACD、控制机和数据服务器的连接

网络环境：Enthernet 局域网；

网络协议：TCP/IP；

操作系统：Windows 2000 Server 操作系统。

2. 软件接口

（1）前端处理机采用 Windows 2000 Professional 操作系统；

（2）后端管理机采用 Windows 2000 Server；

（3）数据库服务器采用 SQLserver 2000。

3. 通信接口

网络协议：TCP/IP。

6.7 设计策略

1. 扩展策略

本系统将采用三层框架（表现层、逻辑层、数据持久层）进行设计，并且采用 MVC 设计模式，方便系统扩展。

2. 折衷策略

本系统以时间效率为第一考虑，必要时可牺牲空间效率。

6.8 系统总体结构

6.8.1 系统结构

本系统共分为5个功能模块：其中最重要的模块为大盘走势分析、股票价格预测。根据系统的功能，将系统划分为：新闻浏览子系统、股票分析子系统、股票查询子系统、个股价格预测子系统、权限管理子系统。

新闻浏览子系统：用于搜索互联网上关于股票市场的新闻，实时地把最新的消息向用户显示出来。

股票分析子系统：用于计算整体股票的成交量，并以图表的形式实时地表现出来。

股票查询子系统：通过股票代码对单股进行查询，计算辅助分析的各个参数，同时以图表的形式实时展示该支股票的交易状况。

个股价格预测子系统：根据股票市场的历史数据来进行神经网络的训练，同时使用训练结果来预测股票市场未来20天的价格走势。

权限管理子系统：赋予不同的用户不同的权限级别。

6.8.2 关键技术与算法

完成该系统，需要解决的技术有以下四个：

新闻抓取：需要将互联网上相关的最新的新闻抓取出来，显示给本系统的用户。

数据抓取：本系统的分析数据是基于中国上海和深圳证券交易所的数据，系统需要实时从证券交易所的交易数据库中获得数据。

图表的实现：本系统需要将抓取的数据以图表的形式展现在网页上。

算法的实现：基于时间序列的神经网络模型和算法，在神经网络在监督下进行学习。

6.8.3 关键数据结构

本系统的关键数据结构主要包括股票价格的结构、企业财务信息结构。

股票价格结构：{基本信息|交易数据|回报率|年度统计信息}。

基本信息：股票代码、股票名称、股票类型(ABH)。

交易数据：{开盘价｜收盘价｜最高价｜最低价｜收盘价｜成交量｜成交金额｜成交笔数｜换手率｜总市值}。

回报率：{考虑分红｜不考虑分红}。

年度统计信息：{σ系数|β系数|年末总市值|年末流通市值等}。

企业财务信息结构：{报表基本信息｜资产负债表｜利润分配表｜现金流量表｜财务比例｜审计报告}。

6.9 系统单元设计

6.9.1 系统层次结构

1. 数据层

信息搜集模块与网页抓取模块存入本地数据库。

2. 处理层

Web 服务器与数据库进行交互。

(1) 对数据库中的数据进行处理，将处理后的数据发布到系统主页上。

(2) 向数据库发出更新数据请求，数据库将此请求传递到数据层进行处理。

(3) 基于神经网络模型的方法，对时间序列进行分析，依据已存在的时间序列历史数据，对未来的时间序列做短期预测。

3. 用户层

用户通过上网对服务器发出查询指令。

4. 管理层

在网上股票信息系统的五个子系统中，权限管理系统是处于最底层的，系统的用户在对系统进行权限级别上的操作的时候，都要通过权限管理系统来进行权限验证，满足权限条件的用户才能够进行该操作。

6.9.2 系统单元设计

1. 股市行情子系统

输入参数：无。

输出：大盘走势图如图 6-2 所示。

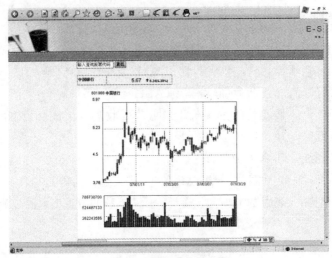

图 6-2 股市行情子系统

为其他系统提供接口：无。

2. 股票查询子系统

输入参数：股票代码、时间。

输出：与股票代码对应的股票的走势图、当日最高价格、当日最低价格、成交量，如图 6-3 所示。

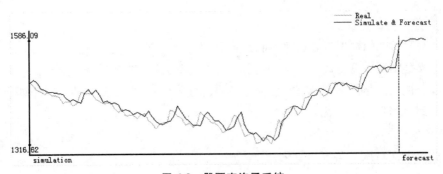

图 6-3 股票查询子系统

为其他系统提供接口：无。

3. 股价预测子系统

输入：20 个交易日市场价格。

输出：根据历史数据预测个股价格未来走势。

为其他系统提供接口：无。

4. 网友留言子系统

输入：网友所要发表帖子的主题、内容。

输出：网友发表的帖子，包括主题、内容、发表时间。

为其他系统提供的接口：无。

5. 权限管理子系统

输入参数：用户名。

输出参数：是否具有进行该操作的权限。

为其他系统提供接口：权限认证接口。

6.10 接口设计

6.10.1 外部接口

1. 用户接口

用户接口如图 6-4 所示。

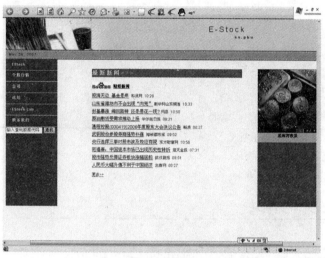

图 6-4 用户接口

软件一律采取网页界面，事件的产生通过点选按钮来触发。对于需要文字录入的部分显示对话框或者文本框，供用户填写。

2. 其他外部接口

硬件接口：通过网络与 Internet 相连，可实现与网络用户的交互。支持一般 X86 系列微机。

软件接口：运行在 Windows98 及更高版本的 Win32API 的操作系统之上，JVM 要在 1.4 版本以上。

6.10.2 内部接口

各子系统之间通过共享数据库来实现远程的连接。采用了以数据为中心的体系结构，其优点是便于更改和维护，增加模块或扩充功能时，只需要对既定的数据库以及各模块中实体的操作类（与数据库进行交互的类）进行改动即可，无须对整个程序结构做大幅度的调整。

6.11 开发环境的配置

开发环境配置如表 6-2 所示。

表 6-2 开发环境配置

类别	标准配置	最低配置
CPU	2.0 GHz	1.6 GHz
硬盘	60 GB	30 GB
内存	512 MB	128 MB
开发工具	Eclipse,dreamwaver	
数据库	SQL server 2000	
jdk	1.5	1.4
其他		

6.12 运行环境的配置

运行环境配置如表 6-3 所示。

表 6-3 运行环境配置

类别	标准配置	最低配置
CPU	2.0 GHz	1.6 GHz
硬盘	60 GB	30 GB
内存	512 MB	128 MB
网络通信	其他	

6.13 测试环境的配置

测试环境的配置如表、表 6-4、表 6-5 所示。

表 6-4 单元测试、集成测试环境

类别	标准配置	最低配置
CPU	2.0 GHz	1.6 GHz
硬盘	60 GB	30 GB
内存	512 MB	128 MB
其他		

表 6-5 系统测试、验收测试环境

类别	标准配置	最低配置
CPU	2.0 GHz	1.6 GHz
硬盘	60 GB	30 GB
内存	512 MB	128 MB
网络通信	…	…
其他	…	…

6.14 单元测试

6.14.1 测试的环境

测试环境如表 6-6 所示。

表 6-6 测试环境

类别	标准配置	最低配置
计算机硬件	当前主流的一般配置 PC 机	当前主流的一般配置 PC 机
软件	Windows XP Professional Edition，JDK1.5，SQL Server2000，Tomcat 5.0	Windows2000，SQL Server2000，JDK 1.4，Tomcat
网络通信	局域网	局域网

6.15 其 他

本项目的各个子模块各自的独立性较好，检测比较方便。由于时间的关系，有些模块的功能没有完全实现。本项目实现了需求分析阶段和总体设计阶段的大部分功能，较好地完成了预期的目标，测试阶段完成得也比较顺利，股价预测模块与个股信息查询模块有待于进一步完善，争取做到数据的实时化，达到实时预测和实时查询的功能。

第7章 Storm 金融定价分析系统

作者：孙晨钟，邹菁，韩宇鹏，孙培培，陈方，何成云　　编辑：闫永平，梁循

7.1 产品描述

7.1.1 编写目的

定义需求原型，初步明确需求界定，供小组讨论。

7.1.2 文档范围

待开发的软件系统的名称：Storm 金融产品定价系统。
适用于金融产品的投资者。

7.1.3 定义

B/S：一种软件架构的英文缩写，指的是基于浏览器/服务器的设计架构，即服务端运行在远程的服务器上，客户端运行在本地的浏览器端，无须再安装客户程序，使用网页浏览器即可访问服务器端程序。

7.2 项目概述

7.2.1 产品概述

在当今社会，金融产业的发展日新月异，金融产品的推出层出不穷。金融机构针对不同特征的投资者推出多种金融产品或者组合，从而使投资者有了更大的选择空间。但是，现在的金融产品大多过于复杂，对很多普通投资者来说，金融产品难以理解，它的成本收益难以分析，风险也难以确定，从而很难在成百上千个金融产品中选出最适合自己的一种。

通过建立一个网站的形式，把现在市面上流行的各种金融产品集合起来，如股票、权证、基金等，对它们分别进行分析，投资者可以通过查询得到特定金融产品的信息，并通过输入该金融产品的的一些价格信息等得到该产品的预期价格。从而对该产品的风险状况有一个大概的认识，通过该系统，投资者可以更好地选择适合自己的投资产品，更好地进行理财。

7.2.2 产品功能

金融产品风险分析系统是一个帮助投资者综合分析各种金融产品的定价的系统。提供了包括股票、债券、权证等市面上常见的金融产品的说明及分析，该系统创新地把网友意见加入到定价系统中。此外，该系统还提供了投资组合的风险分析，可以帮助投资者更好地选择适合自己的金融产品。

7.2.3 运行环境

1. 硬件环境

运行本软件的硬件设备为能够运行 Windows 2000 Server。

服务器为 Windows 2000Adv Server 操作系统,安装 Tomcat 和 MySQL。

2. 软件环境

客户端的配置为能够运行 IE 6.0 以上的推荐硬件配置。

本软件的系统平台为 Windows2000 系列,Windows XP。

Web 服务器为 Tomcat、数据库 MySQL、开发工具为 Myeclipse。

7.2.4 用户特点

用户分类如表 7-1 所示。

表 7-1 用户分类

用户类型	用户级别	用户权限	用户特点
普通用户	初级用户	使用系统查询信息,进行定价	熟悉计算机基本操作
系统管理员	超级用户	管理、维护系统运行	熟悉计算机基本操作,经过基本的培训和参考用户手册就可以对系统进行管理

初步用况分析如图 7-1、图 7-2 所示。

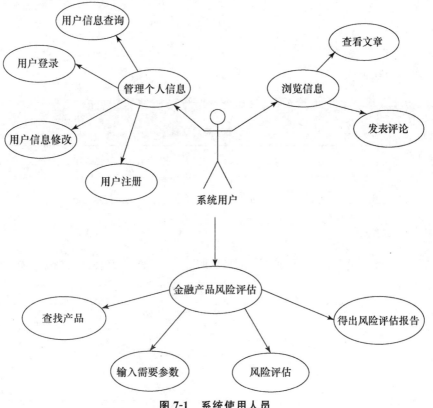

图 7-1 系统使用人员

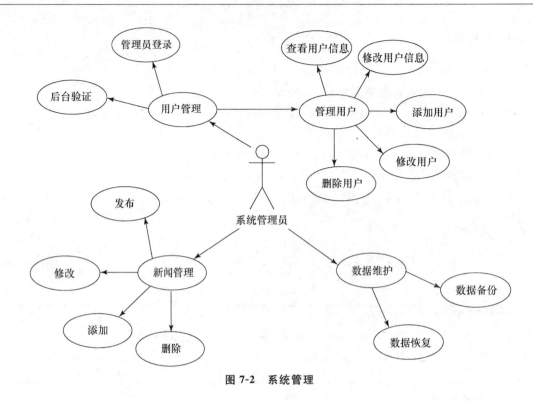

图 7-2 系统管理

7.3 具体需求

7.3.1 用户角色认证

这一模块的功能是验证用户角色,具体登记数据项如表 7-2 所示。

表 7-2 用户认证

数据项名称	数据类型
用户 ID	int[11]
用户角色	int[11]

7.3.2 用户详细信息

这一模块的功能是将系统中所管理的每位注册用户进行登记,具体登记数据项如表 7-3 所示。

表 7-3 详细信息

数据项名称	数据类型
用户 ID	int[11]
姓名	varchar[20]
密码	varchar[20]
密码提示回答问题	varchar[256]

续表

数据项名称	数据类型
密码提示问题答案	varchar[256]
邮箱	varchar[128]
用户注册日期	date
生日	date
昵称	varchar[256]

7.3.3 新闻记录

这一模块的功能是将系统中发布的新闻公告登记,具体数据项如表 7-4 所示。

表 7-4 新闻记录

数据项名称	数据类型
新闻 ID	int[11]
新闻主题	varchar[200]
新闻内容	varchar[20000]
新闻类别	int[11]
新闻发布时间	date

7.3.4 股票定价

股票定价如表 7-5 至 7-10 所示。

表 7-5 股票代码表 StockCode

数据项名称	数据类型
ID	int[11]
股票代码	int[11]
股票名称	varchar[20]

表 7-6 股票价格表 StockPrice

数据项名称	数据类型
ID	int[11]
股票代码	int[11]
价格日期	date
收盘价格	double

表 7-7 股票常数表 StockConstant

数据项名称	数据类型
ID	int[11]
CPI	double
国债无风险利率	double

表 7-8　股票情况表 StockData

数据项名称	数据类型
ID	int[11]
股票代码	int[11]
股票名称	varchar[100]
会计年份	date
波动率	double
市盈率	double
应付普通股股利	double
转作股本的普通股股利	double
流通 A 股总股本	double
未分配利润	double
净利润	double
每股净收益	double
β 系数	double
相似类型	double

表 7-9　网友估价表 WangComment

数据项名称	数据类型
ID	int[11]
股票代码	int[11]
网友价格	double

表 7-10　网友评股表 BBSComment

数据项名称	数据类型
ID	int[11]
用户名	varchar[100]
股票名称	varchar[100]
发布日期	date
网友评论	varchar[2000]

7.4　运行环境

7.4.1　服务器端运行环境

硬件环境：P4 2.4 GHz 以上 512 MB 以上内存，硬盘容量 1 GB 以上。
操作系统：Windows 2000/XP 或者 Ubuntu, Red Hat Linux。
Web 服务器：Tomcat 5.5.X JRE:1.5 以上。
数据库服务器：MySQL 5.0 版本以上。

7.4.2　客户机运行环境

硬件环境：普通 PC 机即可，如 P3 500 MHz 以上，内存 128 MB 以上。

操作系统：带有浏览器的 Windows 2000/XP/Vista，Ubuntu Linux，RedHat Linux。
浏览器要求：支持 IE6、IE7、Firefox 和 Opera 上浏览时会存在少量显示异常错误。

7.5 总体设计

7.5.1 系统业务流程综述

系统业务流程如图 7-3 所示。

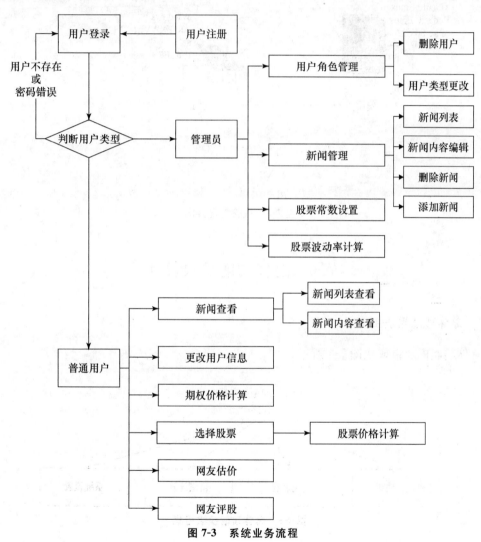

图 7-3 系统业务流程

7.5.2 系统结构

系统物理结构设计如图 7-4 所示。

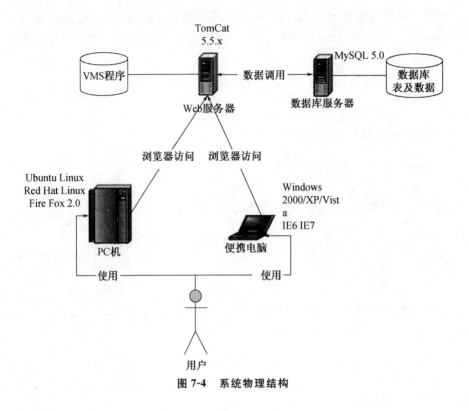

图 7-4　系统物理结构

7.6　总体功能模块设计

7.6.1　总体功能模块组成

总体功能模块组成如图 7-5 所示。

图 7-5　总体功能模块组成

7.6.2　功能点列表

功能点如表 7-11 所示。

表 7-11 功能点列表

功能点	功能点名称	所属模块	备注
1-1	用户注册	用户功能	……
1-2	用户信息修改	用户功能	……
2-1	新闻内容查看	新闻查看	……
2-2	新闻列表查看	新闻查看	……
3-1	期权价格计算	价格计算	需要用户输入数据
3-2	股票价格计算	价格计算	分为两步进行,需要用户输入数据
3-3	网友估价	价格计算	只可对系统中有数据的股票进行估价
3-4	网友评股	价格计算	只可对系统中有数据的股票进行评论
4-1	新闻管理	系统设置	管理员进行新闻的增删改查
4-2	用户角色管理	系统设置	管理员进行用户的增删改查
4-3	股票常数设置	系统设置	由管理员输入数据进行设置
4-4	股票波动率设置	系统设置	系统根据数据库数据自动计算

7.7 数据库设计

7.7.1 数据库表列表

数据库表名称如表 7-12 所示。

表 7-12 数据库表列表

表名	对应功能点号	备注说明
User	1-1,1-2,4-2	用户信息表
Role	4-2	用户角色表
News	2-1,2-2,4-1	新闻内容
StockCode	3-1,3-2,3-3,3-4,4-3,4-4	股票代码和名称
StockPrice	4-4	股票价格
StockConstant	3-1,3-2,4-3	股票常数
StockData	3-1,3-2	股票分析数据
WangComment	3-3	网友估价
BBSComment	3-4	网友评股

7.7.2 数据库字段列表

数据库字段如表 7-13 至 7-21 所示。

表 7-13 User

字段名	中文名	类型长度	约束	备注
userid	ID	int[11]	PK	系统自动生成
username	用户名	varchar[20]		
pwd	密码	varchar[20]		
pwdquestion	密码提示回答问题	varchar[256]		

字段名	中文名	类型长度	约束	备注
pwdanswer	密码提示问题答案	varchar[256]		
email	邮箱	varchar[128]		
datecreated	用户注册日期	date		
birthday	生日	date		
nickname	昵称	varchar[256]		

表 7-14 Role

表名：Role

字段名	中文名	类型长度	约束	备注
ID		int[11]	PK	系统自动生成
userid	用户 ID	int[11]		与 User 表中的 userid 对应
RoleID	用户角色	int[11]		

表 7-15 News

表名：News

字段名	中文名	类型长度	约束	备注
newsid	新闻 ID	int[11]	PK	系统自动生成
newstheme	新闻主题	varchar[200]		
newscontent	新闻内容	varchar[20000]		
newstype	新闻类别	int[11]		
newsdate	新闻发布时间	date		

表 7-16 StockCode

表名：StockCode

字段名	中文名	类型长度	约束	备注
ID	…	int[11]	PK	系统自动生成
StockCode	股票代码	int[11]		
StockName	股票名称	varchar[20]		

表 7-17 StockPrice

表名：StockPrice

字段名	中文名	类型长度	约束	备注
id	int[11]	PK	系统自动生成	
StockCode	股票代码	int[11]		与 StockCode 表中的 StockCode 字段对应
StockDate	价格日期	date		
StockPrice	收盘价格	double		

表 7-18 StockConstant

表名：StockConstant

字段名	中文名	类型长度	约束	备注
id	int[11]	PK	系统自动生成	
CPI	CPI	double		
RiskFreeRate	国债无风险利率	double		

第 7 章 Storm 金融定价分析系统

表 7-19 StockData

表名：StockData

字段名	中文名	类型长度	约束	备注
ID			PK	系统自动生成
StockCode	股票代码	int[11]		与 StockCode 表中的 StockCode 字段对应
StockName	股票名称	int[11]		
AccountYear	会计年份	varchar[100]		
Volatility	波动率	date		
PERatio	市盈率	double		
CommonStock-Dividend	应付普通股股利	double		
CapitalStock-Dividend	转作股本的普通股股利	double		
AEquity	流通 A 股总股本	double		
Undistributed-Profit	未分配利润	double		
NetIncome	净利润	double		
NetYield	每股净收益	double		
Beta	β 系数	double		
Relative	相似类型	double		
StockName	股票名称	varchar[100]		与 StockCode 表中的 StockName 字段对应

表 7-20 WangComment

表名：WangComment

字段名	中文名	类型长度	约束	备注
id	int[11]	PK		系统自动生成
StockCode	股票代码	int[11]		与 StockCode 表中的 StockCode 字段对应
WangPrice	网友价格	int[11]		

表 7-21 BBSComment

表名：BBSComment

字段名	中文名	类型长度	约束	备注
id	int[11]	PK		系统自动生成
Username	用户名	varchar[100]		
StockName	股票名称	varchar[100]		与 StockCode 表中的 StockName 字段对应
date	发布日期	date		
Wangcomment	网友评论	varchar[2000]		

7.8 附　　录

（1）本规范根据国家标准 GB/GT 8566—1995 的规定，参照 GB8567—88 和 GB9385—88 而制定。

(2) 软件需求说明书(Sorftware Requirements Specification)简称为 SRS。

(3) 在同一软件项目中只能有一个 SRS。

(4) SRS 的基本点是说明对项目软件产品本身的需求、规格定义和设计约束限制,是说明由软件产品获得的结果,而不是说明获得软件产品结果的手段,应避免将设计、实现和管理写入 SRS 中。

(5) SRS 是描述项目中软件产品本身的需求的,也应避免将项目需求写入 SRS 中。

第8章 股票交易分析系统

作者：张涛，李杰，钟祺，贾宁，杨锟　　编辑：阮进，闫永平，梁循

8.1 产品描述

8.1.1 编写目的

本说明书是股票分析交易系统的整体说明书，包括描述该软件系统运行所需要的环境、所应实现的各种功能、用户界面要求等内容，是开发此系统的人员所必须阅读的内容。

8.1.2 产品名称

股票分析交易系统。

8.2 产品需求概述

8.2.1 功能简介

本产品主要是为了能够使广大股民了解股市行情，并可以随时掌握自己所持股票的走势信息，同时能够做出股票的预期走势分析而供股民参考。另外，作为一项附加功能，能够模拟现实中的股票交易，从而可以为新股民提供练习环境。

本产品作为一个独立的软件，主要由以下几部分功能构成(见表8-1)。运用爬虫程序对指定的股票信息站点进行信息搜索，获取每支股票的信息作为输入信息，将其存入后台数据库，同时能够对比较热的几支股票的数据在网页上进行显示。当用户(股民)选中某支股票时，说明用户想查看该股票的已有走势，此时需要显示出此股票近期的数据情况，并将这种情况以图式表达，从而形成走势图。当用户(股民)想要通过此软件的帮助而获取预期的走势信息时，应能够迅速地给出其预期走势，包括数据和图形两种形式。并对用户的投资进行建议。本产品维护一个用户(股民)的个人数据库，每个用户通过注册而得到用户名和密码。维护的信息包括该用户所剩余的资金额，所购入的股票数量、类型，每支股票的基本信息和交易信息。如果用户想要在当期进行交易，则给予用户最大的便利来简化交易过程。功能描述如表8-1所示。

表8-1　功能描述

功能名称	功能描述
收集股票信息	定期(每天)从指定网站上搜取每支股票的相关信息，更新本地数据库中对应股票的信息，为走势分析提供基础数据
分析股票走势	根据已存在的股票走势分析方法，结合存储的股票数据而得到该支股票近期的走势情况，为预期走势作准备
预期股票走势	根据分析结果，从而得到对走势的预期值(以概率形式给出)，为股民的投资行为提供参考
股票交易(模拟)	用户(股民)在登录后，显示此股民所持股票的信息，同时可以在网上进行股票交易，交易结果记录在股民个人信息中

8.2.2 运行环境

1. 硬件环境

本系统运行在 PC 上,最低内存 128 MB,硬盘 4 GB,推荐内存 256 MB(或以上),硬盘 10 GB(或以上)。

2. 软件环境

需要安装 Windows 操作系统,IE 版本 5.0 以上,有 ODBC 支持。

8.3 数 据 描 述

本产品能够同时维护万名股民的信息,故对数据管理能力要求较高;此外因具有交易能力,故需要数据库具有良好的数据恢复功能。

为了给股票交易和股票预测提供原始数据,我们需要实时地从网络上获取当时的股票信息,包括开盘价、最新价、最高价、最低价等,并且按一定格式写入数据库。

8.3.1 选定数据来源

Internet 上有很多实时提供股票信息的网站,比如 http://biz.finance.sina.com.cn/stock/market_hq.php?type=63,http://cn.biz.yahoo.com/zhph/index.html,http://quotes.stock.163.com/index.html,等,其提供的行情格式和具体数据都有所差别,最后我们选定了 http://biz.finance.sina.com.cn/stock/market_hq.php?type=63 作为我们股票信息的来源。

8.3.2 获取信息

通过网页信息抓取程序抓取网页,存放在本地路径下,然后调用针对此网页的分析程序,将有用的数据提取出来,用 SQL 语句存入数据库。

目前系统中采用的方法是手动启动采集数据,为了简便起见,每天仅采集一次数据。等待系统实际运行起来后,可设为自动采集,即以一定的时间间隔(网页数据更新的频率,大约是 4 分钟左右)进行采集。

开发工具:Jbuilder2006 + Access2003。

8.4 股票预测算法

人工神经网络是在计算机上运行的实现模式识别和机器学习算法的计算机程序,通过对大量历史数据库的计算来建立预测模型。

系统中对股价进行预测使用的是一种最广泛使用的神经网络,即三层网络,有时也称为单隐层网络。

神经网络模型具有未知参数,称为权(weight),我们要通过迭代学习确定它们的值,使得模型能很好地拟合训练数据,这一过程由反向传播算法实现。反向传播算法的主要思想是从后向前(反向)逐层传播输出层的误差,以间接算出隐层误差。具体步骤如下:

（1）随机选定权系数初始值。
（2）重复下述过程直至收敛：
① 前向运算——输入信息从输入层经隐层逐层计算各神经元的输出值；
② 后向运算——输出误差逐层向前算出隐层各神经元的误差，并用此误差计算前层权值的修正量；
③ 更新各层权值。

我们的股价预测模块中，取 $N=30, H=10, M=1, P=30$。即：采集 60 个历史数据，用第 1～30 个数据预测第 31 个数据，用第 2～31 个数据预测第 32 个数据，……，用第 30～59 个数据预测第 60 个数据。如此进行完学习训练后，用多次迭代确定的权值和阈值来预测未来 5 个时间单位的未知数据。

8.5　股票交易设计

8.5.1　用户登录

打开登录界面，接受用户输入的用户名和密码，从数据库中获取当前用户的相关信息。

8.5.2　用户注册

新用户使用本系统时的注册功能，将用户所输入的用户名、密码、真实姓名、电话、性别、E-mail 等信息保存到数据库中，同时显示注册成功的反馈信息，在注册成功后用户可以直接进入主页面。

8.5.3　主页面

主页面的制作，包括四个基本功能：返回登录界面；股票预测；买入股票；卖出股票。点击超级链接，进入相应的页面。同时还会在主页面显示欢迎词，包括当前用户的用户名、账户余额等信息。

8.5.4　买入股票

接受用户所输入的股票代码，所要买的股票数量，进行买入。股票价格从网上获取，操作成功之后给出反馈信息：买入股票代码；股票名称；买入股票数量；单价；总共花费；账户余额。同时修改数据库，将新购入的股票信息插入到 stock 数据库中。并对余额进行修改。

8.5.5　卖出股票

首先显示当前用户所持有的所有股票信息，包括股票代码、股票名称、所持有的股票数量。然后接受用户输入，用户输入相应的股票的代码，所要抛出的股票数量。从网上获取当前股票的单价，完成计算。抛出成功即给出反馈信息，包括抛出股票的代码、股票名称、抛出股票的数量、单价、收入、账户余额等信息。同时更新用户数据库中的余额，更新股票数据库中相应股票的数量。

8.6 数据库设计

一个数据项的基本元素如表 8-2 所示。

表 8-2 数据项

证券代码	证券名称	最新价	涨跌	涨跌幅	开盘价	最高价	最低价	成交量	时间
stock_num	stock_name	new_price	rise_price	rise_rate	open_price	highest_price	lowest_price	deal_price	deal_num
sz000001	S深发展A	13.350	-0.030	-0.22	13.500	13.500	12.960	294849.32	38987.77
sz000002	万科A	13.250	0.390	3.03	13.000	13.680	12.850	780657.44	103706.07
sz000004	*ST国农	4.080	-0.020	-0.49	4.100	4.140	4.050	8795.05	358.46
sz000005	ST星源	2.510	-0.010	-0.40	2.520	2.530	2.480	112230.96	2804.33
sz000006	深振业A	13.300	0.750	5.98	12.650	13.460	12.650	104123.38	13725.00
sz000007	深达声	2.550	0.000	0.00	2.570	2.570	2.510	20536.22	521.25
sz000008	宝利来	4.390	0.010	0.23	4.400	4.450	4.330	7244.30	317.64
sz000009	S深宝安A	4.260	0.030	0.71	4.260	4.290	4.210	109251.81	4642.19
sz000010	S*ST华新	5.370	0.190	3.67	5.310	5.410	5.130	24587.14	1300.53
sz000011	S深物业A	5.190	0.070	1.37	5.130	5.260	5.080	20666.43	1068.62
sz000012	南玻A	9.630	0.230	2.45	9.380	9.700	9.310	91730.39	8769.92
sz000014	沙河股份	7.580	0.230	3.13	7.480	7.670	7.360	51447.13	3896.76
sz000016	深康佳A	4.200	0.000	0.00	4.200	4.260	4.180	37010.35	1558.99
sz000017	S*ST中华	2.630	-0.020	-0.75	2.650	2.680	2.610	8324.00	220.01
sz000018	深中冠A	5.320	-0.050	-0.93	5.380	5.390	5.250	5525.49	293.08
sz000019	深深宝A	5.550	0.040	0.73	5.540	5.570	5.450	14834.13	816.86
sz000020	SST华发	停牌	0.000	0.00	0.000	0.000	0.000	0.00	0.00
sz000021	长城开发	8.390	0.120	1.45	8.390	8.480	8.210	53146.22	4450.64
sz000022	深赤湾A	16.410	0.560	3.53	15.850	16.510	15.670	49944.89	8079.72
sz000023	深天地A	4.910	0.120	2.51	4.830	4.930	4.800	17935.47	877.14
sz000024	招商地产	23.800	1.400	6.25	22.400	23.800	22.000	23994.03	5589.06
sz000025	特力A	3.820	0.020	0.53	3.800	3.840	3.760	8633.82	328.14
sz000026	S飞亚达A	6.830	0.130	1.94	6.700	7.000	6.600	38465.45	2640.27
sz000027	深能源A	8.190	0.090	1.11	8.150	8.270	8.110	191464.96	15834.69
sz000028	一致药业	7.180	0.350	5.12	6.850	7.200	6.850	45951.58	3244.35
sz000029	深深房A	5.380	0.090	1.70	5.350	5.490	5.350	154200.44	8350.30
sz000030	S*ST盛润	停牌	0.000	0.00	0.000	0.000	0.000	0.00	0.00
sz000031	中粮地产	9.610	0.250	2.67	9.360	9.660	9.290	210801.20	20136.42
sz000032	深桑达A	5.000	0.100	2.04	4.910	5.020	4.880	23985.17	1188.88
sz000033	新都酒店	3.250	-0.040	-1.22	3.290	3.350	3.240	32737.33	1074.78
sz000034	S*ST深泰	2.600	0.040	1.56	2.560	2.600	2.540	17092.60	439.31

因为每天每个股票都有大量的信息，为了避免一张表中放置太多的数据，在建表的时候有两种方案，按日期建表与按股票名称建表。每种方式都有各自的优缺点，在有利于做一些操作的同时，不利于做另一些操作。最终建立数据表的时候采取了按日期建表，即每天的股票信息存在一张表中，如图 8-1 所示。

图 8-1 股票信息表

8.7 用户界面设计

股票行情浏览页面如图 8-2 所示。

今日行情

股票编号	股票名	最新价(元)	涨跌(元)	涨跌幅(%)	开盘价(元)	最高价(元)	最低价(元)	成交量(手)	成交额(万元)
sz000001	S深发展A	13.600	0.370	2.80	13.230	13.900	13.100	301814.04	41128.42
sz000002	万科A	15.180	0.110	0.73	14.990	15.420	14.880	275891.84	41976.45
sz000004	*ST国农	4.130	-0.060	-1.43	4.150	4.180	4.090	7317.74	302.62
sz000005	ST星源	2.540	-0.030	-1.17	2.570	2.570	2.510	81563.50	2068.47
sz000006	深振业A	13.500	0.110	0.82	13.380	13.850	13.210	40732.38	5477.82
sz000007	深达声A	2.480	-0.020	-0.80	2.490	2.500	2.460	18767.97	465.77
sz000008	宝利来	4.250	-0.060	-1.39	4.330	4.330	4.210	5852.38	249.11
sz000009	深宝安A	4.300	0.040	0.94	4.280	4.330	4.220	73045.61	3132.92
sz000010	S*ST华新	停牌	0.000	0.00	0.000	0.000	0.000	0.00	0.00
sz000011	S深物业A	5.410	-0.040	-0.73	5.520	5.520	5.350	31598.20	1715.63
sz000012	南玻A	11.050	0.450	4.25	10.510	11.350	10.510	75968.14	8395.37
sz000014	沙河股份	7.380	0.050	0.68	7.300	7.480	7.280	16588.50	1227.12
sz000016	深康佳A	4.260	-0.010	-0.23	4.270	4.310	4.230	32169.04	1367.78

图 8-2 股票行情浏览页面

单击相应的股票号码上的超链接后,就会跳转到个股信息的显示页面,包括股票走势和股票预测。另外还提供了按照不同的属性排序和按股票号查找的功能。

个股信息显示页面如图 8-3 所示。

个股数据

图 8-3 个股数据

当跳到个股信息显示页面后,网页程序取出最近 30 天的股票价格,传给预测程序,预测出将来 5 天的价格,并显示曲线图和表格。

第 9 章　股票预测系统

作者：王长松，王海峰，朱道奇，田林立，叶忻，苑雪芳，刘哲　　编辑：闫永平，梁循

9.1　产品描述

9.1.1　编写目的

该数据库设计说明书是为本系统软件编写人员和维护人员而编写，目的在于保持数据库后台和程序在数据定义方面的一致性。

该数据库设计说明书还考虑到为今后的代码重写、数据库的移植提供方便。所以该说明书的读者一是本系统开发人员，二是后继维护人员以及系统重构、移植的相关人员。

9.1.2　背景

数据库名称：seacherdb。

软件系统名称：unique engine 金融信息垂直搜索引擎。

开发该软件主要考虑到金融信息在门户搜索引擎的强大搜索能力下并不能很明显的显示出来，需要有一种专门的搜索引擎来解决金融信息的采集和加工的需求。

任务的提出是现实的需要，使用该引擎的用户将是那些需要分类、集中金融信息的人群。

9.2　外部设计

9.2.1　标识符和状态

本数据库 seacherdb 和使用它的软件系统实现的是松耦合。程序代码稍加修改，即可以把数据库移植到其他数据库管理软件上面。在本说明书里如果不做另外说明，"数据库"一词统一指该 seacherdb 数据库。

9.2.2　使用它的程序

使用该数据库的程序包括垂直搜索引擎的后台管理程序和 Web server。后台管理程序负责有选择地下载网页信息、规范化信息和建立索引，都需要与该数据库相连。用户可以从普通的 IE 浏览器访问该 Web 站点，搜索需要的信息，其也要求数据库处理并返回给 Web 服务器，最后返回给客户端。

软件系统名称及版本号：Unique Engine V3.0。

9.2.3　约定

到目前为止，数据库版本为 V1.0；约定下一版本为 V2.0。对数据库中各表做小的修改，

可以认为是数据库版本的改进,比如下次的对单个表的改动,规定数据库版本为 V1.1。

9.2.4 专门指导

在系统移植或修改的时候,首先需要建立数据库 seacherdb。数据库的装载可以直接调用通过 seacherdb.SQL 文件来完成。Seacherdb.SQL 文件是前期数据库完成之后,通过逆向工程产生的,在今后的移植或重载中,就可以生成同一个数据库。

Seacherdb.SQL 文件可以见附录文件。

9.2.5 支持软件

使用软件:MySQL version 4.1.16-nt,QL-front V3.2。

所有数据都是由 unique engine 的后台搜索程序处理产生并存入数据库中的。

9.3 结构设计

9.3.1 概念结构设计

表 applyrecorder(见表 9-1)用于记录分配需要下载页的 URL 和下载线程号。

表 9-1 applyrecorder

名称	类型
urlNo	int(15) unsigned
threadNo	varchar(15)

表 autowebpageinfor(见表 9-2)是用来记录那些金融网址的网页特性,方便搜索引擎对这类特定网址搜索信息。

表 9-2 autowebpageinfor

名称	类型
wurl	varchar(90)
segmenthead	varchar(200)
segmenttail	varchar(200)
segmentmove	int(10) unsigned
titlemove	int(10) unsigned
no	int(10) unsigned
fileformat	varchar(60)
kind	varchar(45)
segmentname	varchar(90)
indexpage	varchar(90)

表 commet(见表 9-3)专门为管理注册用户而设计,用户可以对搜索到的信息做自己的评论。

表 9-3 commet

名称	类型
url	varchar(100)
writer	varchar(100)
content	text

表 dailyrecorderinforlist(见表 9-4)用来存放下载的信息,包括该信息的存放地点(文件夹)的编号。

表 9-4 dailyrecorderinforlist

名称	类型
PRIMARY	no
wurl	varchar(100)
title	varchar(100)
titletourl	varchar(100)
no	int(10) unsigned
thetimegetit	datetime
hour	int(10) unsigned
minute	int(10) unsigned
second	int(10) unsigned
downloadsecondscost	int(30) unsigned
state	varchar(45)
speedlevel	int(10) unsigned
subDir	int(20) unsigned

表 pagessubdir(见表 9-5)储存有存放地点的信息。

表 9-5 pagessubdir

名称	类型
PRIMARY	subdirname
subdirname	int(20) unsigned
state	int(10) unsigned
indexed	varchar(45)
subDir	varchar(60)

表 timeassign(见表 9-6)是用来指定后台程序每天在什么时间开始下载。

表 9-6 timeassign

名称	类型
hourToDownload	int(10) unsigned
minuteToDownload	int(10) unsigned
no	int(10) unsigned

表 setinfor(见表 9-7)记录了前一次从某个网站下载的速度,用来为下一次程序启动下载进程时,选择下载各个网站的顺序。

表 9-7 setinfor

名称	类型
PRIMARY	url
url	varchar(100)
latestspeed	int(20) unsigned

9.4 使用到的接口

9.4.1 JDBC

用于 Java 访问数据库,接口封装类如下:

```
package searchtools.DBManager;
import java.SQL.*;
/**
 * <p>Title:搜索引擎工具包——数据库操作基础类</p>
 * <p>Description:</p>
 * <p>Copyright: Copyright (c) 2007</p>
 * <p>Company:</p>
 * @author 秦琴
 * @version 1.0
 */


public class mydb
{
String driverName="com.mySQL.jdbc.Driver";
Connection conn = null;
Statement stmt = null;
ResultSet rs = null;
String connURL= "jdbc:mySQL://";//localhost/mdv1?";//user=root&password=2356236";

public mydb(String baseName,String user,String password)throws ClassNotFoundException
{

Class.forName(driverName);
connURL=connURL+baseName+"?"+"user="+user+"&password="+password;
}
public ResultSet executeQuery(String SQL) throws SQLException
{
conn = DriverManager.getConnection(connURL);
Statement stmt = conn.createStatement();
ResultSet rs = stmt.executeQuery(SQL);
return rs;
}


public int executeUpdate(String SQL) throws SQLException
{
conn = DriverManager.getConnection(connURL);
```

```
Statement stmt = conn.createStatement();
int a = stmt.executeUpdate(SQL);
return a;
}
public boolean close()
{
try
{
if (conn!=null) conn.close();
return true;
}
catch (SQLException ex)
{
System.err.println("iiiiiiiiiii closeConn:" + ex.getMessage());
return false;
}
}
}
```

9.4.2 TOMCAT

提供 Web 协议服务的服务器,TOMCAT 提供不宕机情况下的动态调用,只需要将 JSP 文件放在配置文件指定的文件夹下。

9.4.3 LUCENE

提供对文件的索引

```
IndexWriter writer = new IndexWriter(INDEX_DIR, new StandardAnalyzer(), true);
writer.addDocument(makeDoc.getDoc(file));
```

和对索引的搜索

```
Searcher searcher = new IndexSearcher(IndexReader.open(indexPath));
System.out.print("++++"+ searcher.doc(0).toString()+"####");
Hits hits = searcher.search(queryE);
```

第 10 章 金融风险评估系统

作者：钱铭，程彦涛，李宁波，刘晓芳，蒋兴波　　　编辑：钱铭

10.1 概　　述

本课程项目开发的软件系统名称为金融风险评估系统(financial risk evaluation system——FRES)。

10.1.1 金融风险

随着计算机和通信技术的迅猛发展，网络金融这一崭新的概念应运而生。从外延上而言，网络金融是以计算机网络为支撑的全球范围的各种金融活动和相关问题的总称。它对于国民经济的稳健运行和持速增长起着重要的支撑作用。改革开放以来，我国金融业有了长足的发展，金融在社会经济生活中发挥着越来越重要的作用。随着科技的不断进步，计算机和卫星通信网络已经把全球的金融市场和金融机构紧密地联系在一起，全球性的资金交易、划拨和融通几秒钟便可完成，遍及全球的金融中心和金融机构已经形成一个全天候、全方位的全球化国际金融市场，国际金融市场的全球化为巨额融资提供了广阔的活动空间，加之政治、经济和市场变化等原因，使金融业潜伏着很大风险。一般行业的风险只对本单位或本行业产生影响，可金融业是以极少量的资本金面向社会广泛负债而从事资产业务的特殊行业，其风险如果不能得到有效的解决，势必引发系统性的金融风波，给整个经济发展和社会稳定带来沉重危害。

一般而言，金融风险是指在现实金融活动中由于未来不确定性因素而带给金融主体或金融体系损失的可能性。对广大投资者而言，他们关心的是如何规避金融风险，使投资取得更大得收益。因此有必要对金融风险进行信息收集、分析、预测，从而确定下一步投资行为，例如撤资还是投资、投资项目的选择等。因此，我们项目小组决定在金融投资风险方面做一些探讨，以期对投资基金风险、股票风险以及期货风险进行数学建模，编程实现，并通过网站的形式为注册用户提供投资风险分析、预测，并为用户提出投资方向的建议等。

10.1.2 金融风险评估系统 FRES 概述

本系统对当前主要的金融风险进行评估，共有 4 个大的功能模块，分别是"主界面和用户管理"、"基金风险评估"、"股票风险评估"、"期货风险评估"四大部分。具体如下：

(1) 主界面和用户管理：为系统建立一个人机交互的界面，提供用户注册、相关金融信息浏览、金融网站的链接等，并为注册用户提供主要功能的模块入口。

(2) 基金风险评估：对开放式基金进行市场风险、基金管理风险和流动性风险三个方面的风险分析评估。

(3) 股票风险评估：评估股票的风险价值(value-at-risk，VaR)，以及根据不同交易日的风险价值的变化情况，进行收益率和风险度变化的分析。

(4) 期货风险评估：评估期货的风险价值，以及风险价值的变化情况，进而分析收益率和

风险度的变化。

10.1.3 术语和定义

本节将列出本文档中用到的专门术语的定义和外文首字母组词的原词组。

风险(risk)——风险就是一个事件产生我们所不希望的后果的可能性,也即是不确定性、偶然发生的事件,风险发生的结果是损失,事件发生所引起的损失是不确定的。但是不确定性是风险的必要条件而非充分条件。任何一种存在风险的情况都是不确定的,但是在没有风险的情况下也可能存在不确定性。

金融风险(financial risk)——金融风险是指在金融活动中,债权、债务人所持有的金融资产或负债,在未来一定时期赔偿损失实际价值或应收、应付的实际价值所具有的不确定性。金融风险已成为影响最大的越来越集中的社会风险。

基金(fund)——基金是一种大众化的信托投资工具,这种投资工具由基金管理公司或其他发起人发起,通过向投资者发行受益凭证,将大众手中的零散资金集中起来,委托具有专业知识和投资经验的专家进行管理和运作,由信誉良好的金融机构充当所募集资金的信托人或托管人。包括封闭式基金和开放式基金:封闭式基金是指在设定时发行的基金单位份额是固定的,发行期满后,基金就封闭起来,即不再追加发行,投资者也不能要求赎回现金,因而基金的总份额不会增加或减少;开放基金是指基金设定时基金总额不封闭,基金发行没有数量上的限制,投资者可以随时认购或赎回。

基金收益——基金收益是基金资产在运作过程中所产生的超过自身价值的部分。具体地说,基金收益包括基金投资所得红利、股息、债券利息、买卖证券价差、存款利息和其他收入。

股票(stock)——股票是一种有价证券,它一般是指股份有限公司签发的证明股东所持股份的凭证。

股票收益——股票的收益是指投资者通过购买股票而获得的全部投资报酬,包括股利收益和资本收益。股利收益,是指投资者从股份公司那里得到的投资报酬,实质上就是股份公司支付给股东的那部分税后利润。股利分为优先股股利和普通股股利。优先股股利先于普通股股利分发,其股利是固定的,普通股股利不固定,随公司的业绩变动而增减。资本收益,是指投资者通过市场交易得到的股票买卖差价收益。即投资者以较低的价格买进股票,以后以较高的价格卖出股票,获得这部分差价在我国证券市场中由于股利收益比较低,大部分投资者期望得到的是资本收益。股票的收益具有以下特点:a. 不固定。由于公司业绩,证券市场价格涨跌的不可预期性,所以股利收益和资本收益都是不固定的。b. 风险大。相对于银行存款,债券等金融工具来说,如公司业绩不佳,股票的收益可能很低,甚至血本无归。c. 可能性的收益较高。股票投资者作为公司的所有者,具有剩余财产索取权,当公司利润高时,其分红会大于债券利息或银行利息。

期货(futures)——期货指未来才兑现的商品。期货合约是指由交易所统一制定的、规定在将来某一特定的时间和地点交割一定数量和品质商品的标准化合约。

无风险资产(no-risk assets)——在投资组合选择理论中,无风险资产是指对分析所选择的账户单位而言,在投资者的决策区间内收益率完全可预期的资产。如果没有指明特殊的投资者,无风险资产是指在交易区间(即可能的最短决策区间内)收益率可预期的资产。

风险资产(risk assets)——在投资组合选择理论中,风险资产是相对于无风险资产而言的,即是指对分析所选择的账户单位而言,在投资者的决策区间内收益率不可预期的资产。

风险投资(risk investment)——风险投资意味着"承受风险,以期得到应有的投资效益"。风险投资被定义为"由专业投资媒体承受风险,向有希望的公司或项目投入资本,并增加其投资资本的附加价值"。风险投资是投资的一个组成部分,与商业银行相似之处在于风险投资家也像银行家一样,充当投资人(如贷款人)与企业家(或借款人)之间的媒介和渠道。但与商业银行贷款截然不同之处在于:银行家总是回避风险,而风险投资家则试图驾驭风险。银行在贷款前,总是向借贷者要求财产抵押;而风险投资家则是一旦看准了一个公司或项目有前途,他们就会投入资本,同时他们还会帮助他们所投资的公司经营管理。因此,对那些特别是处于起步阶段的小公司而言,接受风险投资,投资家们带给他们的不单纯是钱,还常常有更重要的诸如战略决策的制定、技术评估、市场分析、风险及回收的评估以及帮助招募管理人才等资源。

套期保值(hedging)——套期保值是指把期货市场当作转移价格风险的场所,利用期货合约作为将来在现货市场上买卖商品的临时替代物,对其现在买进准备以后售出商品或对将来需要买进商品的价格进行保险的交易活动。套期保值分为买入套期保值和卖出套期保值。拥有现货而在期货市场上卖出期货合约,持有空头头寸来为交易者将要在现货市场上卖出的现货资产进行保值,来防止因现货的市场价格下跌而造成损失,称为卖出套期保值。而买入套期保值是指经营者预先在期货市场上买入期货合约,持有多头头寸来为经营者将要在现货市场买入的商品进行保值,来防止因现货的市场价格上涨而带来的成本上升。

维纳过程(generalized wiener process)——维纳过程也被称为"布朗运动"(Brownian motion),它是马尔科夫随机过程的特殊形式。在任意长度为 T 的时间间隔内,遵循维纳过程的随机变量值的增加其均值为0,标准差为正态分布。

10.2 总体规划

10.2.1 体系结构

本系统采用 J2EE 架构、B/S 结构。客户端通过 IE 发请求,由 Web 服务器端响应,必要的时候由 Web 服务器去访问 DB 服务器取回数据,处理完成以后再发回客户端(见图 10-1)。

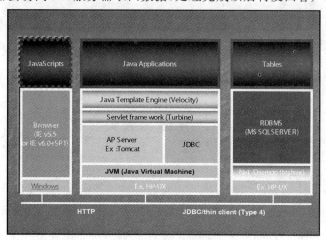

图 10-1 系统结构图

J2EE是一套全然不同于传统应用开发的技术架构,包含许多组件,主要是可简化且规范应用系统的开发与部署,进而提高可移植性、安全与再用价值。J2EE核心是一组技术规范与指南,其中所包含的各类组件、服务架构及技术层次,均有共通的标准及规格,让各种依循J2EE架构的不同平台之间,存在良好的兼容性,解决过去企业后端使用的信息产品彼此之间无法兼容,导致企业内部或外部难以互通的窘境。在J2EE架构下,开发人员可依循规范基础,进而开发企业级应用;而不同J2EE供货商,都会支持不同J2EE版本内所拟定的标准,以确保不同J2EE平台与产品之间的兼容性。换言之,基于J2EE架构的应用系统,基本上可部署在不同的应用服务器之上,无须或者只需要进行少量的代码修改,即能大幅提高应用系统的可移植性(portability)。J2EE主要遵循由SUN与IBM等厂商协同业界共同拟定而成的技术规范和以企业与企业之间的运算为导向的Java开发环境。J2EE架构定义各类不同组件,如Web Component、EJB Component…等,而各类组件可以再用(reuse),让已开发完成的组件,或者是经由市面采购而得的组件,均能进一步组装成不同的系统。对于开发人员而言,只需要专注于各种应用系统的商业逻辑与架构设计,至于底层繁琐的程序撰写工作,可载于不同的开发平台,以让应用系统的开发与部署效率大幅提升。

客户端发送响应到controller层的Action控制器,在这里对客户端的输入数据进行封装,封装到输入数据类sysIn里,然后把输入数据类sysIn发送到System进行逻辑上的处理,必要的时候还需要把页面输入的数据传送给数据库进行存储。在System层处理完以后,生成一个要输出的数据对象sysOut,然后把sysOut返回给Action层,Action层对数据简单处理以后,Turbine框架会自动把数据流指向Screen层,由Screen层控制显示的一些信息,最后由Turbine自动把所有的数据发给Velocity,然后由Velocity对数据进行解析并控制页面数据的显示。这个是整个系统的数据流动过程。

10.2.2 功能概述

系统的总体功能结构图10-2所示。

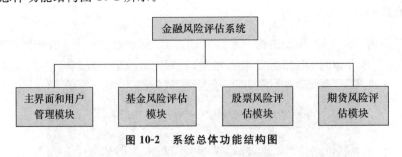

图10-2 系统总体功能结构图

10.3 系统概要设计

10.3.1 主界面和用户管理模块

本模块采用Jsp+JavaBean+Microsoft Access设计方式,通过接受Jsp传来的用户请求,调用以及初始化JavaBean,再通过Jsp返回到客户端。本系统中JavaBean担当主要的与数据库的连接与通信,以及配合 Jsp 来完成用户的请求,而 Jsp 主要担当接受与响应客户端。

1. 主要功能流程

本模块为系统建立一个人机交互的界面,提供用户注册、相关金融信息浏览、金融网站的链接等,并为注册用户提供主要功能的模块入口,还为管理员提供了管理网站的入口。

主界面将显示金融风险评估系统的用户登录界面,未登录的用户只可以看一些静态信息,比如浏览金融信息和网站链接。只有登录后的用户才可以点击使用基金风险评估、股票风险评估、期货风险评估三个主要功能。在登录界面中,输入正确的用户名和用户密码,输入完毕后单击【确定】按钮,相应 JavaBean 将访问数据库中的用户表,搜索匹配是否存在该用户,并检验密码;如果都正确则用户登录成功,就可以点击进入三个功能模块的软件图形界面了,否则系统将报告"该用户不存在"的错误。

进入系统后,首先要对用户进行设置,点击"修改资料"功能模块,进入用户管理的设置界面,这里可对用户进行个人信息修改、设置密码等操作。

增加一个新用户使用的就是用户注册模块。在主界面点击注册新用户,在弹出的对话框中分别输入用户名、用户口令等信息后,单击【确认】按钮,将弹出"注册成功"提示信息。若输入的用户名已经存在或者 E-mail 格式不符合规范,系统将报告重新填写的提示。另外还要求密码不能为空。

点击进入网站管理员模块,可以管理本网站,功能主要包括网站信息编辑、金融新闻编辑、用户管理等。在管理员界面中点击任一项后,都可以通过相应的 JSP 页面进行管理操作。

2. 数据库结构

表 10-1 至表 10-6 分别是管理员信息表、网站新闻表、数据源配置表、功能模块描述表、网站 LOGO 图片表和用户信息表。

表 10-1 管理员信息表

字段名称	数据类型
admin_id	自动编号
admin_name	文本
admin_pass	文本

表 10-2 网站新闻表

字段名称	数据类型
ID	自动编号
am_uid	文本
title	文本
msg	文本
date	日期/时间
time	日期/时间

表 10-3 数据源配置表

字段名称	数据类型
ts_id	自动编号
user_name	文本
sub_number	文本
ts_date	日期/时间

表 10-4 功能模块描述表

字段名称	数据类型
sort_id	自动编号
sort_name	文本

表 10-5　网站 LOGO 图片表

字段名称	数据类型
id	自动编号
banner	文本
url	文本

表 10-6　用户信息表

字段名称	数据类型
user_id	自动编号
user_name	文本
user_pass	文本
user_mail	文本
user_adds	文本
user_tel	文本
user_regtime	日期/时间
user_regip	文本
user_lasttime	日期/时间
user_lastip	文本
user_buymoney	文本
user_postcode	文本
user_namec	文本
user_type	文本

10.3.2　基金风险评估模块

开放式基金是针对封闭式基金而言的,它是一种利益共享、风险共担的集合投资方式,即通过基金发行单位,集中投资者的资金,由基金托管人托管,由基金管理人管理和运用资金,从事股票、债券等金融工具投资,获得收益后由投资者按出资比例平均分享。开放式基金因其具有更高的流动性和更市场化的运作与管理机制,从而成为成熟市场的主流基金。

对于开放式基金而言,主要具有 3 类风险:市场风险,基金管理风险和流动性风险。本模块主要对开放式基金进行风险分析评估。

输入数据及来源:基金代码,基金名称,单位净值,累计净值,基金规模,设立时间,管理人,托管人(每周进行统计)。

采用的金融工具(或算法):单位净资产价值,投资回报率,马克维尺均值-方差模型,特雷诺指数,夏普指数,詹森指数。

输出结果:用两至三种算法给出某个基金的评价,选出评价的前三名基金。并让用户能够查询数据库中基金的一些信息(见表 10-7、表 10-8)。

1. 数据库表的设计

表 10-7　基本信息表

列名	中文含义	类型
serialNumbe	序号	int
number	基金代码	char
name	基金名称	char
unit	基金单位	int
initialCapital	基金规模	float
createTime	设立时间	date
persistentTime	存续期	int
style	投资风格	char
keeper	管理人	char
trustee	托管人	char

表 10-8 基金信息表

列名	中文含义	类型
number	基金代码	char
name	基金名称	char
unitValue	单位净值	float
accumulativeValue	累计净值	float
valueIncre	净值增长	float
returnRate	投资回报率	float
incomingRate	样本期内平均收益率	float
noRiskRate	样本期内平均无风险收益率(存款利率)	float
systemRisk	投资组合承担的系统风险(B)	float
standardDeviation	基金收益率的标准差(α)	float
treynor	特雷诺指数	float
sharp	夏普指数	float
marketReturnRate	市场平均回报率	float
jensen	詹森指数	float

2. 系统配置信息

在 SQL Server2000 中建立名为 fundInfo 的数据库,再建立表,在 ODBC 中设置系统数据源,起名为 localServer。数据库选择新建的 fundInfo。

10.3.3 股票风险评估模块

股票市场的投资风险,是指股票的整个价位波动而引起股票投资的本金和收益损失的可能,它由系统风险和非系统风险两部分组成。系统风险与市场的整体运动相关联,主要来源于宏观因素变化对市场整体的影响,例如市场风险、贬值风险、利率风险、汇率风险和政治风险;而非系统风险来自于企业内部的微观因素,只同某个具体的股票相关联,而与整个市场无关,例如破产风险、流通风险、违约风险等。

输入数据及来源:股票的某一时间段的价格数据。

采用的金融工具(或算法):方差-协方差法(variance-covariance),历史数据模拟法(historical simulation),蒙太卡罗模拟法(Monte Carlo simulation)和压力测试法。

输出结果:根据固定的算法,利用现有的股票数据,得出该股票的风险价值,以及不同交易日的风险价值的变化情况,进而分析收益率和风险度的变化,给出分析报告。

1. 算法介绍

历史数据模拟法是根据历史数据模拟未来的一种方法,它的假设是"历史将会重现"。由于它采用的是历史上真实发生的数据,而不是抽象数学分布作为分析基础,因此该方法较直观,计算结果的说服力也较强,更容易被银行所接受,所以大通银行、瑞士信贷银行等大银行更倾向于采用这种方法。但运用该方法,也就意味着收益分布在整个样本时限内是固定不变的,同时它也不能提供比所观察样本中最小收益还要坏的预期损失。若从数学角度来定义 VaR,

可令 W_0 为持有期初的价值，W 为持有期末的价值，$E(W)$ 为期望价值，W^* 为给定置信水平下的最低价值，则有 $VaR=E(W)-W^*$。因此，计算 VaR 等价于推算 $E(W)$ 和 W^*。例如，在证券市场上可用 VaR 时间序列来预测风险。VaR 时间序列是将每日测算出的 VaR 值连结起来得到的一条曲线。每一个股（或投资组合）不同时间的 VaR 值的大小是不同的，VaR 值由小变大，表明该股票（或投资组合）风险由小变大；反之表明该股票（或投资组合）风险逐渐由大变小。

下面具体介绍如何以历史数据模拟法计算 VaR。以宝钢股份（600019）为例，以 2004 年 3 月 1 日至 2004 年 4 月 30 日的数据为计算样本，计算下一个交易日的 VaR 值。在 2004 年 3 月至 4 月这个阶段，我国出台了一系列关于证券市场的政策，特别是针对国内固定资产投资过热出台了相应的政策，这势必会对股市产生影响，所以我们选取具有一定代表性的宝钢股份。其具体计算过程如下：

为了计算方便，假设投资银行 2004 年 3 月 1 日在 7.30 价位买入宝钢股份 1 股。

2004 年从 3 月 1 日至 4 月 30 日，共用 44 个交易日，以此计算下一个交易日（5 月 10 日）的 VaR 值。

(1) 计算每股的平均盈亏额（收益）

计算得到该 44 个交易日盈亏总额为 -4.63 元，每日平均盈亏为 $-4.63/44=-0.11$ 元，即 $E(W)=-0.11$ 元。

(2) 确定 W^* 的值

设置信水平 $C=95\%$，则收益低于 W^* 的天数：$44\times(1-95\%)=2.20$，取 2 天，最后可得在 5% 概率下的 W^* 为 -1.12 元。

(3) 计算 VaR

将 $E(W)$ 和 W^* 的值代入式 $VaR=E(W)-W^*$，得 $VaR=-0.11-(-1.12)=1.01$ 元。按以上方法逐日推算下一交易日的 VaR 值。

通过该实例可以得出以下结论：风险应与收益成正比，风险越大，收益越大，否则，应重新考虑投资决策的正确性。

可以对历史数据模拟算法进行改进。对由近向远的每日盈亏额（收益）赋予一定的权值，从 $C, C*R^1, C*R^2, \cdots, C*R^k (C=(1-R)/(1-R^{(k-1)}))$ 等不同的权重，这样使得所有权重和为 1；而且距离当前时间越近的盈亏额的权重越高，这样的安排更符合现实的情况，因为越是最近的收益，对当前的收益的影响就越大。将求出的每日收益由低向高进行排序。可以根据累加的权重之和为 1 时的收益，来得到 W^* 的值。对于投资组合为两向不同的线性工具组成的时候，可以根据下面的公式来计算该组合的风险价值 VaR：

$$VaR^2 = VaR_a^2 + VaR_b^2 + 2*P*VaR_a*VaR_b$$

其中，P 为 a,b 两股的相关系数；VaR_a 代表 a 股票的风险价值；VaR_b 代表 b 股票的风险价值。

2. 数据库表的设计

数据库表信息见表 10-9 至 10-11。

表 10-9 Stock 股票信息表

Stock 数据字典	name	datatype	definition	PK、FK、数据字典值
Stock	NO	int	股票代码	NO
Stock	name	varchar(32)	股票名称	NO
Stock	SDate	datetime	交易日期	NO
Stock	Income	float(8)	收益	NO
Stock	Cal_price	money	股票价格	NO
Stock	Weight	float(8)	权重	NO
Stock	Type	varchar(32)	类型	AH-沪A股 BH-沪B股 AS-深A股 BS-深B股

表 10-10 VaR 表

VaR 数据字典	name	datatype	definition	PK、FK、数据字典值
VaR	SNO	int	股票代码	(SNO＋VaR＋SDate＋Type)为主键
VaR	VaR	float(8)	风险价值	
VaR	SDate	datetime	交易日期	
VaR	Type	int	类型	1-历史模拟 2-改进算法

表 10-11 Depend 表

Depend 数据字典	name	datatype	definition	PK、FK、数据字典值
Depend	SNO	int	股票a代码	(SNO＋SNO2＋SDate＋depend)为主键
Depend	SNO2	int	股票b代码	
Depend	SDate	datetime	交易日期	
Depend	Depend	float	相关系数	

3. 系统配置信息

首先,安装和设置 tomcat 服务器,配置好相关的路径。其次,安装数据库,在 MS SQL Server 中新建数据库 cart_SQL,将 cart_SQL.mdf 和 cart_SQL.ldf 两个数据库文件覆盖掉新建数据库时候产生的两个.mdf 和.ldf 文件,确保这里的数据库表正确建立。再次,添加数据源 cart_SQL,类型为 MS SQL Server,使之连接到该 MS SQL Server 服务器,默认的数据库为 cart_SQL。测试该数据源是否成功。

10.3.4 期货风险评估模块

1. 最小风险期货套期保值的有效性分析

期货交易的一个重要功能是规避价格风险,而这一功能的实现是靠期货套期保值来完成的。套期保值分为买入套期保值和卖出套期保值。拥有现货而在期货市场上卖出期货合约,持有空头头寸来为交易者将要在现货市场上卖出的现货资产进行保值,来防止因现货的市场价格下跌而造成损失,称为卖出套期保值。而买入套期保值是指经营者预先在期货市场上买入期货合约,持有多头头寸来为经营者将要在现货市场买入的商品进行保值,来防止因现货的市场价格上涨而带来的成本上升。套期保值按期货合约的标的资产的不同情况,可分为直接套期保值和交叉套期保值。直接套期保值是指所用的期货合约的标的资产在各方面（包括交割地方）都与需要保值的现货资产完全一致，否则就是交叉套期保值。

期货套期保值的本质是套期者利用基差——现货价格与相应期货价格之差来代替比其更大的现货资产所面临的风险。所谓套期保值比率就是套期保值者持有期货合约头寸大小与相应风险暴露现货资产大小间的比率。传统的套期保值理论强调期货市场风险避免的潜在作用，认为套期者一定持有与现货资产头寸部位相反，并且完全等额的期货头寸，即套期保值比率为 1，它被认为是完美的，即基差为零或基差不变，但在实际交易中，这种完美的套期保值是极少的。因此人们自然想知道以多大比率对所持有的风险资产进行套期保值最为合适呢？Herbst、Kare、Marshall 针对现货价格的收敛性与复合套期保值的分散化的优点，研究了具体的优化套期保值比率，与传统的套期保值比率 $h(t)=1$ 相比有了很大提高。本模块按套期保值结束时收益的风险最小的情况，得出了期货交易中直接和交叉的套期保值比率。

本模块对期货交易中的套期保值比率及其有效性指标进行了计算。假设现货资产价格和期货合约中的标的资产价格均服从几何布朗运动，在最小方差风险条件下得出了直接套期保值和交叉套期保值的有效性指标。

2. 模块的流程、算法及其公式

假设现货资产价格和相应的期货合约中的标的资产价格均服从维纳过程，其表达式为

$$dS = \mu_1 S dt + \sigma_1 S dz_1$$
$$dF = \mu_2 F dt + \sigma_2 F dz_2$$

其中，S 和 F 分别代表现货资产和标的资产的价格，μ_1,μ_2 分别代表了现货资产与标的资产的预期收益率；σ_1,σ_2 分别为现货资产和标的资产价格的波动率；dz_1,dz_2 均为维纳过程，即 $dz_i = \xi_i\sqrt{dt}$，ξ_i 为标准正态分布中任取的一个随机值，即 $E(\xi_i)=0$ 和 $D(\xi_i)=1$，其中 $i=1,2$。

引理 1（Ito 定理） 设随机变量 x 的取值，遵循维纳过程，即

$$dx = a(x,t)dt + b(x,t)dz$$

其中，dz 是一个维纳过程，a,b 是 x,t 的函数，则关于 x,t 的函数 G 遵循如下过程：

$$dG = \left(\frac{\partial G}{\partial X}a + \frac{\partial G}{\partial t} + \frac{1}{2}\frac{\partial^2 G}{\partial X^2}b^2\right)dt + \frac{\partial G}{\partial C}b dz$$

引理 2：设 $G=\ln S$，而 $dS=\mu_1 S dt+\sigma_1 S dz$，则

$$d(\ln S) = \left(\mu_1 - \frac{\sigma_1^2}{2}\right)dt + \sigma_1 dz, \text{且有} \ln S_T \sim \varphi\left(\ln S_t + \left(\mu_1 - \frac{\sigma_1^2}{2}\right)(T-t), \sigma_1^2(T-t)\right)$$

其中，$\varphi(m,n)$ 代表均值为 m、方差为 n 的标准正态分布。我们称服从对数正态分布的变量遵循几何布朗运动。

引理 3：设 S 服从几何布朗运动，则在时刻 T 有

$$E(S_T) = S_t e^{\mu_1(T-t)}$$
$$D(S_T) = S_t^2 e^{2\mu_1(T-t)}\left[e^{\sigma_1^2(T-t)} - 1\right]$$

引理 4：当期货合约中的标的资产与相应的现货资产完全一致时，则有 $F=Se^{a(T-t)}$，则必

$$\sigma_1 = \sigma_2.$$

$$dF = \left(\frac{\partial F}{\partial t} + \frac{\partial F}{\partial S}\mu_1 S + \frac{1}{2}\frac{\partial^2 F}{\partial S^2}\sigma_1^2 S^2\right)dt + \frac{\partial F}{\partial S}\sigma_1 S dz$$

证明：由 Ito 引理可得

$$dF = \mu_2 F dt + \sigma_2 F dz$$

所以
$$\sigma_2 F = \sigma_1 S \frac{\partial F}{\partial S} = \sigma_1 S e^{\alpha(T-t)} = \sigma_1 F$$

即有
$$\sigma_1 = \sigma_2$$

根据最小风险期货套期保值比率以及套期保值有效性指标的解析式,假设有一套期保值者进行卖出套期保值,则在套期结束时的收益为

$$R = S_T - S_t - h(T,t)(F_T - F_t)$$

式中,S_t、S_T 分别表示 t 时刻和 T 时刻的现货价格,而 F_t、F_T 分别表示期货交割期为 T 的期货合约的标的资产在 t 时刻和 T 时刻的价格,$h(T,t)$ 为 t 时刻利用交割期为 T 的期货合约的套期保值比率。其中 S_t 和 F_t 在开始套期时已经确定,而 S_T 和 F_T 则为随机变量,故收益 R 也为一随机变量。则收益 R 的风险为

$$D(R) = D(S_T) + h^2(T,t)D(F_T) - 2h(T,t)\text{cov}(S_T, F_T)$$

现考虑风险为最小的套期比率情况,把上式对 $h(T,t)$ 求一阶、二阶导数:

$$\frac{dD(R)}{dh(T,t)} 2D(F_T)h(T,t) - 2\text{cov}(S_T, F_T) = 0$$

$$\frac{d^2 D(R)}{dh^2(T,t)} = 2D(F_T) > 0$$

求得:$h(T,t) = \frac{\text{cov}(S_T, F_T)}{D(F_T)}$。

由于 $\text{cov}(S_T, F_T) = E(S_T F_T) - E(S_T)E(F_T)$,假设 S 和 F 均服从几何布朗运动,根据引理 3 和引理 5 可知:

$$h(T,t) = \frac{S_t e^{(\mu_1 - \mu_2)(T-t)} \left[e^{\rho \sigma_1 \sigma_2 (T-t)} - 1\right]}{F_t \left[e^{\sigma_2^2 (T-t)} - 1\right]}$$

而当套期保值是直接套期保值时有 $\sigma_1 = \sigma_2 = \sigma$(引理 4),于是

$$h(T,t) = \frac{S_t e^{(\mu_1 - \mu_2)(T-t)} \left[e^{\rho \sigma^2 (T-t)} - 1\right]}{F_t \left[e^{\sigma^2 (T-t)} - 1\right]}$$

如果投资者在此期间没有进行套期保值,则其收益为

$$R_u = S_T - S_t$$

其中,S_T 是一个随机变量,而 S_t 是一个常数,于是

$$D(R_u) = D(S_T)$$

则套期保值的有效性指标为

$$P_e = 1 - \frac{D(R)}{D(R_u)} = \frac{\text{cov}^2(S_T, F_T)}{D(S_T)D(F_T)} = \frac{\left[e^{\rho \sigma_1 \sigma_2 (T-t)} - 1\right]^2}{\left[e^{\sigma_1^2 (T-t)} - 1\right]\left[e^{\sigma_2^2 (T-t)} - 1\right]}$$

而对于直接套期保值来说,有 $\sigma_1 = \sigma_2 = \sigma$,于是

$$P_e = 1 - \frac{D(R)}{D(R_u)} = \frac{\text{cov}^2(S_T, F_T)}{D(S_T)D(F_T)} = \frac{\left[e^{\rho \sigma^2 (T-t)} - 1\right]^2}{\left[e^{\sigma^2 (T-t)} - 1\right]^2}$$

下面进行举例计算。

某粮油进出口公司经销小麦,先买进,后卖出,担心在买卖过程中价格会降低而带来亏损,因此,就在期货市场作卖出套期保值。6月1日买进现货小麦 100 吨,价格为 1 050 元/吨,打算于 12 月 30 日卖出这批小麦。而同时 12 月到期的小麦期货合约的价格为 1 080 元/吨。如

果现货与期货的预期收益率分别为 -10% 和 -12%；它们的标准差均为 20%；它们的相关系数为 0.8。则最小风险套期保值比率为

$$h(T,t) = \frac{1050 \times e^{0.02 \times 0.5}[e^{0.8 \times 0.04 \times 0.5} - 1]}{1080 \times [e^{0.04 \times 0.5} - 1]} = 0.7856$$

而每张期货合约有 10 吨，100 吨小麦折合 10 张期货合约，所以公司应该卖出 8 张（10×0.7856=7.856）小麦期货合约，才能使风险最小。

套期保值的有效性指标为

$$P_e = \frac{[e^{0.8 \times 0.04 \times 0.5} - 1]^2}{[e^{0.04 \times 0.5} - 1]^2} = 0.64$$

说明这样的套期保值可以减少 64% 的不作套期保值的现货风险。

对于期货交易中买入套期保值的最小风险套期比率和有效性指标同样可以求出，这里不再讨论。最小风险套期比率和有效性指标不是一个静态不变数值，而是一个动态变量，它随套期开始时刻 S_t、F_t 以及瞬间相关系数 ρ 以及 $T-t$ 的变化而变化。对于维纳过程中的 μ_1、μ_2、σ_1、σ_2 的实际求法，只要掌握了解析式，就可以在实际套期保值中达到规避风险的目的。

3. 数据库相关信息

表 10-12、表 10-13 分别是数据库表 future 表的设计和数据库查询结果内容表。

表 10-12 Future 表

列名	数据类型	长度	允许空
NO	float	8	√
Name	nvarchar	255	√
SDate	smalldatetime	4	√
FuturePrice	nvarchar	255	√
RealPrice	nvarchar	255	√
Coefficient	nvarchar	255	√
SD_future	nvarchar	255	√
SD_real	nvarchar	255	√

表 10-13 查询结果表

NO	Name	SDate	FuturePrice	RealPrice	Coefficient	SD_future	SD_real
8222	哈尔滨大豆	2001-1-1	1050	1080	0.8	0.2	0.2
8222	哈尔滨大豆	2001-2-1	1060	1080	0.8	0.2	0.2
8222	哈尔滨大豆	2001-3-1	1050	1100	0.8	0.2	0.2
8222	哈尔滨大豆	2001-4-1	1090	1090	0.8	0.2	0.2
8222	哈尔滨大豆	2001-5-1	1090	1085	0.8	0.2	0.2
8222	哈尔滨大豆	2001-6-1	1080	1080	0.8	0.2	0.2
8222	哈尔滨大豆	2001-7-1	1060	1070	0.8	0.2	0.2
8222	哈尔滨大豆	2001-8-1	1040	1060	0.8	0.2	0.2
8222	哈尔滨大豆	2001-9-1	1040	1070	0.8	0.2	0.2
8333	牡丹江小麦	2003-1-1	10000	10050	0.8	0.2	0.2
8333	牡丹江小麦	2003-2-1	9950	10050	0.8	0.2	0.2
8333	牡丹江小麦	2003-3-1	9950	10000	0.8	0.2	0.2
8333	牡丹江小麦	2003-4-1	10000	10000	0.8	0.2	0.2

第 11 章 Stock 股票分析系统

作者：徐冬奇，姚嘉，李欢，张沛，李牧群　　编辑：王超，闫永平

11.1 概　　述

本系统是基于 Web 的应用网站，用途在于证券信息分析，主要功能包括从互联网权威源获取股票数据，然后做股票数据分析、K 线图分析、股票走向分析，证券虚拟账户管理即时更新，为用户提供一个个人化的模拟交易平台，协助引导股民正确有效地进行股票分析。

11.2 总体规划

11.2.1 体系结构

系统采用传统的 B/S 架构模式（见图 11-1）。

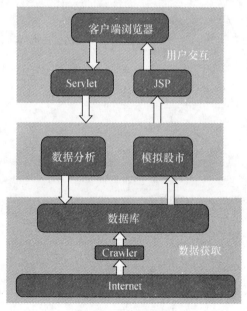

图 11-1　体系结构

11.2.2 功能需求

功能需求如图 11-2 所示。

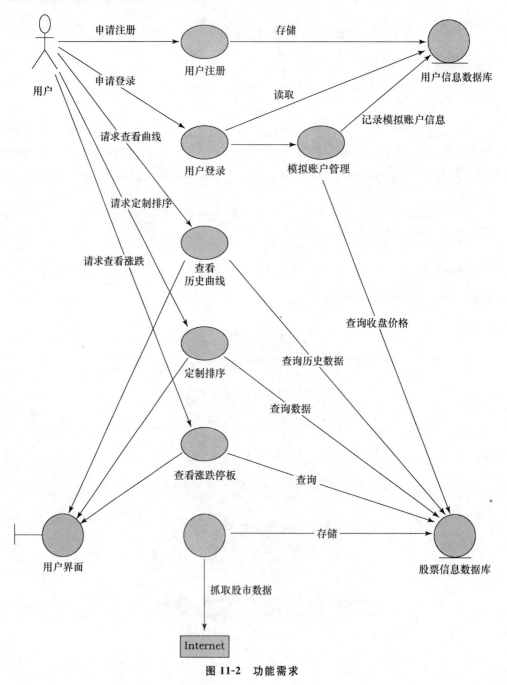

图 11-2 功能需求

11.2.3 系统单元结构

系统单元结构如图 11-3 所示。

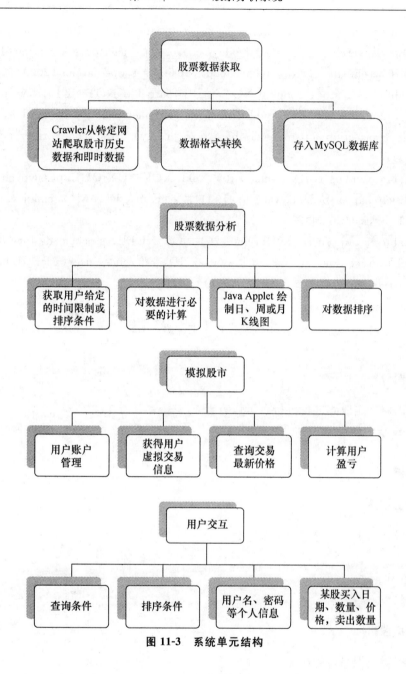

图 11-3 系统单元结构

11.3 数据库设计

数据库创建语句如下:

create table company(stock_code int NOT NULL UNIQUE,abbreviation varchar(30), name varchar(100),english_name varchar(100),establish_date date,list_date date,market enum('H','S'),industry varchar(100),registered_capital float,legal_person varchar(50), president varchar(50), manager varchar(50), secretary varchar(50), stock_representative varchar(50),tel varchar(50),fax varchar(50),Web_site varchar(100),email varchar(50), registered_address varchar(100),postalcode_r char(20),office_address varchar(100),postalcode_o char(20),company_intro varchar(5000),business_scope varchar(2000));

create table stock(stock_code int NOT NULL,date date NOT NULL,last_price double, opening_price double,max_price double,min_price double,closing_price double,transaction_ frequency int,transaction_quantity double,foreign key(stock_code) references company (stock_code));

create table user(user_ID varchar(20) NOT NULL UNIQUE,passwd char(6) NOT NULL,nick varchar(50),name varchar(100),sex enum('F','M'),email varchar(100), phone char(10),cash double);

create table account(user_ID varchar(20) NOT NULL,stock_code int NOT NULL, quantity double,price double,foreign key(user_ID) references user(user_ID),foreign key (stock_code) references company(stock_code));

11.4 功能描述

11.4.1 股票分析

用户可以对指定股票进行分析。可以查看：
日周月 K 线图
交易量
涨跌停板

11.4.2 定制排序

用户可以按以下三项进行定制排序：
涨幅
交易量
成交笔数

11.4.3 模拟股市

系统还提供模拟股市的功能。

第3篇
网络保险

茶之書
岡倉覚三

第12章 电子保险系统

作者：何翊东,王艳敏,蔡涛,王珍,张燕　　编辑：阮进,闫永平

12.1 功能描述

12.1.1 文档目的

详细设计说明书的目的在于从详细设计的角度明确该电子保险系统的业务品种、功能范围、系统实现的功能模块、接口和具体的实现流程及算法,使系统开发人员和产品管理人员明确产品功能,可以有针对性地进行系统开发、测试、验收等各方面的工作。

12.1.2 文档范围

此详细设计说明书对实现的电子金融网站的总体设计和各模块的功能、性能、输入输出、算法、接口、程序逻辑、存储分配及其他给出了详细的设计方案,为软件开发制定详细的计划,同时也提交系统分析员,由其提出意见。这是程序员进行开发及未来测试的重要文档资料。

12.1.3 系统概述

发展电子保险,有利于保险公司业务创新能力的提高和增长方式的转变,有利于保险公司服务经济社会发展的水平的提高,有利于解决当前保险业存在的突出问题。保险业在自身发展过程中存在"效益比较低、信誉比较差、市场秩序比较乱"的问题,电子保险将是加快保险业务发展,促进保险业高效、诚信、规范经营的重要手段。

本系统利用互联网有开放性、个性化和跨时空的特点,通过网络提供给客户保险服务。通过本电子保险网站公布保险公司、产品等信息,保持保险公司的透明化和人性化,解决了保险公司与社会公众之间信息不对称和销售过程的误导问题,客户能够通过电子保险网站了解保险信息、进行咨询、投保服务并能够解决理赔等问题,有效降低了经营成本,突破了营业网点的地域分布对于传统保险公司业务开展的限制。

本系统的主要功能描述：
(1) 提供种类保险的信息,业界新闻。
(2) 为客户提供注册、个人信息查询、个人资料维护、咨询等服务。
(3) 客户能够网上投保、申请理赔。

12.1.4 设计约束

系统将后台保险业务管理系统和客户端服务系统相结合,通过数据库并联,来共享数据,共同管理数据库和更新数据库,从而达到响应和处理用户的各种请求和操作。

本系统"以网络为依托,以数据库为核心",采用 B/S 结构,既充分有效地利用服务器的资源,实现信息共享与并联,也利用后台管理系统辅助客户端服务系统,给客户展现一个视觉效果美观、操作方便、信息完备的电子保险界面。

1. 需求约束

(1) 本系统开发环境为 JDK1.5＋Tomcat5.5.20。采用 J2EE 框架。

(2) 运行环境:Windows XP。

(3) 系统提供 Web 界面,用户通过 HTTP 协议来访问服务器。

(4) 采用 MySQL 的 JDBC 驱动和数据库连接池技术。

(5) 系统力求达到:先进性、高效性、可靠性、规范性、安全性、开放性、可扩展性、可用性、易用性、可缩放性、可管理性、易维护性、可集成性。

2. 隐式约束

需要 java 运行环境和 Servlet 容器(Tomcat)。

12.1.5 运行环境配置

环境配置如表 12-1 所示。

表 12-1 环境配置

类别	标准配置	最低配置
计算机硬件	服务器:没有特殊限制; 客户端:使用浏览器的瘦客户形式	服务器:没有特殊限制; 客户端:使用浏览器的瘦客户形式
软件	IE5.5 以上,Tomcat Web Server;	IE5.5 以上,Tomcat Web Server;
网络通信	56k modem	56k modem
其他	防火墙:CheckpointFirewall	防火墙:CheckpointFirewall

12.1.6 测试环境的配置

1. 硬件环境

服务器:没有特殊限制;

客户端:使用浏览器的瘦客户形式。

2. 服务器端软件环境

需要 Oracle、SQL Server 或 MySQL 等数据库的支持;

Tomcat Web Server。

12.2 系统总体结构

12.2.1 系统结构

本系统有两类用户:一类是普通用户,一类是管理员用户。

(1) 对于普通用户有如下功能:
① 用户注册:在线填写注册信息表。
② 个人资料维护:查看个人信息,修改信息等。
③ 网上投保:在线选择保险,填写保单,选择支付方式等,并可以查询投保信息。
④ 申请理赔:在线申请理赔,填写理赔信息表。
⑤ 用户咨询:通过发表帖子的方式,在线咨询各类信息。
(2) 对于管理员用户有如下功能:
① 注册用户管理:对用户的注册信息进行审核,修改用户注册状态。
② 保单审核:对用户投保所填写的保单进行审核,修改用户投保审理状态。
③ 理赔初步审核:对用户的理赔信息表进行审核,查看用户是否符合理赔的条件。
④ 用户咨询回复:通过回复帖子的方式答复用户的咨询。
系统整体构架图如图 12-1 所示。

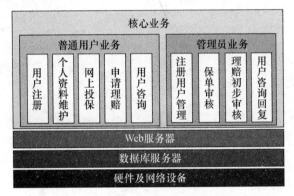

图 12-1 系统整体构架图

12.2.2 系统单元设计

用户在主界面上点击"注册"按钮就进入该界面,用户在该界面填写基本的个人信息,按"确认"按钮之后就进入注册信息确认界面。保险公司内部人员的信息是系统管理员直接录入。

注册信息确认界面:用户填写基本的注册信息之后,按"确认"按钮之后就转入该界面;若按"返回上一步"则可以返回注册页面,修改已填的一些注册信息。当用户确认这些基本信息后,按"提交"按钮就注册成功了,同时返回主登录界面,此时在主页面的用户登录板块上显示注册成功及显示用户名等。用户注册成功后,才能进行核心业务的操作。

用户管理模块的基本流程如图 12-2 所示。

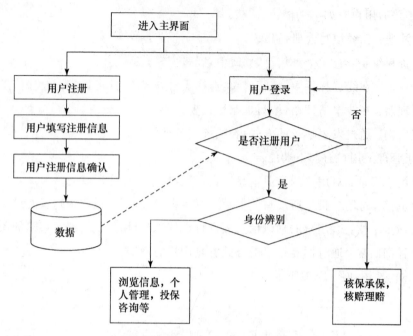

图 12-2　用户管理模块的基本流程

本模块的用例图如图 12-3 所示。

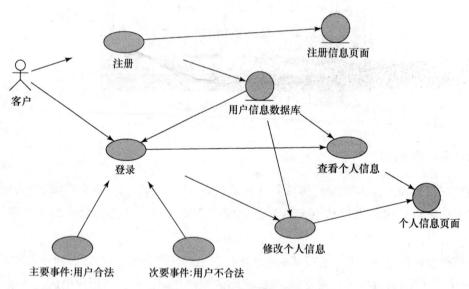

图 12-3　用户管理模块用例图

客户进入咨询界面,若客户原来发过帖子,则显示发帖及回帖内容,客户如果继续发帖可进入发信帖界面,若第一次发帖则直接进入发新帖界面。如果用户想浏览别人的帖子,可进入全帖区(即显示所有帖子的界面,按时间排列)。

管理员进入咨询界面,有新帖就回复。

用户咨询模块的流程图如图 12-4 所示。

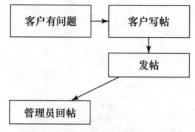

图 12-4　用户咨询模块流程图

用户咨询模块的用例图如图 12-5 所示。

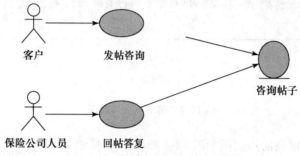

图 12-5　用户咨询模块用例图

用户在险种介绍页面上浏览各个险种介绍信息，选择好自己感兴趣的险种后可以进入投保页面，填写投保单，并选择支付方式，完成后生成了用户的电子保单，投保完成，并等待管理员审核确认。用户投保的流程图如图 12-6 所示。

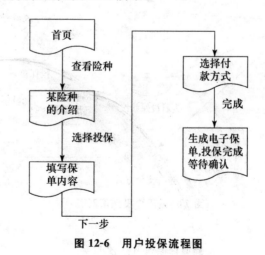

图 12-6　用户投保流程图

管理员进行查询保单页面，对种类保单进行审核处理，修改保单的状态。保单审核的流程图如图 12-7 所示。

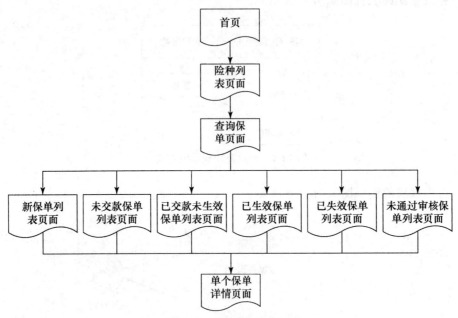

图 12-7 保单审核流程图

用户投保和保单审核的用例图如图 12-8 和图 12-9 所示。

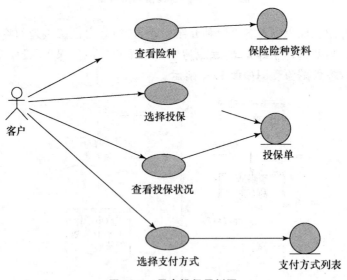

图 12-8 用户投保用例图

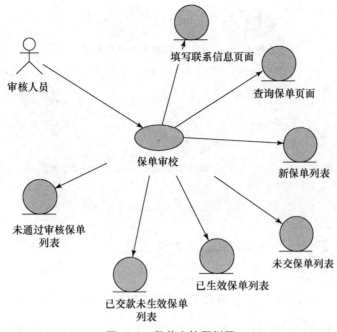

图 12-9 保单审核用例图

1. 客户方面

(1) 在申请理赔页面,客户需要填入的数据有(格式同投保中的数据):

申请进行理赔的保单号;

事故者的姓名;

事故者的性别;

事故者身份证号码。

根据数据库中的保单信息核对用户填入的信息,如果信息正确,则可以到下一页面;否则不接受该申请。如果客户已经申请了理赔,可在理赔状态中查看结果,查看完毕,若想增加新的理赔,进入(2),从未申请过,也进入(2)。

(2) 在填写具体事故的页面,需要填入的数据包括:

报案人留下最新电话或手机号码、邮箱地址。用户点击提交。

2. 管理员方面

(1) 在险种理赔申请列表的页面,列出各个险种的名称,从数据库读取的数据有:各个险种当前现有的新的理赔数目。

(2) 点击某个险种名称,进入查询理赔状态列表页面,这里需要从数据库获得的数据有:新的理赔申请的数量、处理中的理赔数量、已申请成功的理赔数量、未申请成功的理赔数量以及每一个理赔的连接。在每一个理赔详情中,要显示理赔提交时间、申请理赔的保单号、提交该申请理赔的用户名等。如果理赔状态已经改变,管理员负责修改。如理赔申请成功,要显示赔偿金额等信息;若不成功,则在备注中写明原因。

理赔模块用例图如图 12-10 所示。

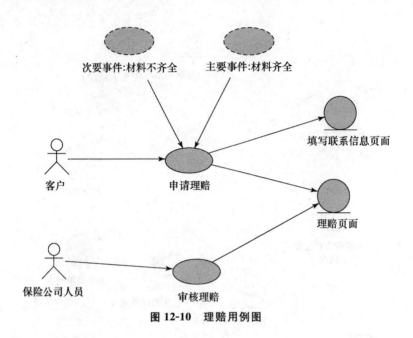

图 12-10　理赔用例图

12.3　用户管理模块设计说明

用户管理模块主要有两大部分,普通用户管理模块和管理员用户管理模块。

对于普通用户而言,该电子金融系统要实现的功能有:

(1) 用户注册:填写正确的注册信息后,将用户的资料写入数据库中,提示用户注册成功;否则,若用户填写了已存在的用户名,提示用户该用户名已存在;用户可返回上一个表单重新填写。

(2) 用户登录:用户输入参数后,判断该用户名和密码是否存在及匹配,若不正确,则提示用户密码输入错误或该用户名不存在;当用户登录后,可以进行以下操作:

① 个人资料修改:用户在登录后,可以修改除密码之外的其余注册信息。

② 修改密码:修改注册时的密码。

③ 忘记密码:在主页面上,当用户忘记了密码的时候,可通过填写密码提示问题和答案来设计一个新的密码用于登录。

④ 注销登录:退出该网站,把网页中的 session 对象清空,然后显示注销成功信息。这样处理有两个考虑:首先,如果用户没有注销就离开了,下一个用户就有可能使用前一个用户的过期的 session 对象;另一方面,如果所有的用户都不注销,则 session 对象会继续占用有效的资源直到过期。当用户数量很多的时候,这就会造成网络资源的浪费。

除此之外,对用户管理中出现的问题,比如注册或登录时由于本系统自身的原因(比如在维护中)而造成当时无法注册或登录等原因给出说明。

对于管理员用户而言,该电子金融系统要实现的功能有。

① 管理员登录：管理员输入 ID 和密码之后，进入管理员的页面；
② 修改个人密码：管理员登录之后，可以修改自己的密码；
③ 注册用户管理：提供根据 ID 来查找普通用户信息的功能；
④ 业务管理：转到投保和审核模块的链接；
⑤ 注销登录：退出系统。

12.3.1 投保模块的数据说明

下面是各个功能模块的说明。

1. 用户登录

(1) 功能：处理用户登录该电子金融系统。

(2) 输入项目：用户输入登录的 ID 和密码，数据库文件。

(3) 输出项目：设置全局变量即 session。

(4) 程序逻辑：

若用户选择忘记密码，则转 P7。

检查用户输入的登录信息与数据库是否正确（完整性和一致性），若是，转 P4。

根据错误情况转去相应的页面，若用户名不存在，则提示该用户名不存在；否则提示密码有误。

用户确认后退出程序运行；

由数据库与用户输入设置 session 中相关属性的值，session 是作为全局变量存在的。

刷新相关页面，显示欢迎信息，进入事件等待状态。

要求用户输入用户 ID，检查该用户名是否存在，若不存在，则提示用户，并等待用户新的输入；否则，直接转 P8。

要求用户输入密码提示问题和答案，检查输入与数据库中的信息是否匹配，若不对，则等待用户新的输入；否则，转 P9。

要求用户输入新的密码和确认密码，检查两者是否相等，若不相等等待用户输入一致的信息；否则，转 P10。

将用户新的密码写入数据库，提示用户修改密码成功，并提示用户可以转入主界面登录，若是则转 P1。

存储分配：在 MySQL 数据库中存储 reguserinfo 表和 admininfo 表，具体参见表 12-2、12-3。

2. 修改个人资料

(1) 功能：用户登录该电子金融系统后，修改个人资料或密码。

(2) 输入项目：全局变量 session 以及用户输入的新的信息。

(3) 输出项目：将修改后的用户信息写入数据库保存，并提示相关信息。

(4) 程序逻辑：

P1：显示用户注册时填写的信息。

P2：用户输入新的信息。

P3：用户确认后提交表单，转入后台操作，写入数据库。

P4：由数据库与用户输入设置 session 中相关属性的值，session 是作为全局变量存在的。

P5：刷新相关页面，显示欢迎信息，进入事件等待状态。

存储分配：在 MySQL 数据库中存储 reguserinfo 表和 admininfo 表，具体参见表 12-2、12-3。

测试要点：功能检测，能否检查输入信息是否与数据库中的信息匹配，并且能否成功写入数据库，或数据库文件损坏，或没有足够内存可供使用时是否正常。

3．用户注册

(1) 功能：用户填写注册信息，提交后，写入数据库。

(2) 输入项目：用户填写的注册信息。

(3) 输出项目：将用户信息写入数据库保存，并提示相关信息。

(4) 程序逻辑：

P1：显示用户注册时需要填写的信息（注册页面）。

P2：用户输入新的信息。

P3：用户确认后提交表单，转入后台操作，判断用户输入的注册用户 ID 是否存在，若存在，提示该用户名已被注册，转 P1；否则，提示注册成功，写入数据库。

4．注销登录

(1) 功能：注销用户 session。

(2) 输入项目：无。

(3) 输出项目：提示用户注销成功。

(4) 程序逻辑：

P1：将网页中的 session 对象清空。

P2：提示用户已成功注销。

5．注册用户管理（管理员功能模块）

(1) 功能：对管理员，当输入普通用户的 ID 时，返回用户的相关信息，供其他业务参考。

(2) 输入项目：管理员输入要查询的普通用户的 ID。

(3) 输出项目：显示用户的注册信息。

(4) 程序逻辑：

P1：输入用户 ID。

P2：对数据库进行查询操作，若该用户名存在，则显示该用户的注册信息；否则，提示该用户名不存在。

12.3.2 算法和流程

算法流程如图 12-11、图 12-12 所示。

第 12 章 电子保险系统

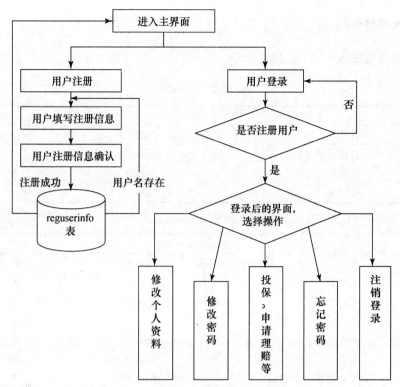

图 12-11 普通用户管理模块的流程图

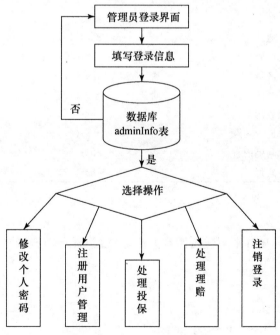

图 12-12 管理员模块的流程

12.3.3 数据存储说明

数据存储说明如表 12-2、表 12-3 所示。

表 12-2 adminInfo

表名：adminInfo

名称	描述	主键	字段类型	是否为空
adminId	管理员登录的 ID	是	char(10)	否
privilege	管理权限	否	enum{claim,audit}	否
passwd	登录密码	否	char(20)	否

表 12-3 reguserinfo

表名：reguserinfo

名称	描述	主键	字段类型	是否为空
userName	用户 ID	是	char(20)	否
realName	用户姓名	否	char(20)	否
certType	证件类型	否	enum	否
certNumber	证件号码	否	char(20)	否
sex	性别	否	enum{F,M}	否
passwd	登录密码	否	char(20)	否
birthday	用户生日	否	char(20)	否
profession	职业	否	int	否
incomeLevel	收入水平	否	int	否
address	通讯地址	否	char(40)	否
postcode	邮政编码	否	char(10)	否
tel	电话区号	否	char(6)	否
tel2	电话号码	否	char(16)	否
mobile	手机号码	否	char(16)	否
questionOnPasswd	密码提示问题	否	char(30)	否
answer	提示问题的答案	否	char(20)	否
email	邮件地址	否	char(30)	否

12.3.4 源程序说明

本系统的采用 JavaBean 来封装属性和方法，来达到某种功能或者处理某个业务的对象。并组织成数据包 user。

1. userreg.java

源文件名称：userreg.java。

所在目录：/EI/src/user/userreg.java。

功能说明：普通用户管理，包括传递表单数据，判断用户名是否存在，修改用户个人资料和密码，注册新用户以及获得用户资料等连接数据库的操作。

前导文件：

函数名称：public boolean regsucc()
　　　　　public boolean getUserInfo(String s)
　　　　　public void registerNewUser()
　　　　　public void updateUserInfo(String s)
　　　　　public void updateUserpwd(String pwd,String uid)

2. admin.java

源文件名称：admin.java。
所在目录：/EI/src/user/admin.java。
功能说明：管理员用户的登录、修改密码等连接数据库的操作。
前导文件：
函数名称：public boolean getUserInfo(String s)
　　　　　public void updateUserpwd(String pwd,String uid)

12.3.5　函数说明

1. userreg.java 中的函数说明

成员变量：

private String userId;	//用户登录的 ID
private String userName;	//用户的真实姓名
private int userIdtype;	//证件类型
private String userIdcardno;	//证件号码
private int userSex;	//性别
private String userPassword;	//登录密码
private String userBirthday;	//用户出生年月日
private int userCareer;	//职业
private int userPay;	//收入水平
private String userAddress;	//通讯地址
private String userPostcode;	//邮政编码
private String userPhoneno;	//电话区号
private String userPhoneno2;	//电话号码
private String userMobile;	//手机号码
private int userQuestion;	//密码提示问题
private String userAns;	//密码提示问题的答案
private String userEmail;	//用户邮箱

(1) 函数 1

① 函数名称：public boolean regsucc()。

② 功能：在用户注册的时候,根据表单得到的用户 ID,去数据库的表中 reguserinfo 查看该用户名是否已经存在。

③ 参数：无。

④ 局部变量：

```
    Connection con;                          //连接 MySQL 数据库
    Statement stmt;
    ResultSet rs;                            //ResultSet 对象,查询的结果
    String strSQL;                           //查询语句
    String URL = "jdbc:mySQL:         //162.105.146.223:3306/efinance"
    boolean isOk;                            //表示用该用户名可以注册否?
```

⑤ 返回值:isOk,若 isOk=false,表示用户名已存在,注册不成功,可返回重新填写用户名;否则表示该用户名尚未被注册,可以注册。

⑥ 算法说明:由 register.jsp 提交的用户注册信息,将用户注册 ID 生成查询语句连接数据库查询看该用户 ID 是否存在,若存在,表明该用户 ID 已被注册;否则,可以用来注册。

⑦ 使用约束:包含了语句<jsp:userBean>语句的 jsp 页面可以调用该函数。

(2) 函数 2

① 函数名称:public boolean getUserInfo(String s)。

② 功能:判断用户 ID 为 s 的用户是否存在,若存在,则将用户信息读入到该类的私有成员变量中。

③ 参数:String s;为用户的 ID。

④ 局部变量:连接数据库的变量与函数 1 相同,在此不赘述。

Boolean isUser;

⑤ 返回值:isUser,若 isUser=false,表示该用户不存在;否则,表示该用户存在,并将用户的注册信息读入到相应的成员变量中。

⑥ 算法说明:根据传入的参数作为 ID,到数据库中的 reguserinfo 表中查找:

```
if(rs.next())
{
    //对记录集的处理,将其赋给成员变量;
    isUser=true;
}
else issuer=false;
rs.close();
```

⑦ 使用约束:包含了语句<jsp:userBean>语句的 jsp 页面可以调用该函数。

(3) 函数 3

① 函数名称:public void registerNewUser()。

② 功能:将用户填写的注册信息写入数据库的 reguserinfo 表中。

③ 参数:无。

④ 返回值:无。

⑤ 算法说明:将成员变量的值写入表 reguserinfo 当中的相应的变量中。

⑥ 使用约束:包含了语句<jsp:userBean>语句的 jsp 页面可以调用该函数。

(4) 函数 4

① 函数名称:public void updateUserInfo(String s)。

② 功能:修改用户的除密码之外的注册信息。

③ 参数：String s;(用户 ID)。

④ 返回值：无。

⑤ 算法说明：将表单中得到的用户修改后的信息写入用户名为 s 的项中。

⑥ 使用约束：包含了语句<jsp:userBean>语句的 jsp 页面可以调用该函数。

(5) 函数 5

① 函数名称：public void updateUserpwd(String pwd,String uid)。

② 功能：普通用户在登录后,可以修改自己的密码。

③ 参数：String s;(用户 ID)。

④ 返回值：无。

⑤ 算法说明：将用户修改后的密码写入 reguserinfo 表用户名为 uid 的表项中。

⑥ 使用约束：包含了语句<jsp:userBean>语句的 jsp 页面可以调用该函数。

2. admin.java 中的函数说明

成员变量：

private String adminid;   //管理员登录的 ID

private int privilege;   //用户的权限,包含两种(audit,claim)

private String passwd;   //登录密码

(1) 函数 1

① 函数名称：public boolean getUserInfo(String s)。

② 功能：判断用户 ID 为 s 的用户是否存在,若存在,则将用户信息读入到该类的私有成员变量中。

③ 参数：String s;为管理员用户的 ID。

④ 局部变量：连接数据库的变量,在此不赘述。

Boolean isUser;

⑤ 返回值：isUser,若 isUser=false,表示该用户不存在;否则,表示该用户存在,并将用户的注册信息读入到相应的成员变量中。

⑥ 算法说明：根据传入的参数作为 ID 到数据库中的表 adminInfo 表中查找：

if(rs.next())

{

    //对记录集的处理,将其赋给成员变量；

    isUser=true;

}

else issuer=false;

rs.close();

⑦ 使用约束：包含了语句<jsp:userBean>语句的 jsp 页面可以调用该函数。

(2) 函数 2

① 函数名称：public void updateUserpwd(String pwd,String uid)。

② 功能：管理员用户在管理员界面登录后,可以修改自己的密码。

③ 参数：String uid;(管理员用户 ID)

       String pwd;(管理员用户登录时的密码)

④ 返回值：无。
⑤ 算法说明：将表单中得到的用户修改后的密码写入 adminInfo 表中用户名为 uid 的项中。
⑥ 使用约束：包含了语句<jsp:userBean>语句的 jsp 页面可以调用该函数。

12.4 理赔管理模块设计说明

12.4.1 数据结构说明

下面介绍各个功能模块的说明。

1. 用户查看理赔信息

（1）功能：实现用户查看理赔与申请理赔的功能。

（2）输入项目：开始时用户无需输入信息，系统会根据 session 中的用户名查看理赔信息是否存在。

（3）输出项目：用户申请了理赔，列出理赔；用户没有申请，可转到申请页面。

（4）程序逻辑：

若用户申请了理赔，则转 p2；否则转 p3。

显示用户理赔信息，包括保单号，理赔状态，理赔说明等。

让用户填入要申请理赔的报单相关信息。

检查用户输入的申请信息是否存在（完整性和一致性）；若是，转 P6。

申请填写的信息不存在，提示该用户保单不存在。

让理赔申请者填入联系方式。

联系方式收集成功，提示用户；否则转 p8。

告知用户信息收集不成功。

测试要点：功能检测，能否检查输入信息是否与数据库中的信息匹配，并且能否成功写入数据库，或数据库文件损坏，或没有足够内存可供使用时是否正常。

2. 管理员查看理赔

（1）功能：管理员进入理赔管理，查看所有理赔的状态统计信息。

（2）输入项目：管理员用自己的账号和密码登录。

（3）输出项目：理赔统计信息。

（4）程序逻辑：

P1：显示所有理赔的统计信息。

P2：管理员点击某一状态的理赔数量（其实是一连接），连接成功，转下；否则，转 P7。

P3：显示管理员选择状态下的理赔信息。

P4：管理员点击保单号，进入该保单详细信息，如不存在则转 P7。

P5：管理员选择新状态，填入理赔说明，点击修改，修改理赔状态。

P6：若修改成功，则转入相应页面；若不成功，则转下。

P7：数据库操作不成功，提示管理员。

测试要点：功能检测，能否从数据库提取信息，并且能否成功修改数据库，或数据库文件损坏,或没有足够内存可供使用时是否正常。

12.4.2 算法及流程

用户查看理赔信息流程如图 12-13 所示。

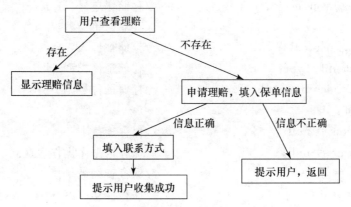

图 12-13　用户查看理赔模块的流程图

管理员查看理赔信息如图 12-14 所示。

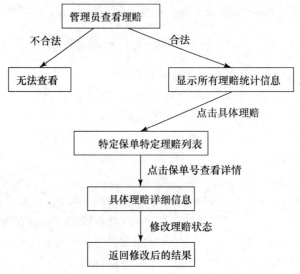

图 12-14　管理员管理理赔的流程图

12.4.3 函数说明

1. InfoCheck.java

(1) 主要的函数：public boolean Infoexist()。

(2) 所在文件：EI\src\ei\bean\InfoCheck.java。

(3) 功能：判断理赔申请者填写的信息是否正确。

(4) 格式：无。

(5) 参数：无参数传入。
(6) 全局变量：
private static String URL = "jdbc:mySQL://162.105.146.223:3306/efinance"
             //获取数据库所在地址
private String insuranceId;   //存储保单号
private int type;   //存储保单类型
private String insuredId;   //存储被保人
private int identifyType;   //存储证件类型
private String identifyNumber;   //存储证件号码
(7) 局部变量：
Connection con = null;   //保存连接
Statement stmt = null;   //保存数据库操作表达式
ResultSet rs = null;   //保存查询结果集
String strSQL;   //保存操作内容
(8) 返回值：true/false。
(9) 算法说明：根据理赔申请者输入的信息从数据库中提取相应的数据，有数据说明输入信息正确，返回 true；没数据说明信息不正确，返回 false。
使用约束：声明该 javabean 中 infoCheck 类型的对象的 jsp 页面可以通过对象调用该函数。

2. collected.java
(1) 主要的函数：public boolean collectsucc()。
(2) 所在文件：EI\src\ei\bean\collected.java。
(3) 功能：收集理赔申请者信息，以便与其取得联系。
(4) 格式：无。
(5) 参数：无参数传入。
(6) 全局变量：
private static String URL = "jdbc:mySQL://162.105.146.223:3306/efinance"
             //获取数据库所在地址
private String insuranceId;   //保存保单号
private String userName;   //保存用户名
private String tel;   //保存用户电话号码
private String mobile;   //保存用户手机号
private String email;   //保存电子邮箱
private String cuase;   //保存用户申请原因
private int startDate_year;   //保存申请时所在年份
private int startDate_month;   //保存申请时所在月份
private int startDate_day;   //保存申请时所在日期
(7) 局部变量：
String year;   //获取当前年份

String month;	//获取当前月份
String date;	//获取当前日期
String hour;	//获取当前日期中的钟点数
String min;	//获取当前分钟数
String sec;	//获取当前秒数

(8) 返回值：true/false。

(9) 算法说明：提取理赔申请者输入的信息，把数据插入到数据库中，插入成功返回 true；不成功，返回 false。

(10) 使用约束：声明该该 javabean 中 collected 类型的对象的 jsp 页面可以通过对象调用该函数。

3. ClaimViewer.java

(1) 主要的函数：public boolean init()。

(2) 所在文件：EI\src\ei\bean\ClaimViewer.java。

(3) 功能：从数据库中获取理赔信息统计结果。

(4) 格式：无。

(5) 参数：无参数传入。

(6) 全局变量：

private static String URL = "jdbc:mySQL://162.105.146.223:3306/efinance"
　　　　　　　　　　　　　　　　　//获取数据库所在地址

private int all_student_undone;	//天子骄子中没有处理的理赔数量
private int all_student_beingdone;	//天子骄子中正在处理的理赔数量
private int all_student_successed;	//天子骄子中处理成功的理赔数量
private int all_student_failed;	//天子骄子中处理失败的理赔数量
private int all_collar_undone;	//都市白领中没有处理的理赔数量
private int all_collar_beingdone;	//都是白领中正在处理的理赔数量
private int all_collar_successed;	//都市白领中处理成功的理赔数量
private int all_collar_failed;	//都市白领中处理失败的理赔数量

(7) 局部变量：

boolean result = true;	//标志变量,数据库操作是否成功
Connection con = null;	//保存连接
Statement stmt = null;	//保存表达式
ResultSet rs = null;	//保存查询结果
String strSQL = "";	//保存操作内容
String[] type = {"whiteCollar","student"};	//保存保单类型
String[] state = {"undone","beingdone","successed","failed"}	
	//保存理赔申请状态

(8) 返回值：true/false。

(9) 算法说明：从数据库中读取保单所有类型的不同理赔状态的理赔信息，读出来之后统计每一种保单类型的每一种理赔状态数量，查询成功返回 true；若出现异常则返回 false。

(10) 使用约束：声明该该 javabean 中 ClaimViewer 类型的对象的 jsp 页面可以通过对象调用该函数。

4. ClaimList.java

(1) 主要的函数：

public boolean init(String type, String state, int page);

public boolean seeClaim(String userName)。

(2) 所在文件：EI\src\ei\bean\ClaimList.java。

(3) 功能：从数据库中获取指定理赔的详细信息；理赔申请者查看理赔信息。

(4) 格式：无。

(5) 参数：

String type,	//保单类型
String state,	//理赔状态
int page	//要读取的页数

(6) 全局变量：

private Connection con;	//保存连接
private ResultSet rs;	//保存查询结果
private Statement stmt;	//保存数据库操作表达式
private CListItem[] items;	//保存理赔信息项
private boolean hasMore;	//标志是否超过一页
private int flag;	//标志是否还有下一项
private int number;	//信息项的数量
private int page;	//信息所占的页数
int length;	//时间串的长度
private String listType;	//连标类型
private String listState;	//连标状态
private static String URL = "jdbc:mySQL://162.105.146.223:3306/efinance"	
	//数据库连接

(7) 局部变量：

public boolean init(String type, String state, int page)中有

String strSQL;	//数据库操作内容

public boolean seeClaim(String userName)中有

flag=-1;	//标记是否存在下一个
number=0;	//标记数量

(8) 返回值：true/false；和 true/false。

(9) 算法说明：public boolean init(String type, String state, int page)是从数据库中读取制定类型制定状态的理赔信息，读出来之后放在一个全局变量 items[]数组中，若有数据则返回 true；若出现异常则返回 false。

public boolean seeClaim(String userName)是根据用户名查看理赔信息是否存在。

(10) 使用约束：声明该该 javabean 中 ClaimList 类型的对象的 jsp 页面可以通过对象调

用这些函数。

5. ClaimItem.java

(1) 主要的函数：无，都是一些设置获取变量的函数。

(2) 所在文件：EI\src\ei\bean\ClaimItem.java。

(3) 功能：获取一些变量信息，统一理赔信息的格式。

(4) 格式：无。

(5) 参数：每个设置函数对应一个参数。

(6) 全局变量：

private String insuranceId;	//保单号
private String holderName;	//持有者姓名
private String insuredName;	//被保人姓名
private String type;	//保单类型
private String time;	//提交时间
private String state;	//理赔状态
private String claimApplier;	//理赔申请者
private String claimComment;	//理赔说明

(7) 局部变量：无。

(8) 返回值：不同函数有不同返回值。

(9) 算法说明：Set 函数设置变量信息，get 函数 获取变量信息。

(10) 使用约束：给 EI\src\ei\bean\ClaimList.java 提供一个类获取多个理赔信息。

6. ChgClaimState.java

(1) 主要的函数：protected void doGet(HttpServletRequest request, HttpServletResponse response)。

(2) 所在文件：EI\src\ei\servlet\ ChgClaimState.java。

(3) 功能：修改理赔状态。

(4) 格式：无。

(5) 参数：

HttpServletRequest request,	//请求组件对象
HttpServletResponse response	//回应组件对象

(6) 局部变量：

String insuranceId;	//获取保单号
String oldClaimState;	//获取理赔就状态
String claimComment;	//获取理赔说明
String claimState;	//获取理赔新状态
String type;	//获取保单类型
Connection con = null;	//获取连接
Statement stmt = null;	//数据库操作表达式
ResultSet rs = null;	//保存查询结果

String URL = "jdbc:mySQL://162.105.146.223:3306/efinance";//获取连接地址

(7) 返回值：空。

(8) 算法说明：获取保单号，理赔新状态和旧状态，修改理赔状态。

(9) 使用约束：form 中的 action 指向该程序时会自动调用。

12.5 投保模块设计说明

12.5.1 数据结构说明

下面介绍各个功能模块的说明。

1. 用户查看保单信息

(1) 功能：实现用户查看保险与投保的功能。

(2) 输入项目：用户需输入信息保单号。

(3) 输出项目：用户申请了保险，显示保险信息，没有可投保。

(4) 存储分配：在 MySQL 数据库中查询 insurance 表，bankinfo 以及 customer 表。

(5) 测试要点：功能检测，能否检查输入信息是否完整，并且能否成功写入数据库，或数据库文件损坏，或没有足够内存可供使用时是否正常。

2. 管理员管理保单

(1) 功能：管理员进入保单管理，查看所有保单的状态统计信息。

(2) 输入项目：管理员用自己的账号和密码登录。

(3) 输出项目：保单统计信息。

(4) 程序逻辑：

P1：显示所有保单的统计信息；

P2：管理员点击某一状态的保单数量（其实是一连接），若连接成功，则转下；否则转 P7；

P3：显示管理员选择状态下的所有保单信息；

P4：管理员点击保单号，进入该保单详细信息，否则转 P7；

P5：管理员选择新状态，点击修改，修改保单状态

P6：修改成功，转入相应页面，不成功，转下；

P7：提示管理员数据库操作不成功。

(5) 存储分配：在 MySQL 数据库中对 insurance 表进行查询，修改，查看 bankinfo 以及 customer 表。

(6) 测试要点：功能检测，能否从数据库提取信息，并且能否成功修改数据库，或数据库文件损坏，或没有足够内存可供使用时是否正常。

12.5.2 算法及流程

用户投保的流程如图 12-15 所示。

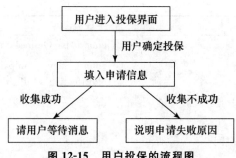

图 12-15 用户投保的流程图

管理员查看保险信息的流程图如图 12-16 所示。

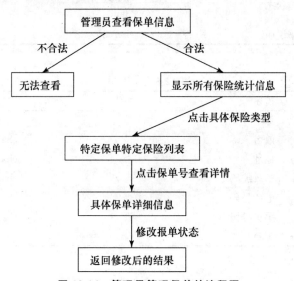

图 12-16 管理员管理保单的流程图

12.5.3 数据存储说明

数据存储分配具体说明如表 12-4 至 12-7 所示。

表 12-4 insurance

名称	描述	主键	字段类型
insuranceIdS	保单号	是	char(40)
holderId	持有者	否	char(20)
insurecId	被保人	否	char(20)
holdinsuredRel	持有者与被保人关系	否	enum('self','husband','wife','parent','child','other')
userName	用户名	否	char(20)
insureType	保单类型	否	enum('whiteCollar','student')
insureSubtype	保单子类型	否	enum('1','2','3','4','5','6')

续表

名称	描述	主键	字段类型
payType	付款方式	否	enum('payOnline','cashOnDelivery')
policyType	投保类型	否	enum('new','unpaid','auditUnpassed','paidNoEffective','effective','overdue')
expectEffDate	期望生效日期	否	date
effDate	生效日期	否	date
submissionTime	投保提交时间	否	datetime
insureCharge	保险费用	否	double(15,2)
auditComment	审查说明	否	tinytext
claimState	理赔状态	否	enum('new','undone','beingdone','successed','failed')
claimComment	理赔说明	否	char(80)

表 12-5　codinfo

名称	描述	主键	字段类型
insuranceId	保单号	是	char(40)
name	姓名	是	char(20)
address	地址	否	char(40)
postCode	邮政编码	否	char(6)
tel	电话号码	否	char(16)
mobiel	手机号码	否	char(16)
email	邮箱	否	char(30)

表 12-6　bankinfo

名称	描述	主键	字段类型
insuranceId	保单号	是	char(40)
bankName	银行名称	否	enum('CCB','ICBC','BC','ABC')
accountType	账户类型	否	enum('1','2','3','4')

表 12-7　customer

名称	描述	主键	字段类型
customerId	客户编号	是	char(20)
name	客户姓名	否	char(20)
sex	客户性别	否	enum('M','F')
certType	证件类型	否	enum('identityCard','license','passport','other')
certNumber	证件号码	否	char(20)
city	居住城市	否	char(20)

12.5.4 源程序文件说明

下面对投保部分源程序予以说明。

1. InsureInfo.java

源程序名称：InsureInfo.java。

所在目录：EI\src\ei\bean\InsureInfo.java。

功能：检查投保申请者填入的信息是否已存在，把用户信息存入数据库，生成新保单。

前导文件：EI\WebContent\insurance\ collect.jsp。

函数名称：public boolean generatePolicyID()和 public boolean register(String username)（设置获取变量值的函数省略了）。

2. InsuranceViewer.java

源程序名称：CliamViewer.java。

所在目录：EI\src\ei\bean\InsuranceViewer.java。

功能：获取各种类型的保险的数量，以供管理员管理与查看理赔。

前导文件：EI\WebContent\admin\policy_overview.jsp。

和 EI\WebContent\admin\policyadmin.jsp。

函数名称：public boolean init()。

3. InsuranceList.java

源程序名称：InsuranceList.java。

所在目录：EI\src\ei\bean\InsuranceList.java。

功能：获取某一类型的保险信息，以供管理员管理与查看。

前导文件：EI\WebContent\admin\policylist.jsp。

函数名称：public boolean init(String type, String state, int page)。

4. ListItem.java

源程序名称：ListItem.java。

所在目录：EI\src\ei\bean\ListItem.java。

功能：获取某一类型的保险详细信息。

前导文件 EI：EI\src\ei\bean\InsuranceList.java。

函数名称：都是一些设置获取变量的函数，该文件只是给 EI\src\ei\bean\InsuranceList.java 提供一个类获取多个保单信息。

5. PolicyDetail.java

源程序名称：PolicyDetail.java。

所在目录：EI\src\ei\bean\PolicyDetail.java。

功能：根据保单号获取保险的详细信息。

前导文件 EI：\WebContent\admin\ Policydetail.jsp。

函数名称：public boolean init(String ID)。

6. ChgPolicyState.java

源程序名称：ChgPolicyState.java。

所在目录：EI\src\ei\servlet\ ChgPlicyState.java。

功能：管理员修改某保险的状态并存入相应的修改说明。

前导文件 EI：\WebContent\admin\ Policydetail.jsp。

函数名称：protected void doGet (HttpServletRequest request, HttpServletResponse response)。

12.5.5 函数说明

1. InsureInfo.java

（1）主要的函数：public boolean generatePolicyID() 和 public boolean register(String username)（设置获取变量值的函数省略了）。

（2）所在文件：EI\src\ei\bean\InsureInfo.java。

（3）功能：public boolean generatePolicyID() 是为新客户产生一个保单号，public boolean register(String username) 把客户的主车信息存入数据库。

（4）格式：无。

（5）参数：public boolean generatePolicyID() 无参数传入；public boolean register (String username) 参数是 String username，当前用户名。

（6）全局变量：

```
private static String URL = "jdbc:mySQL://162.105.146.223:3306/efinance"
                                                    //数据库所在地址
private int type;                    //保险类型
private String insuredName;          //被保人姓名
private int sex;                     //被保人性别
private int identifyType;            //证件类型
private String identifyNumber;       //证件号码
private String city;                 //被保人所在城市
private int insuredIdentity;         //被保人证件类型
private String insuredName2;         //另一个被保人
private int sex2;                    //被保人性别
private int identifyType2;           //被保人证件类型
private String identifyNumber2;      //被保人证件号码
private int rationType;              //比率类型
private int startDate_year;          //开始年份
private int startDate_month;         //开始月份
private int startDate_day;           //开始日期
private int banks;                   //银行名称
private int cards;                   //卡的类型
private String linkerName;           //联系人姓名
private String sendZipCode;          //发送邮编
private String sendAddress;          //发送地址
private String policyID;             //保单号
```

```
public String holderID;                    //持有者姓名
public String insuredID;                   //被保人姓名
```
(7) 局部变量:
```
public boolean generatePolicyID()中的
boolean done = true;                       //标志保单号是否生成
Connection con = null;                     //连接
Statement stmt = null;                     //操作表达式
ResultSet rs = null;                       //返回查询结果
String strSQL;                             //数据库操作内容
public boolean register(String username)中有 Connection con = null;
                                           //连接
Statement stmt = null;                     //操作表达式
ResultSet rs = null;                       //返回查询结果
String strSQL;                             //数据库操作内容
```
(8) 返回值: public boolean generatePolicyID()返回 true/false;
public boolean register(String username)返回 true/false;

(9) 算法说明: public boolean generatePolicyID()为用户生成保单号,由于保单号必须唯一,所以每次产生新保单号时都要选取最大的一个号; public boolean register(String username)根据用户填写的信息为保存资料,把资料填入数据库。

(10) 使用约束: 声明该 javabean 中 InsuranceViewer 类型的对象的 jsp 页面可以通过对象可以调用该函数。

2. InsuranceViewer.java

(1) 主要的函数: public boolean init()。
(2) 所在文件: EI\src\ei\bean\InsuranceViewer.java。
(3) 功能: 从数据库中获取理赔信息统计结果。
(4) 格式: 无。
(5) 参数: 无参数传入。
(6) 全局变量:
```
private static String URL = "jdbc:mySQL://162.105.146.223:3306/efinance"
                                           //数据库连接地址
private int[] collar_new;                  //存储都市白领中的新保单
private int[] collar_unpaid;               //存储都市白领中未付费保单
private int[] collar_paidNoEffective;      //存储都市白领中付费未生效的保单
private int[] collar_effective;            //存储都市白领中生效的保单
private int[] collar_overdue;              //存储都市白领中过期的保单
private int[] collar_auditUnpassed;        //存储都市白领中审计未通过的保单
private int[] student_new;                 //存储天子骄子中的新保单
private int[] student_unpaid;              //存储天子骄子中未付费保单
private int[] student_paidNoEffective;     //存储天子骄子中付费未生效保单
```

```
private int[] student_effective;          //存储天子骄子中已生效保单
private int[] student_overdue;            //存储天子骄子中过期的保单
private int[] student_auditUnpassed;      //存储天子骄子中审查未通过保单
private int all_student_new;              //存储天子骄子中的新保单数量
private int all_student_unpaid;           //存储天子骄子中未付费保单数量
private int all_student_paidNoEffective;  //天子骄子中付费未生效保单数量
private int all_student_effective;        //存储天子骄子中生效保单数量
private int all_student_overdue;          //存储天子骄子中过期保单数量
private int all_student_unpassed;         //天子骄子中审查未通过保单数量
private int all_collar_new;               //存储都市白领中的新保单数量
private int all_collar_unpaid;            //存储都市白领中的新保单数量
private int all_collar_paidNoEffective;   //都市白领中的付费未生效保单数量
private int all_collar_effective;         //存储都市白领中生效保单数量
private int all_collar_overdue;           //存储都市白领中过期保单数量
private int all_collar_unpassed;          //都市白领中审查未通过保单数量
```

(7) 局部变量:

```
boolean result = true;                    //返回结果
Connection con = null;                    //连接
Statement stmt = null;                    //操作数状态
ResultSet rs = null;                      //查询结果集
String strSQL = "";                       //数据库操作内容
String[] type = {"whiteCollar","student"}; //保险类型
String[] state = {"new","unpaid","paidNoEffective","effective","overdue",
                  "auditUnpassed"};       //保单状态
String[] subtype = {"1","2","3","4","5"};
                                          //保险子类型
```

(8) 返回值:true/false。

(9) 算法说明:从数据库中读取保单所有类型的状态,读出来之后统计每一种保单类型的每一种状态对应数量,若查询成功则返回 true;若出现异常返回 false。

(10) 使用约束:声明该 javabean 中 InsuranceViewer 类型的对象的 jsp 页面可以通过对象调用该函数。

3. InsuranceList.java

(1) 主要的函数:public boolean init(String type, String state, int page)。

(2) 所在文件:EI\src\ei\bean\InsuranceList.java。

(3) 功能:从数据库中获取指定保险的详细信息。

(4) 格式:无。

(5) 参数:String type,   //保险类型
         String state,   //保险状态
         int page   //页码

(6) 全局变量：

private Connection con;	//连接对象
private ResultSet rs;	//返回的结果
private Statement stmt;	//操作表达式
private ListItem[ ] items;	//存储所有保单信息
private int flag;	//标记是否还有下一项信息
private int number;	//信息项游标
private boolean hasMore;	//标记是否有下一页
private int page;	//页码
private String listType;	//保险类型
private String listSubType;	//保险子类型
private String listState;	//保险状态

private static String URL = "jdbc:mySQL://162.105.146.223:3306/efinance"; //连接

(7) 返回值：true/false。

(8) 算法说明：从数据库中读取保单参数中制定保单的信息，若查询成功则返回 true；若出现异常则返回 false。

(9) 使用约束：声明该 javabean 中 InsuranceList 类型的对象的 jsp 页面可以通过对象调用该函数。

4. ListItem.java

(1) 主要的函数：无，都是一些设置获取变量的函数。

(2) 所在文件：EI\src\ei\bean\ClaimItem.java。

(3) 功能：获取一些变量信息，统一保险信息的格式。

(4) 格式：无。

(5) 参数：每个设置函数对应一个参数。

(6) 全局变量：

private String insuranceId;	//保单号
private String holderName;	//持有者姓名
private String insuredName;	//被保人姓名
private String type;	//保险类型
private String subtype;	//保险子类型
private String time;	//提交时间
private String state;	//保单状态

(7) 局部变量：无。

(8) 返回值：不同函数有不同返回值。

(9) 算法说明：Set 函数设置变量信息，get 函数获取变量信息。

(10) 使用约束：给 EI\src\ei\bean\InsuranceList.java 提供一个类获取多个理赔信息。

5. PolicyDetail.java

(1) 主要的函数：public boolean init(String id)。

(2) 所在文件：EI\src\ei\bean\PolicyDetail.java。

(3) 功能：从数据库中获取保险的详细信息。
(4) 格式：无。
(5) 参数：无参数传入。
(6) 全局变量：

private String insuranceId;	//保单号
private String holderName;	//持有者姓名
private String insuredName;	//被保人姓名
private String type;	//保险类型
private int subType;	//保险子类型
private String holderIdentifyType;	//持有者证件类型
private String insuredIdentifyType;	//被保人证件类型
private String holderIdentifyNumber;	//持有者证件号码
private String insuredIdentifyNumber;	//被保人证件号码
private String city;	//所在城市
private String relationship;	//持有者被保人之间的关系
private String startDate;	//开始时间
private String submissionTime;	//提交时间
private String expectStartDate;	//期望开始时间
private String bank;	//银行
private int card;	//卡类型
private String claimState;	//理赔状态
private String policyState;	//保单状态
private String userName;	//用户名
private String auditComment;	//审查说明
private String claimComment;	//理赔说明
private static String URL = "jdbc:mySQL://162.105.146.223:3306/efinance"	//连接地址

(7) 局部变量：

boolean done = true;	//标志查看是否成功
Connection con = null;	//连接对象
Statement stmt = null;	//操作状态
ResultSet rs = null;	//结果集

(8) 返回值：ture/false。
(9) 算法说明：根据保单号查找保险详细信息。
(10) 使用约束：声明该javabean中PolicyDetail类型对象的jsp页面可以通过对象调用该函数。

6. ChgPolicyState.java
(1) 主要的函数：protected void doGet(HttpServletRequest request, HttpServletResponse response)。

(2) 所在文件：EI\src\ei\servlet\ PolicyState.java。
(3) 功能：修改保单状态。
(4) 格式：无。
(5) 参数：HttpServletRequest request，　　//请求组件对象
　　　　　HttpServletResponse response　　//回应组件对象
(6) 局部变量：
String insuranceId;　　　　　　　　　　　//获取保单号
String newState;　　　　　　　　　　　　//读取新状态
Connection con = null;　　　　　　　　　//连接对象
Statement stmt = null;　　　　　　　　　//操作状态
ResultSet rs = null;　　　　　　　　　　//返回结果集
String URL = "jdbc:mySQL://162.105.146.223:3306/efinance";//连接地址
(7) 返回值：空。
(8) 算法说明：获取保单号，保单新状态，修改保单状态。
(9) 使用约束：form 中的 action 指向该程序时会自动调用。

12.6　参　考　文　献

[1] 计磊,李里,周伟.精通 J2EE 整合应用案例.北京：人民邮电出版社,2006.
[2] 姜晓铭,刘波,张弈华.JSP 程序设计精彩实例.北京：清华大学出版社,2001.
[3] 肖金秀,冯沃辉,施鸿翔.JSP 程序设计教程.北京：冶金出版社,2003.
[4] 梁循,曾月卿.网络金融.北京：北京大学出版社,2005.
[5] 张云涛,龚玲.Eclipse 精要与高级开发技术.北京：电子工业出版社,2005.

第 13 章　无忧车保电子保险系统

作者：陈露希，王稼驷，孔祥宁，王峥　　编辑：阮进，闫永平

13.1　相关序列图

13.1.1　文档目的

本文档是在需求定义文档的基础上进行分析设计产生出系统的初步设计，并为详细设计人员提供系统的概要设计方案。

适用人群：项目管理人员、代码编写人员、测试人员。

13.1.2　文档范围

本文档主要通过流程图和状态转化图两个方面描述系统各功能模块内部逻辑和相互之间的关系。

13.1.3　参考文献

[1] 汽车电子保险系统需求分析说明书.
[2] 梁循，曾月卿编著.网络金融.北京：北京大学出版社，2005.
[3] 陆正武，蒋武，刘军，石正贵编著.Java 项目开发实践.北京：中国铁道出版社，2004.
[4] 刘晓华，陈亚强编著.J2EE 应用开发详解.北京：电子工业出版社，2004.
[5] [美]Karl Moss 著，陆新年，陆新宇，刘昊飞译.Java Serverlets 编程指南.北京：科学出版社，2000.
[6] 黄理，曹林有，张勇等编著.JSP 深入编程.北京：北京希望电子出版社，2001.

13.1.4　术语与缩写解释

- 投保单

又称"投保书"、"要保书"，是投保人向保险人申请订立保险合同的书面要约。投保书是由保险人事先准备、具有统一格式的书据。投保人必须依其所列项目一一如实填写，以供保险人决定是否承保或以何种条件、何种费率承保。

投保单本身并非正式合同的文本，但一经保险人接受后，即成为保险合同的一部分。在保险实务中，投保人提出保险要约时，均需填具投保单。如投保单填写的内容不实或故意隐瞒、欺诈，都将影响保险合同的效力。

- 保险单

简称保单，指保险公司给投保人的凭证，证明保险合同的成立及春内容。保单上载有参加保险的种类、保险金额、保险费、保险期间等保险合同的主要内容。保险单是一种具有法律效力的文件。

- 保险人

指与投保人订立保险合同,并承担赔偿或者给付保险金责任的保险公司。
- 投保人

指与保险公司订立保险合同,并按照保险合同负有支付保险费义务的人。
- 被保险人

指其财产或者人身受保险合同保障,享有保险金请求权的人。
- 第三者责任险保险

车辆因意外事故,致使他人遭受人身伤亡或财产的直接损失,保险公司依照保险合同的有关规定给予赔偿。这里强调的是"他人",也就是第三方。保险公司所负的保险责任在保险合同中是这样规定的:被保险人允许的合格驾驶员在使用保险车辆过程中发生意外事故,致使第三人遭受人身伤亡或财产的直接损毁,保险公司依照《道路交通事故处理办法》和保险合同的规定给予赔偿。
- 全车盗抢险

是指保险车辆全车被盗窃、被抢夺,经公安刑侦部门立案证实,满三个月未查明下落,或保险车辆在被盗窃、被抢劫、被抢夺期间受到损坏,或车上零部件及附属设备丢失需要修复的合理费用,保险公司负责赔偿。
- 车上责任险

指投保了本项保险的机动车辆在使用过程中,发生意外事故,致使保险车辆上所载货物遭受直接损毁和车上人员的人身伤亡,依法应由被保险人承担的经济赔偿责任,保险公司在保险单所载明的该保险赔偿额内计算赔偿。
- 无过失责任险

指投保了本项保险的车辆在使用中,因与非机动车辆、行人发生交通事故,造成对方人员伤亡和财产直接损毁,保险车辆一方无过失,且被保险人拒绝赔偿未果,对被保险已经支付给对方而无法追回的费用,保险公司负责给予赔偿。
- 车载货物掉落责任险

指投保了本保险的机动车辆在使用中,所载货物从车上掉下致使第三者遭受人身伤亡或财产的直接损毁,依法应由被保险人承担的经济赔偿责任,保险公司负责赔偿。
- 玻璃单独破碎险

指投保了本项保险的机动车辆在停放或使用过程中,发生本车玻璃单独破碎,保险公司按实际损失进行赔偿。
- 车辆停驶损失险

指投保存了本项保险的机动车辆在使用过程中,因遭受自然灾害或意外事故,造成车身损毁,致使车辆停驶造成的损失。保险公司按照与被保险人约定的赔偿天数和日赔偿额进行赔付。
- 自然损失险

指投保了本项保险的机动车辆在使用过程中,因本车电路、线路、供油系统发生故障及运载货物自身起火燃烧,造成保险车辆的损失,保险公司负责赔偿。

- 新增加设备损失险

指投保了本项保险的机动车辆在使用过程中,因自然灾害或意外事故造成车上新增设备的直接损毁,保险公司负责赔偿。

- 不计免赔特约保险

指办理了本项特约保险的机动车辆发生事故,损失险及第三者责任险事故造成赔偿,对其在符合赔偿规定的金额内按责任应承担的免赔金额,保险公司负责赔偿。

13.2 产品概述

13.2.1 功能简介

本系统的开发目标是设计并实现一个网上汽车保险软件系统。网上汽车保险也叫汽车电子保险业务,是指汽车销售公司与保险公司以因特网和电子商务技术为工具来支持保险经营管理活动的经济行为。网上保险有两层含义:从狭义上讲,网上保险是指保险公司或新型网上保险中介通过因特网为客户提供有关保险产品和服务的信息,并实现网上投保,完成保险产品和服务的网上销售;从广义上讲,网上保险还包括保险公司内部基于 Intranet 技术的经营管理活动,以及在此基础上的保险公司之间、保险公司与公司股东、保险监管、税务、工商管理等机构之间的交易和信息交流活动。

汽车电子保险之所以能够吸引大批的客户,是因为它低廉的价格。我们知道保费主要由纯保费和附加保费构成。网上投保可以省去代理人佣金等种种中间费用,有效地降低了附加保险费。在韩国,通过在线(On-line)方式投保比通过传统方式投保平均可以少缴 15% 的保费。我国居民的收入水平同韩国存在一定的差距,消费者对车险需求的价格弹性应该比韩国人更大,所以价格低廉的在线销售渠道肯定会受到我国消费者的青睐。为了顺应这种潮流,我们开发了这个模拟系统。本系统按照基本的网上汽车保险的流程来实现。

一个较为完整的网上保险销售流程是这样的:客户通过网站提供的信息,或经过在线咨询来选择适合自己的险种;网站根据客户填写的基本信息进行保费试算,推荐相应的保险品种组合,客户也可自行选择;客户详细填写投保单和其他表格,通过互联网传给保险公司;保险公司实时或延时核保后,通过互联网要求客户确认;客户确认并经正式的电子签名后,保险合同即告成立;与此同时,客户通过银行提供的网上支付服务缴纳保险费,保单正式生效。

这样的网上保险销售方式在许多发达国家已经实现,但由于目前我国还没有数字式签发保险单的相关立法,上述网上保险销售方式还不能完全实现。目前的通行做法是,保险公司得到客户的确认后,仍需要填写纸介质的投保单和保单,由快递公司送到客户家中,客户签完投保单后付款或网上先期付款,最后才能拿到保单。

本系统的模块划分就按照国内通行做法来完成,主要包括:客户管理模块,投保模块,核保和承保模块和理赔模块。

由于本项目为课程项目,没有很多时间完成一个完整的保险系统。另外,由于我们没有掌握保险系统的精确的流程,只能通过模拟来实现本系统。

13.2.2 功能需求

本系统的功能分为用户管理模块、车险投保模块、核保模块、申请理赔模块、理赔受理模块和查询模块六大部分。

13.2.3 性能需求

在数据方面,要求保持数据库中数据的安全性,可以采取的方法有:定时备份,定期将客户资料和保单信息等提取出来保存为纸介质文档。

由于用户通过网络完成投保等活动,因此要求系统能迅速地对用户响应,在正常网络连接情况下,响应时间要求在 5 秒以内。另外,系统应该能够同时为数百位用户提供服务。

系统应该稳定可靠,平均故障间隔时间在 700 小时左右(故障发生的概率为每月一次)。

13.2.4 系统概述

本系统是实现一个网上汽车保险软件系统,是指汽车销售公司与保险公司以因特网和电子商务技术为工具来支持保险经营管理活动的经济行为。

系统的主要功能有:用户管理、投保、核保、申请理赔、理赔、查询。

13.2.5 系统总体结构

系统结构图如图 13-1 所示。

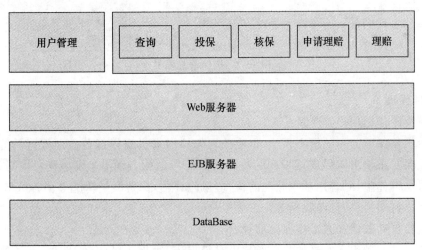

图 13-1 系统结构图

系统结构说明

本系统基于 J2EE 框架,采用 MVC 三层 Struts 结构结合 EJB 建模。建立 EJB 工程实现数据库的持久化,建立 Web 工程来实现与用户的可视化交互。

系统模块分为用户管理、车险投保、核保、申请理赔、理赔受理、查询六部分。

1. 用户管理模块

用户管理模块管理了所有的用户的登录资料,包括了用户的注册、登录用户修改个人信息及对用户权限的管理。

我们的用户角色分为5种。普通用户、注册用户、核保人员、理赔受理人员、系统管理员。

(1) 普通用户：普通用户可自己注册一个账号，注册时需要客户填写基本资料，以方便其他模块对查询，也使得用户多次投保时填写信息简化，即不需要重复输入个人基本信息。

(2) 注册用户：拥有账号后，用户身份即为注册用户。可以进行投保、申请理赔、个人资料修改和密码修改等操作。

(3) 公司业务员（核保人员、理赔受理人员）：由公司提供账号，根据不同的身份分别进入不同界面，代表公司展开承保或理赔业务。身份一共有两种：核保人员和理赔受理人员。

(4) 系统管理员：为公司业务员提供账号，即拥有用户注册功能；可以修改用户的权限角色。

2. 车险投保模块

投保模块的功能包括：保险计划与险种条款介绍、投保单填写和用户支付保险费等。

(1) 保险计划与险种条款介绍：列出本系统提供的所有车险的相关资料以及相应的条款。

(2) 投保单填写：用户填写其选择的保险的相关信息和个人信息及车辆信息。

(3) 用户支付保险费：用户可以选择多种方式支付保险，其中包括手机支付、邮局汇款、银行汇款和网上支付等。

车险投保模块的业务流程如图13-2所示。

图13-2 投保单流程图

3. 核保模块

核保模块的使用用户：核保人员。

核保模块是保险公司的核心模块，保险公司的核保人员要根据各方面资料的综合考虑对某客户的投保要求给出承保或拒报的的决定。需要考虑的方面有：投保资料填写是否正确，客户的资料是否完整，对客户基本状况的检查，风险评估，保费缴纳情况等。若给出承保决定，则需要给客户打印报单、打印收据等。

核保包括自动核保和人工核保两部分。

自动核保是通过程序对诸如险种条款中对投保人、被保人的年龄、性别、驾龄等条件的判断，关键在于审核客户资料是否填写完全和进行定量判断，若不符合则直接拒保，并自动生成拒保理由报告。

自动核保通过以后，需要进行人工核保，这部分的工作则是对一份报单的风险评估，根据公司内部的一些具体的规则给出相应的判断。若符合公司承保范围的报单，则给予承保，不符合则拒保。这部分工作需要通过人的逻辑判断，要能提供调出相应资料供核保人员进行判断。

核保模块的业务流程如图13-3所示。

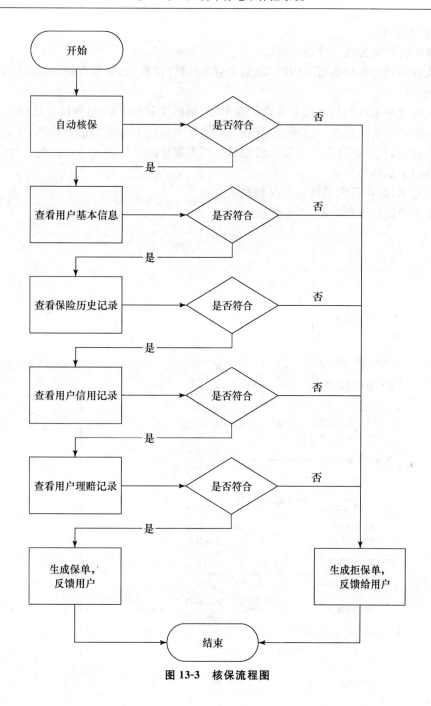

图 13-3 核保流程图

4. 申请理赔模块

申请理赔模块的使用者是注册用户。

该模块主要是保险受益用户在已申请保险的车辆受到损害后一定时期内填写申请理赔单,该申请单将被提供给理赔受理人员作审核及理赔处理。

用户要提供车辆受损的详细信息。如理赔事故时间、地点、经过及相关联系人等。用户可以通过互联网报案,也可以直接到公司柜台报案。

5. 理赔受理模块

该模块的使用者为理赔受理人员。

该模块目的是对客户的报案申请(理赔申请表)进行审核,确定是否理赔以及赔款额(如果确定赔付的话)。

受理人员收集案件的信息以及客户的保单,判断提交材料是否充分以及是否应受理此理赔申请。不受理应给出理由。若符合理赔条件,受理人员还要对理赔进行理算,分别计算保单上各个险种的账目,再累计为一个保单的账目。根据案件的具体情况确定最终赔付结论,并将公司的理赔结论通知客户。

打印出批单,客户凭批单就可领取到理赔金。

理赔受理模块的流程如图 13-4 所示。

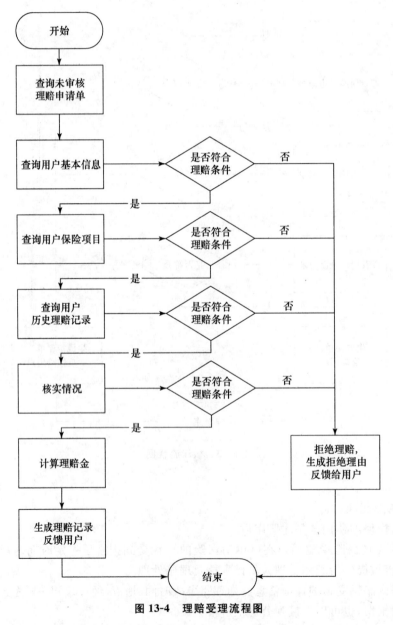

图 13-4　理赔受理流程图

13.3 数据库设计

数据库关系如图 13-5 所示。

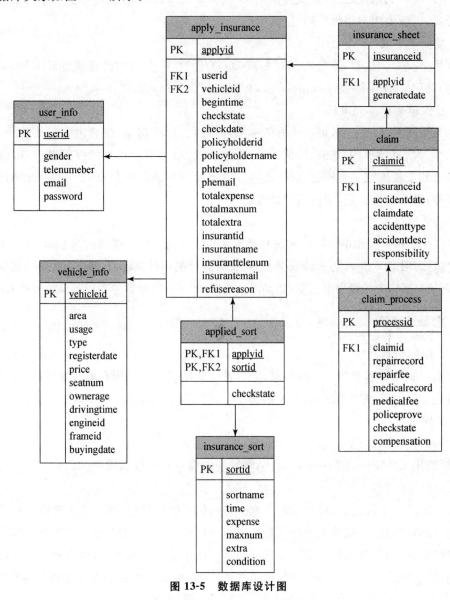

图 13-5 数据库设计图

13.4 系统单元

13.4.1 电子投保单元

保险计划与险种条款介绍：列出本系统提供的所有车险的相关资料以及相应的条款。

(1) 投保申请填写

用户首先填写与保险相关的车辆的信息，然后接着填写投保人和被保人的相关信息，最后选择期望的保险险种，之后系统会反馈给用户所有填写的信息，待用户确认信息是否完整和准确，最后用户确认无错误之后，提交投保单，系统将其入库保存，投保单信息的填写采用了分页表单的形式，以便给用户提供清晰、整洁的交互界面。

(2) 投保单生成

根据用户提交的信息，系统将其封装成 DTO，通过 Web 端的代理获得 EJB Bean 的远程接口，然后调用 EJB Bean 的 remote 方法，将提交的信息存入数据库中。

(3) 投保单审核单元审核

核保人员登录系统之后，可以查看所有未审核的投保单信息，然后进入审核阶段，通过查看用户的个人信息，用户的理赔、投保历史、险种条款，结合用户填写的投保单信息，由核保人员根据条款和章程决定是否同意承保，然后可以添加相关的备注信息，如拒绝承保的理由、待定的原因等，最后提交决定，交由系统处理。

(4) 接受核保

系统接受核保单号和申请的险种编号及审核决定，通过 Web 端的代理获得 EJB Bean 的远程接口，然后调用 EJB Bean 的 remote 方法，提交各险种的审核决定，并最终生成关于投保单的审核决定，更新数据库中的投保单信息，如果同意承保，则生成该投保单对应的保单号并入库。

13.4.2 索赔及理赔

(1) 索赔申请填写

用户填写索赔单需要的一系列信息，之后系统会反馈给用户所有填写的信息，待用户确认信息是否完整和准确，最后用户确认无错误之后，提交索赔单，系统将其入库保存。

(2) 投保单生成

根据用户提交的信息，系统将其封装成 DTO，通过 Web 端的代理获得 EJB Bean 的远程接口，然后调用 EJB Bean 的 remote 方法，将提交的信息存入数据库中。

(3) 理赔审核

理赔人员登录系统之后，可以查看所有未审核的索赔单信息，然后进入理赔审核阶段：通过查看用户的详细信息、保单上的投保险种、用户以前的理赔记录历史，结合用户填写的索赔单上的详细信息，由理赔人员根据险种条款和章程决定是否同意理赔，然后依次审核理赔所需要的维修记录、医疗记录、交通队证明，记录在系统中，然后根据用户保单上的投保险种金额、维修费用、医疗费用，计算最终的理赔金额，并记录在系统中。

(4) 实施理赔

系统接受索赔单号和理赔记录的编号及审核决定，通过 Web 端的代理获得 EJB Bean 的远程接口，然后调用 EJB Bean 的 remote 方法，提交理赔的审核决定，并最终生成关于理赔单的审核决定，更新数据库中的理赔记录信息，生成理赔金额并入库。

13.5 系统层次结构

13.5.1 投保及投保审核

电子投保单元结构如图 13-6 所示。

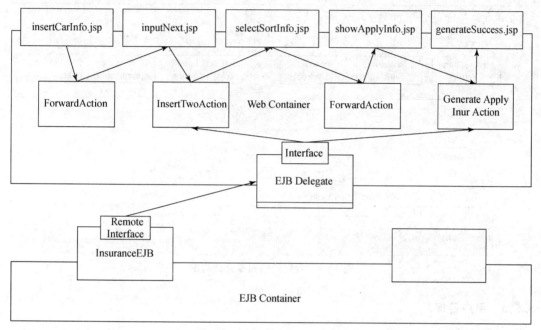

图 13-6　电子投保单元结构图

投保单审核单元结构如图 13-7 所示。

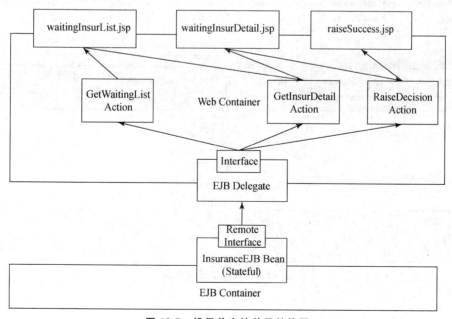

图 13-7　投保单审核单元结构图

13.5.2 索赔及理赔

索赔及理赔单元结构如图 13-8 所示。

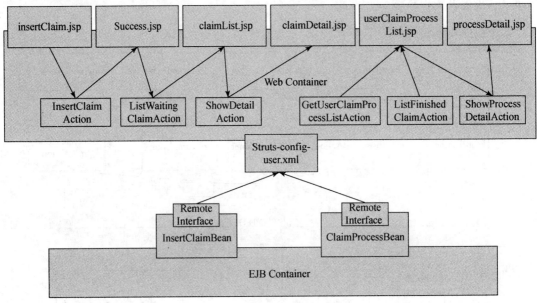

图 13-8　索赔及理赔单元结构图

13.5.3 用户管理

用户管理结构如图 13-9 所示。

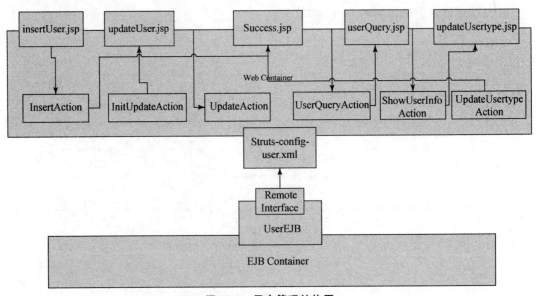

图 13-9　用户管理结构图

第4篇
网络理财

第 14 章 电子理财投资系统

作者：常乐，王磊，伍伟，卢阳，陈亚宁　　编辑：闫永平，梁循

14.1 产品描述

14.1.1 编写目的

本软件规格说明书的目的是为产品的整体设计与实现提供需求背景以及设计功能参考，并对软件的整体结构和具体实现进行概括性的描述。从总体层面阐明系统结构，实现系统模块划分和单元设计，阐明其层次关系，并设计了全局数据结构和主要算法，为后续的详细设计和系统实现提供指导和规范。本文档的预期读者为系统分析人员、设计人员和实现人员，对系统的维护人员也有参考意义。

14.1.2 产品名称

电子理财投资系统 Version1.0。

14.1.3 名词定义

IIS：Internet Information Services，Windows 操作系统组件。

14.2 产品需求概述

14.2.1 功能简介

在我国，互联网正在成为人们日常生活的重要组成部分，极大地便利了人们的生活并改变着其生活方式；同时，随着人民生活水平的不断提高，在理财和投资等方面需要投入的时间和精力也越来越多。本系统为用户提供一个可以在网上进行账务管理、车房贷款计算和组合投资建议的平台，方便人们的生活。

本系统的主要功能有：
① 提供注册、个人信息查询、个人资料维护等服务；
② 登记收支流水账，查看收支明细、账户余额等，并提供透支预警；
③ 计算房贷、车贷，如首付款、按揭本息和税费等；
④ 计算组合投资的投资比例，并提供即时金融信息的订阅功能。

针对现在日益增加的个人财产、账务往来以及投资的增多，人们对个人理财及投资方面的需求日益增加。本产品正是针对个人对理财投资的需求而设计的，希望有助于个人能够更加有条理地和合理地进行财务管理和投资。而随着信息技术的高速发展，互联网正在成为人们日常生活的重要组成部分，极大地便利了人们的生活并改变着其生活方式，在个人理财投资

方面互联网也可以具有举足轻重的意义。本系统为用户提供一个可以在网上进行个人账务管理、车房贷款计算和组合投资建议的平台,方便人们的生活。

本产品是一个基于网络的服务器-客户端独立产品,可单独使用。

14.2.2 运行环境

1. 硬件环境

［最低硬件配置］

CPU：Pentium 90

显卡：无资料

内存：32 MB

硬盘：150 MB 空间

其他：无

［推荐硬件配置］

CPU：Pentium 133 以上

显卡：支持 DirectX

内存：128 MB 以上

硬盘：4 GB 以上空间

其他：无

2. 软件环境

服务器端：Windows 操作系统(推荐 WindowsXP)；Office Access(推荐 2000 或以上版本)；Web 浏览器(推荐 IE6.0 以上版本浏览器)；IIS。

客户端：Windows 操作系统(推荐 WindowsXP)；Web 浏览器(推荐 IE6.0 以上版本浏览器)。

14.2.3 条件与限制

由于本产品是基于网络开发的,在可以进行网络浏览的平台上即可实现本产品的客户端程序,而对于服务器端程序,仅需要数据库 Office Access 和 IIS,因此可以说本产品运行的条件或者限制是很宽松的。

14.3 功能需求

14.3.1 功能划分

本产品的主要功能如表 14-1 所示。

表 14-1 产品功能表

产品功能	功能描述
用户管理	提供管理员对用户注册的审批、用户的删除修改等功能
个人资料管理	提供注册、个人信息查询、个人资料维护等服务

续表

产品功能	功能描述
账务管理	登记收支流水账,查看收支明细、账户余额等,并提供透支预警
贷款管理	计算房贷、车贷,如首付款、按揭本息和税费等
投资管理	计算组合投资的投资比例,并提供即时金融信息的订阅功能
客户服务	提供系统管理员与用户的交流平台

功能结构如图 14-1 所示。

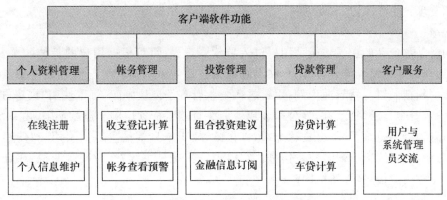

图 14-1 客户端软件功能

14.3.2 功能 1

个人资料管理:提供注册、个人信息查询、个人资料维护等服务。

优先级:最高。

本功能是最基本也是最优先实现的功能,提供了用户注册以及个人信息维护,这样注册用户才能应用产品提供的进一步的功能。用户注册提供个人信息,经由网络将资料传至服务器端,等待管理员审批后写入数据库,建立个人资料。用户对资料的查询及修改都经由服务器进行对数据库的有限制的读写,例如用户资料的删除须由管理员进行。

14.3.3 功能 2

账务管理:登记收支流水账,查看收支明细、账户余额等,并提供透支预警。

优先级:高。

本功能是用户使用的本产品的主要功能。用户进入账务管理界面,可以做收支记录,比如自上个记录日到现在都有哪些收入项目,收入金额是多少;都有哪些支出,额度是多少。提供统计分析功能,用户可以选定时间段,查看这段时间内的收入走势和支出走势,以及这段时间内的收支明细和账余额。用户可以自行设定透支警戒线,当一段时间内的支出高于某个额度,或者账户余额低于某个额度,系统将给用户警示。

14.3.4 功能 3

投资管理:计算组合投资的投资比例,并提供即时金融信息的订阅功能。

优先级:中。

本功能是本产品的高级功能。用户进入贷款管理子模块，向系统提交所关注的投资对象的历史数据（本系统以对两支股票的组合投资为例，输入的历史数据为两支股票的期望收益率、方差和协方差），由组合投资模块根据即时金融信息，计算出组合投资比例和预期收益率等信息返回给用户。另外用户可使用金融信息订阅功能，由管理员负责从互联网上收集相关的金融信息，经过金融信息筛选模块的处理，返回给用户。

14.3.5 功能 4

贷款管理：计算房贷、车贷，如首付款、按揭本息和税费等。
优先级：中。

本功能是本产品的扩展功能。用户进入贷款管理界面，可根据用户的具体购买及贷款信息，计算用户的支付情况等，以使用户在实际购买前对将来的支付情况有比较清晰的了解，并作出合理的判断。以房贷管理为例，用户进入贷款管理子模块界面，可以使用"买房方案计算"功能，即输入资金需求、贷款方式（公积金或者商业贷款）、贷款比例和还款期限，由系统根据即时利率信息和贷款政策，计算出贷款金额、首付款、按揭本息等信息返回给用户；使用哪个"税费计算"功能，由系统根据即时税率信息，计算出契税、交易手续费、合同印花税、权证印花税、登记费和总费用等信息，返回给用户。

14.3.6 功能 5

客户服务：提供系统管理员与用户的交流平台。
优先级：高。

本功能是本产品的必需功能。用户对产品使用方面的疑惑，以及对产品使用的意见和建议，或者在金融、理财、投资等方面的问题和看法，均可以依靠这个平台与其他用户以及系统管理员进行交流。这样可以使大家的信息以及经验积累相互交流，共同提高，对本产品的完善、进一步开发也大有好处。

14.3.7 功能 6

用户管理：提供管理员对用户注册的审批、用户的删除修改等功能。
优先级：最高。

本功能同样是最基本也是最优先实现的功能。本功能提供了管理员对用户的管理。包括：对用户注册的审批，对软件服务器端的维护与调试，对数据库的维护，对用户行为的监督以及对不良或非法使用的处罚，对用户资料的删除，以及对用户意见建议的反馈，对产品的进一步完善开发，等等。

14.3.8 不支持的功能

本产品的最终实现没有完成对投资管理的最终支持和实现。这部分没有最终实现主要是投资分析和计算方面涉及的知识和领域过于繁杂，分析和计算也过于复杂，鉴于其实现规模和实现复杂度，以及对用户而言的高复杂度操作，因此本部分作为本产品的有待进一步开发部分，仅给出该部分轮廓，没有具体实现。

14.4 数据描述

对于产品的用户管理及个人资料管理部分,输入和输出的数据均为个人资料的文字信息,将这些文字信息保存在数据库中,当用户新建、读取、修改或删除时,只对数据库中某些文字信息进行操作,数据处理量很小,基本可以认为是实时操作实时得到结果。

对于财务管理部分,输入和输出的数据为数据与文字的综合信息,均保存在数据库中。在进行添加、读取、搜索及删除操作时,对数据库中相应信息进行操作,由于数据库中对这些资料有排序、索引等功能,再考虑到个人财务资料的规模较小,因此处理量也是较小的,基本可以认为是实时操作实时得到结果。

对于贷款管理部分,输入和输出的数据均为数字信息,是不对数据库进行操作的。提交的数据经过服务器端相应程序的计算后,将结果返回给用户界面,供用户参考。鉴于计算量不大,而且输入数据量也较小,因此这一部分处理量也是较小的,基本可以认为是实时操作实时得到结果。

数据流如图 14-2 所示。

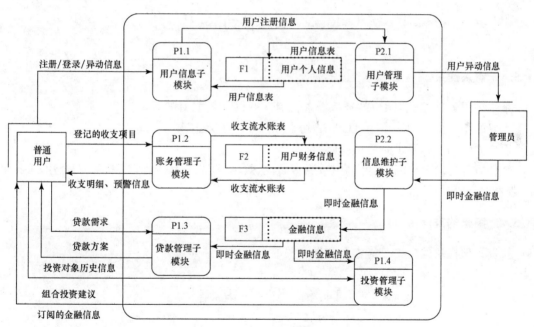

图 14-2 数据流图

由于本软件界面比较简约、清晰和易于操作,所见即所得,对用户来说使用非常方便和简单。因此,这里限于篇幅等原因,各具体功能部分就不再一一赘述。

14.4.1 硬件接口

本软件基于网络和浏览器,因此对各种提供网络浏览的硬件均有更好的支持,考虑到实际应用的方便和大众化,推荐使用 WindowsXP 操作系统以及相应的 IE 浏览器。

14.4.2 软件接口

1. 本软件的服务器端需要的软件

Windows 操作系统(推荐 WindowsXP);

Office Access(推荐 2000 或以上版本);

Web 浏览器(推荐 ie 浏览器);

IIS。

2. 本软件的客户端需要的软件

Windows 操作系统(推荐 WindowsXP);

Web 浏览器(推荐 ie 浏览器)。

14.4.3 通信接口

本产品所采用的通信接口是最通用的 Web 方式,使用任何可以 Web 浏览的浏览器即可,推荐 IE 浏览器,网络通信标准也采用标准的 TCP/IP 协议。对数据传输速率没有限制,只是数据传输速率会影响用户得到响应的时间而已。

14.5 设计约束

14.5.1 需求约束

系统采用 B/S 模式,用户端环境需求为 IE5.0 以上版本浏览器。

主要的相关接口和协议为 TCP/IP 协议、HTTP 协议、JDBC 协议。

用户界面的总体要求是简洁,强调可操作性。

软件质量的约束,如正确性、健壮性、可靠性、效率(性能)、易用性、清晰性、安全性、可扩展性、兼容性、可移植性等。

14.5.2 隐含约束

投资管理模块的用户可能需要掌握相关的组合投资的知识。

14.6 设计策略

(1) 扩展策略。系统将在投资管理方面扩展其功能,将提供更有吸引力的投资建议(如股票走势分析等)和更加完善即时金融信息的订阅。我们把目前功能有限的投资管理作为一个模块单独列出,以支持将来的扩展。

(2) 复用策略。本系统专业性较强,未着眼于其复用性。

(3) 折衷策略。在系统易用性和复杂性之间的折中:我们希望在短时间内培育大量的用户,要求系统具有较强的易用性,以使不同专业水平的用户都能够方便的使用该系统;同时,我们希望为用户提供更多的服务,必然会增加系统的复杂性。我们的策略是,首先实现最常用最迫切的功能,培育用户群。在此过程中逐步完善系统的功能,提高其复杂性。

14.7 系统总体结构

14.7.1 系统结构

系统的使用者包括普通用户和管理员。系统总体划分为用户模块和管理员模块两个大的模块,其下分别实现不同的功能。

针对普通用户的功能主要有:

注册和个人信息维护:在线注册个人信息,查看和修改个人信息。

收支管理:登记收支流水账,查看收支明细、账户余额等,透支预警。

贷款管理:计算房贷、车贷,如首付款、按揭本息和税费等。

投资管理:计算组合投资的投资比例,金融信息的订阅和提醒。

针对管理员的功能主要有:

用户管理:用户注册信息审核、恶意用户清除等。

信息维护:即使利率信息的更改、金融信息的收集与发放等。

系统结构如图 14-3 所示。

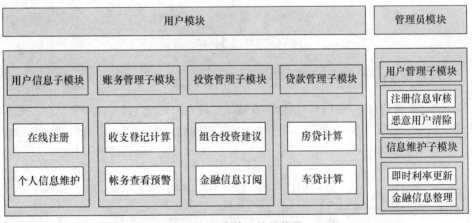

图 14-3 系统总体结构图

14.7.2 关键数据结构

关键数据结构如表 14-2 所示。

表 14-2 关键数据结构表

编号	名称	结构
S001	用户信息表	用户名+密码+姓名+性别+工作性质+电子邮件+注册日期
S002	收支流水账表	项目+金额+现金流性质(收/支)+日期+备注
S003	贷款需求	需求总额+贷款方式+贷款比例+还款期限
S004	贷款方案	贷款金额+首付款+按揭本息
S005	即时金融信息	{即时利率}+{即时政策}+{文摘}

14.7.3 加密方案

本系统涉及用户财务信息,需要加密方案。在系统中主要利用 session 加密。

14.8 系统单元设计

14.8.1 系统单元

系统单元主要包括:普通用户模块和管理员模块,其中前者包括用户信息、账务管理、贷款管理和投资管理;后者包括用户管理和信息维护。

在系统架构方面,选用由表达层、业务层、数据层组成的三层 Web 体系架构,实现一个 B/S 模式的理财网站。其中所使用到的主要技术如图 14-4 所示。

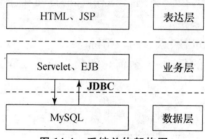

图 14-4 系统总体架构图

14.8.2 系统层次结构

系统的总体数据流程图如图 14-5 所示。普通用户模块和管理员模块之间主要通过两个数据存储(用户个人信息和金融信息)来交互。其各个子模块之间相对独立,实现了高内聚、低耦合。

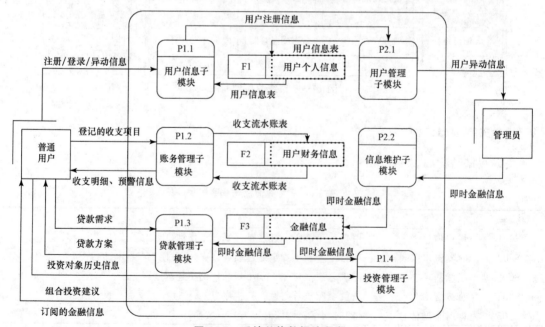

图 14-5 系统总体数据流程图

14.8.3 系统单元设计

1. 用户信息子模块

用户点击主界面上的"注册"链接进入注册界面,填写个人信息并在审核后提交。提交后的用户个人信息由系统管理员审核后存储为"用户个人信息"。注册用户在首界面填写用户名和密码等信息并提交,由后台审核登录信息判定用户是否合法。合法用户准许进入系统使用界面如图 14-6 所示。

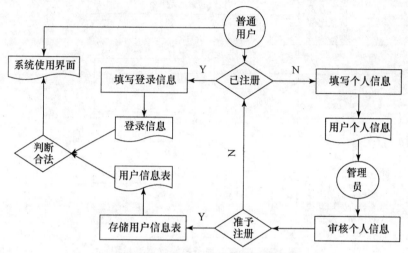

图 14-6　用户信息子模块业务流程图

2. 账务管理子模块

用户进入账务管理界面,可以做收支记录,比如自上个记录日到现在都有哪些收入项目,收入金额是多少;都有哪些支出,额度是多少。提供统计分析功能,用户可以选定时间段,查看这段时间内的收入走势和支出走势,以及这段时间内的收支明细和账余额。用户可以自行设定透支警戒线,当一段时间内的支出高于某个额度,或者账户余额低于某个额度,系统将给用户警示,如图 14-7 所示。

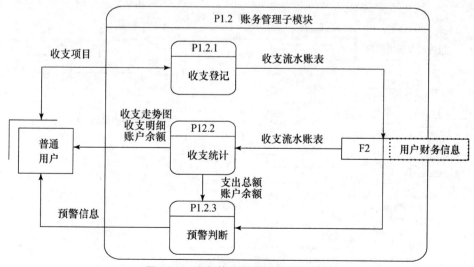

图 14-7　账务管理子模块数据流程图

3. 贷款管理子模块

以房贷管理为例，用户进入贷款管理子模块界面，可以使用"买房方案计算"功能，即输入资金需求、贷款方式（公积金或者商业贷款）、贷款比例和还款期限，由系统根据即时利率信息和贷款政策，计算出贷款金额、首付款、按揭本息等信息返回给用户；使用哪个"税费计算"功能，由系统根据即时税率信息，计算出契税、交易手续费、合同印花税、权证印花税、登记费和总费用等信息，返回给用户，如图14-8所示。

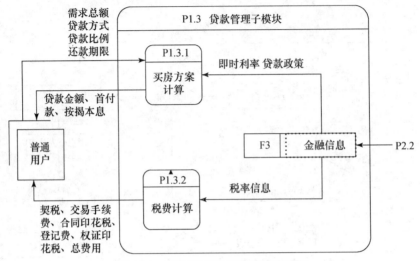

图14-8　贷款管理子模块数据流程图

4. 投资管理子模块

用户进入贷款管理子模块，向系统提交所关注的投资对象的历史数据（本系统以对两支股票的组合投资为例，输入的历史数据为两支股票的期望收益率、方差和协方差），由组合投资模块根据即时金融信息，计算出组合投资比例和预期收益率等信息返回给用户。另外用户可使用金融信息订阅功能，由管理员负责从互联网上收集相关的金融信息，经过金融信息筛选模块的处理，返回给用户，如图14-9所示。

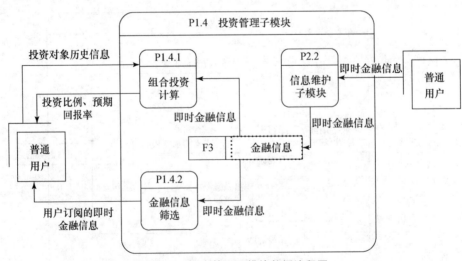

图14-9　投资管理子模块数据流程图

14.9 系统接口设计

14.9.1 外部接口

1. 用户接口

用户通过用户界面(浏览器窗口)与系统交互。主要用户界面有:注册和登录界面、账务管理界面、车房贷款计算界面、投资管理界面。

2. 其他外部接口

服务器端主要的软件层面的交互有:操作系统支持(Win2000 Server 及以上)、数据库管理系统及接口(MySQL 和 JDBC)、Java 平台(JDK1.5 和虚拟机)。

14.9.2 内部接口

用户信息子模块和用户管理子模块共用用户个人信息数据存储;贷款管理子模块、投资管理子模块和信息维护子模块共用金融信息数据存储(由后者对前两者提供数据支持)。

14.10 单元模块实现

14.10.1 费用管理设计说明

1. 数据结构说明

费用管理模块实现财务管理,由 Pay_List.asp,Pay_Add.asp,Pay_Type.asp,Payer_List.asp,Pay_Edit.asp 等文件组成。

费用管理模块主要的数据结构说明如下:

MaxPerPag = 20 设置每页显示的最大数据条目。

Checkpage 检查当前的页的数据项。

CurrentPage 存储当前页的数据项的内容。

isInOut 判断当前是进行收入的支出还是增加。值为 1 时表示收入增加;否则表示支出。

2. 算法及流程

费用管理 Pay_List.asp 伪码如下:

```
If checkpage<>0 then
If NOT IsEmpty(Request.QueryString("page")) Then
CurrentPage=Cint(Request.QueryString("page"))
If CurrentPage < 1 Then CurrentPage = 1
If CurrentPage > rs.PageCount Then CurrentPage = rs.PageCount
Else
CurrentPage= 1
End If
If not rs.eof Then rs.AbsolutePage = CurrentPage end if
Else
```

CurrentPage=1
End if

3. 数据存储说明

本模块将 Conn.asp 文件和 Inc/date.asp 等文件包含进来,用来调用数据保存的函数和文件保存数据。

模块中的数据主要通过 Connection 对象 rs 与数据库文件进行链接,然后通过 Recordest 对象读取和保存数据到数据库文件中。

4. 源程序文件说明

本模块包括的源程序文件及其函数如下:

Pay_List.asp 用来显示用户的据有费用。
Pay_Add.asp 用来增加用户的收入和支出。
函数 function change(obj,i) 判断用户对财务的修改情况。
函数 function chk(theForm) 检查修改的表单。
子函数 Sub PaySave 子功能 PaySave,用来保存财务的修改。
Pay_Type.asp 对用户的财务类型进行管理。
函数 function delpay() 修改的判断函数。
Payer_List.asp 对的报销情况进行管理。
Pay_Edit.asp 编辑和修改用户的费用。
Pay_TypeAdd.asp 增加财务的类型。
Pay_TypeEdit.asp 编辑财务的类型。
Payer_Add.asp 增加报销的人。
Payer_Edit.asp 对报销人员进行修改和编辑。

5. 函数说明

判断子函数:

```
function delpay()
{
if(confirm("确定要删除此吗?"))
return true;
else
return false;
}
```

初始化设置:

```
MaxPerPage=20
text="0123456789"
rs.PageSize=MaxPerPage
for i=1 to Len(Request.QueryString("page"))
checkpage = Instr(1,text,mid(Request.QueryString("page"),i,1))
if checkpage=0 then
exit for
end if
next
```

第14章 电子理财投资系统

数据保存子函数：

```asp
<%
Sub PaySave
Dim payadd,SQL
Dim listid,adddate,selpayer,seltype,money,pjna,message
Dim upSQL
listid = Trim(Request.Form("listid"))
adddate = Request.Form("adddate")
selpayer = Request.Form("selpayer")
seltype = Request.Form("seltype")
money = Trim(Request.Form("money"))
pjna = Trim(Request.Form("pjna"))
message = Trim(Request.Form("message"))
Set payadd = Server.CreateObject("ADODB.RecordSet")
SQL = "Select * From [PayList] Where (ID is null)"
payadd.Open SQL,Conn,1,3
payadd.addNew
payadd("ListID") = listid
payadd("Payer") = selpayer
payadd("PayType") = seltype
payadd("money") = money
payadd("Project") = pjna
payadd("Menu") = message
payadd("Time") = adddate
payadd("InOut") = Request("ID")
payadd.Update
payadd.Close
Set payadd=Nothing
Response.Write "<script language=javascript>alert('费用添加成功!');"
Response.Write "window.document.location.href='Pay_List.asp';</script>"
End Sub
%>
```

对数据库进行初始链接：

```asp
<%
Dim pa
Set pa=Conn.Execute("Select Payer From [Payer] Where Payer<>'"&Payer&"'")
Do While Not pa.Eof
Response.write "<option value='" & pa(0) & "'>" & pa(0) & "</option>"
pa.MoveNext
Loop
pa.Close
Set pa=Nothing
%>
```

14.10.2 费用统计子模块设计说明

1. 数据结构说明

费用统计子模块对财务进行统计。可以按年度或每个人的不同情况进行统计。

数据结构说明：rsr：用来进行数据库链接的 Connection 对象。

2. 算法及流程

调用函数的伪代码：

If Request. QueryString("action") = "go" Then
Call CountPay
End if

3. 数据存储说明

本模块将 Conn. asp 文件和 Inc/date. asp 等文件 include 进来，用来调用数据保存的函数和文件保存数据。

模块中的数据主要通过 Connection 对象 rs 与数据库文件进行链接，然后通过 Recordest 对象读取和保存数据到数据库文件中。

4. 函数说明

数据库链接函数：

<%
Dim rsr
Set rsr = Conn. Execute("Select distinct year(Time) From [PayList]")
Do While Not rsr. Eof
    Response. Write "<option value='"& rsr(0) &"'> " & rsr(0) & "</option>"
rsr. MoveNext
Loop
rsr. Close
Set rsr=Nothing
%>

读出文件的函数：

function ReadText(FileName) '这是一个用于读出文件的函数
set adf=server. CreateObject("Adodb. Stream")
with adf
    . Type=2
    . LineSeparator=10
    . Open
    . LoadFromFile (server. MapPath(FileName))
    . Charset="GB2312"
    . Position=2
ReadText=. ReadText
    . Cancel()
    . Close()
end with

```
    set ads=nothing
end function
```
写文件的函数:
```
sub SaveText(FileName,Data)  '这是一个用于写文件的函数
set fs= createobject("scripting.filesystemobject")
    set ts=fs.createtextfile(server.MapPath(FileName),true)
    ts.writeline(data)
    ts.close
    set ts=nothing
    set fs=nothing
end sub
```

14.10.3 客户服务子模块设计说明

1. 数据结构说明

客户服务子模块主要是用来于用户交互功能。

数据数据结构说明:

　　　　everypagesize 每页记录数。
　　　　rscount 总记录数。
　　　　curpage 当前页数。
　　　　pgcount 总页数。

2. 算法及流程

总的设计流程伪码:

```
<!--check all value of form
  sub check()
    if document.pencil.content.value="" then
        alert("Do not leave a empty message please!")
    exit sub
      <% if writename=true then%>
      elseif document.pencil.name.value="" then
    alert("Please write your name!")
    exit sub
      <% end if%>
   elseif len(document.pencil.content.value)>200 then
       alert("留言内容长度不能超过200字符!")
       exit sub
    elseif document.pencil.title.value="" then
       alert("Please write title!")
        exit sub
    else
        document.pencil.submit
    end if
  end sub
-->
```

3. 数据存储说明

本模块将 Conn.asp 文件和 Inc/date.asp 等文件 include 进来,用来调用数据保存的函数和文件保存数据。本模块中还用到了 message.mdb 数据文件。

模块中的数据主要通过 Connection 对象 rs 与数据库文件进行链接,然后通过 Recordest 对象读取和保存数据到数据库文件中。

4. 源程序文件说明

本模块包括的源程序文件及其函数如下:

client_admin.asp 用来显示留言与交互的主页面处理。

connection_db.asp 保存用户的反馈信息。

write.asp 对于数据库读写进行操作的文件。

5. 函数说明

对留言的判断信息的函数:

```
function high(x2){
obj=x2
highlighting=setInterval("highlightit(obj)",80)
}
function highlightit(x){
if (x.filters.alpha.opacity<98)
x.filters.alpha.opacity+=5
else if (window.highlighting)
clearInterval(highlighting)
}
```

回复信息判断函数:

```
sub reply(x,y)
    document.pencil.title.value="回复"&x&"("&y&")"
end sub
```

版本控制函数:

```
sub newest()
    udt=confirm("是否查看及下载留言板的最新版本?")
    if udt=true then
    document.postboardupdate.submit
    exit sub
    end if
end sub
```

留言判断与解析:

```
if request.form("content")<>"" and request.form("title")<>"" then
    SQL="select * from message"
    rs.open SQL,conn,2,3
    dim no
    if rs.eof=true and rs.bof=true then
        no=1
```

```
        else
           rs.movelast
           no=rs(0)+1
           end if
           rs.addnew
           rs("title")=transfer(request.form("title"))
               rs("content")=transfer(request.form("content"))
               rs("name")=transfer(name)
               rs("IPaddress")=request.ServerVariables("remote_host")
           rs("email")=transfer(email)
           rs("date")=formatdatetime(now,0)
               rs("ID")=no
           rs.update
           response.write("<script>alert(""留言成功!"");navigate(""index.asp"")</script>")
           rs.close
           set rs=nothing
           set conn=nothing
       else
           response.write("<script>alert(""标题、留言内容都不能为空"");
                    navigate(""index.asp"")</script>")
       end if
```

14.10.4 投资管理子模块设计说明

1. 数据结构说明

投资管理子模块主要实现组合组合投资的建议、金融信息的订阅和投资信息的查询等功能。本模块的详细功能设计正在逐步完善之中。

主要数据结构：

　　isState 用来判断是投资的建议还是金融信息的订阅。

　　Data 对投资的金融信息进行存储。

2. 算法及流程

主要调用框架的伪码：

```
<%
Dim isState
isState = Request("state")
%>
<%If isState=1 Then
Response.Write "组合投资建议"
Else
Response.Write "金融信息订阅"
End if
%>
```

3. 数据存储说明

本模块将 Conn.asp 文件和 Inc/date.asp 等文件 include 进来,用来调用数据保存的函数和文件保存数据。

模块中的数据主要通过 Connection 对象 rs 与数据库文件进行链接,然后通过 Recordest 对象读取和保存数据到数据库文件中。

4. 源程序文件说明

本模块包括的源程序文件及其函数如下:

invest_advice.asp 对用户的投资建议和金融信息订阅。

invest_admin.asp 投资信息的检查。

函数 function Chk(theForm);判断条件。

5. 函数说明

对银行和利率的选择函数:

```
<%If isState=1 Then
Response.Write "银行利率:"
Else
Response.Write "选择哪个银行:"
End if
%>
```

交易额判断和订阅信息的函数:

```
<%If isState=1 Then
Response.Write "交易金额:"
Else
Response.Write "订阅金融信息最大数:"
End if
%>
```

14.10.5 贷款管理子模块设计说明

1. 数据结构说明

贷款管理子模块主要用来对个人的房屋贷款和车贷等进行计算以及提供投资的建议和参考。该模块的详细实现正在完善之中。

主要的数据结构说明:

rs:与数据库进行链接的 Connection 对象。

RealtyDate:房贷计算的数据结构。

CarDate:车贷计算的数据结构。

2. 算法及流程

本模块主要调用的算法流程如图 14-10 所示。

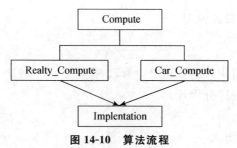

图 14-10　算法流程

3. 数据存储说明

本模块将 Conn.asp 文件和 Inc/date.asp 等文件 include 进来，用来调用数据保存的函数和文件保存数据。

模块中的数据主要通过 Connection 对象 rs 与数据库文件进行链接，然后通过 Recordest 对象读取和保存数据到数据库文件中。

4. 源程序文件说明

本模块包括的源程序文件及其函数如下：

　　Realty_compute.asp 对房贷进行计算和建议。

　　Car_compute.asp 对车贷进行计算和建议。

5. 函数说明

贷款计算的函数，详细的设计正在完善之中：

```
</td>
        <td width="74%" class=forumrow>
        <input name="name" type=text maxlength="16" size="20"></td>
</tr>
<tr bgcolor=ffffff>
        <td width="26%" align="right" class=forumrow>
```

贷款银行：
```
</td>
        <td width="74%" class=forumrow>
        <input name="pwd" type="password" maxlength="16" size="20"></td>
</tr>
<tr>
        <td width="26%" align="right" class=forumrow>
```

选择贷款时间：
```
</td>
        <td width="74%" class=forumrow>
        <input name="pwd" type="password" maxlength="16" size="20"></td>
</tr>
<tr>
        <td width="26%" align="right" class=forumrow>
```

14.10.6 用户管理子模块设计说明

1. 数据结构说明

用户管理子模块用来对用户的信息进行管理,提供了用户增加、管理、浏览等信息,分别对普通用户和管理员用户进行区分管理。

主要的数据结构说明:

　　ll:数据链接的结构。

　　news:登录信息的结构。

　　uid:用户的ID号。

2. 算法及流程

用户信息检查的框架伪码:

```
Do While Not rs.Eof
ad = rs(0)
lt = rs(1)
ot = rs(2)
ip = rs(3)


news = "<tr><td><table align=center width='90%'><tr valign='middle' height='22'>"
news = news & "<td height='25' bgcolor='#FFFFFF'>"
news = news & "<font color='#ff0000'>"& ad &"</font> 在 "& lt &" 登录,在"& ot &" 离开,IP为"& ip &"</td>"
news = news & "</tr></table></td></tr>"
Response.Write news

i=i+1
if i >= MaxPerpage then exit do
rs.MoveNext
Loop
```

3. 数据存储说明

本模块将 Conn.asp 文件和 Inc/date.asp 等文件 include 进来,用来调用数据保存的函数和文件保存数据。

模块中的数据主要通过 Connection 对象 rs 与数据库文件进行链接,然后通过 Recordest 对象读取和保存数据到数据库文件中。

4. 源程序文件说明

本模块包括的源程序文件及其函数如下:

　　User_Add.asp 增加用户的文件。

　　　子模块 Sub UserSave;保存用户的信息。

　　User_List.asp 对用户的信息进行管理。

　　　子模块 Sub userdel;删除用户的信息。

User_LN.asp 显示用户的登录信息。

User_Edit.asp 对用户的信息进行编辑和修改。

User_Edit2.asp 用户资料的显示和修改。

5. 函数说明

对用户信息进行修改后保存的函数：

```
Sub UserSave
Dim ad,pwd,rs,useradd,SQL
ad = Request.Form("name")
Set rs = Conn.execute("Select admin From [Admin] Where admin = '"&ad&"'")
If Not (Rs.Eof and Rs.Bof) Then
Response.write "<script language='javascript'>alert('此用户已经存在!');" & chr(13)
Response.write "window.document.location.href='javascript:history.go(-1)';</script>"
Else
pwd = MD5(Request.Form("pwd"))
Set useradd = Server.CreateObject("ADODB.RecordSet")
SQL = "Select admin,password,ip From [Admin] Where (ID is null)"
useradd.Open SQL,Conn,1,3
useradd.addNew
useradd("admin") = ad
useradd("password") = pwd
useradd("ip") = Request.ServerVariables("REMOTE_HOST")
useradd.update
useradd.Close
Conn.Close
Set useradd = Nothing
Set Conn = Nothing
Response.Write "<script language=javascript>alert('新用户添加成功!');"
Response.Write "window.document.location.href='User_List.asp';</script>"
End If
Set rs = Nothing
End Sub
```

修改用户信息的函数：

```
<%
Sub userdel
Dim ID,dd
ID = Request.QueryString("ID")
Set dd = Conn.Execute("Delete From [Admin] Where ID = "&ID)
Response.write "<script language='javascript'>alert('删除成功!');" & chr(13)
Response.write "window.document.location.href='User_List.asp';</script>"
End Sub
%>
```

14.11 单元测试方案

14.11.1 测试环境

测试环境如表 14-3 所示。

表 14-3 测试环境

类别	标准配置	最低配置
计算机硬件	当前主流的一般配置 PC 机	当前一般配置 PC 机
软件	Windows XP Professional Edition，JDK1.5，MySQL5，IIS	Windows2000，Acess2000，JDK 1.4，JCreator，IIS
网络通信	局域网	局域网

14.11.2 配置环境

配置环境如表 14-4 所示。

表 14-4 测试的配置环境

类别	标准配置	最低配置
计算机硬件	当前主流的一般配置 PC 机	当前主流的一般配置 PC 机
软件	Windows XP Professional	Windows98
网络通信	局域网	局域网

14.11.3 测试模块

测试模块见表 14-5。

表 14-5 测试模块

测试的模块	测试方案
费用管理	测试费用的显示是否正常,模块耦合度
费用统计	是否能够正常的导出费用的统计文件
客户服务	对模块的调用是否正常,是否实现了预期功能
投资管理	模块完善程度的检查,以及功能改进意见
投资信息查询	信息反馈是否正常
贷款管理	贷款管理的实现意见
用户管理	用户管理功能的测试,管理员与普通用户的区别
软件信息	小组的信息和项目的信息

14.12 不确定的问题

本产品设计目的是基于网络应用的,但是由于域名等问题,因此目前为止还没有实现域名以及网络应用,但是本产品的设计是完全按照网络进行的,在有域名以及相应的支持下,本产品即可实现网络的服务器端-客户端应用。但目前只是基于单机进行系统的设计和开发,然而移植为网络应用不存在任何问题,移植工作量也不算大。

14.13 其　　他

本项目的各个子模块各自的独立性较好,检测比较方便。由于时间的关系,有些模块的功能没有完全实现。本项目实现了需求分析阶段和总体设计阶段的大部分功能,较好地完成了预期的目标,测试阶段完成得也比较顺利,投资管理模块与房贷计算模块有待于进一步完善。

第 15 章 网上理财系统

作者：孟庆伟，马钰弦，贾一鸣，胡兵，杨庆文，张竞争，项习飞　　编辑：闫永平

15.1 产品描述

15.1.1 编写目的

在完成了针对目前网络理财系统市场的前期调查，同时与多位软件使用者进行了全面深入地探讨和分析的基础上，提出了这份软件需求规格说明书。此需求规格说明书对网络理财系统做了全面细致的用户需求分析，明确所要开发的软件应具有的功能、性能与界面，使系统分析人员及软件开发人员能清楚地了解用户的需求，并在此基础上进一步提出概要设计说明书和完成后续设计与开发工作。

本说明书的预期读者为进行投资理财的客户、业务或需求分析人员、测试人员、用户文档编写者、理财咨询专家、网络理财系统管理人员等。

15.1.2 文档范围

本软件结构设计说明书所涉及的内容范围包括：本系统的设计背景、系统的主要功能、子系统的划分、采用的关键算法如决策树、系统的单元及层次结构、外部接口等。

15.1.3 产品名称

网上理财系统。

简称：超级理财网。

版本：1.0。

15.1.4 名词定义

网络理财：是指通过网络进行金融资产管理的方法。它包括的内容十分丰富，涉及到网络金融的各个方面，诸如获得网上金融信息、使用网络银行业务、网上证券交易等都属于网络理财行为。

投资组合选择及决策支持系统：在投资描述基础上决定资产配置，然后考虑所有资产的预期回报率，相应的风险以及资产之间的相关性，最后系统能配置组合其中各资产的比例，最终得到最优的投资组合。

客户分析系统：利用商业智能技术建立客户分析系统，掌握客户在专项业务方面的发展情况以及收益、风险、信用的重要指标，获得对客户的有价值的理解，从而满足对客户理财服务的要求。系统的分析包括资产投资分析、综合风险分析、综合信用分析等。

潜在客户挖掘系统：利用数据挖掘技术通过调查已知客户的特性来找到可应用于潜在客户的模式。使用已发现的模式来预测哪些潜在客户最可能购买自己的产品。

销售预测系统：通过对原有数据的分析和挖掘，对下一个时段的销售量进行预测并找出各个地区的情况对销售的影响。

15.1.5 术语解释

缩写、术语	解释
网络理财	通过网络进行金融资产管理的方法
客户分析	利用商业智能技术掌握客户在专项业务方面的发展情况
潜在客户挖掘	利用数据挖掘技术通过调查已知客户的特性来找到可应用于潜在客户的模式

15.2 产品需求概述

15.2.1 功能简介

现代社会的理财观念进一步提高，理财手段变得更加丰富。随计算机及其应用的普及化，人们应用计算机进行投资理财的观念增强，因此，开发一个通用型网络理财系统已经成为社会需求。本系统的目标是为投资者度身定做可行的投资方案，使投资者更好地进行投资理财活动。对于我们这个系统来说，最核心的功能应该是能够提供给用户一个个人投资资产的账册，并能用它全面记录管理银行账户、证券投资账户，帮助用户制订理财计划和预算。另外我们希望用户能够通过我们的站点获取理财信息和专家的个性化服务。主要的需求及功能分组如图 15-1、图 15-2 所示。

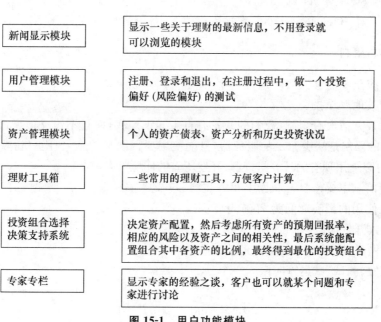

图 15-1　用户功能模块

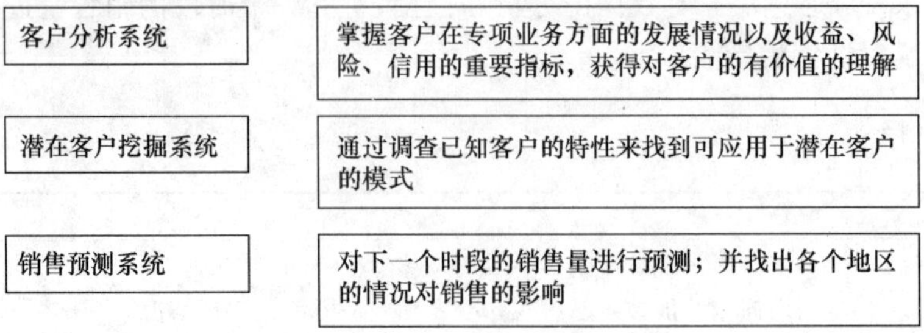

客户分析系统	掌握客户在专项业务方面的发展情况以及收益、风险、信用的重要指标，获得对客户的有价值的理解
潜在客户挖掘系统	通过调查已知客户的特性来找到可应用于潜在客户的模式
销售预测系统	对下一个时段的销售量进行预测；并找出各个地区的情况对销售的影响

图 15-2 管理层需求和功能模块

15.2.2 运行环境

1. 硬件环境

至少 PIII 1.2 GHz 或者 AMD 1000＋,256 M SDROM 或者 DDR；建议 PIV 2.4 GHz 或者 AMD 2500＋,1 GB SDROM 或者 DDR；

磁盘空间：至少 100 GB，建议 200 GB 以上；

带宽要求：10～100 MB 自适应或以上网卡；10 MB 或以上带宽。

2. 软件环境

Windows NT；Windows 2000/XP；Windows 2003 Server；Linux Redhat 9.0；Linux Susan 10.0；Linux Debian 3.0；

Java Web Server；

JDK1.5 及以上；Tomcat 5.0 或者 RESIN 或者 JBOSS；

数据引擎：SQL server 2005；

权限要求：对 SQL server 2005 数据库有建表、备份的权限。

15.2.3 条件与限制

所建设系统至少能够无故障运行一年，可运行两年以上。

暂时没有其他客户投资。

法律和政策方面没有限制，我们的开发有自主知识产权，而且不违反国家相关法律。

硬件方面的限制是缺少充足的服务器，只能使用项目组员的个人计算机；软件方面没有限制；运行环境可以使用现有的计算机资源；开发所需的环境没有限制。

可利用的信息主要来自互联网上相关文档和开源代码。

系统投入使用的最晚时间为 2007 年 7 月。

条件：七人开发团队。

假定：只做最基本的原型，实现最基本的功能。

限制：开发、测试、试运行时限为一个月。

15.3 需求分析

15.3.1 功能

（1）对系统管理员而言：分配和管理工作人员权限、密码、账号，发布相关信息。

(2) 对理财专家而言：查询顾客信息，管理工作人员，分配定制项目任务，跟踪项目流程，统计提交文档信息。

(3) 对顾客而言：查看自身资料，查看发布信息，共享资源，提交资料修改文档，对各人账户进行操作。

(4) 对游客而言：查看对外分布的相关信息及成果展示。在任何时间、任何地点、以任何方式提供综合的、多元化的金融服务。从内涵上而言，网络金融是网络信息技术与现代金融有机紧密结合后的产物。

15.3.2 条件、假定和限制

对开发中的条件、假定和所受到的限制描述如下：

所建设系统至少能够无故障运行一年，可运行两年以上。

暂时没有其他客户投资。

法律和政策方面没有限制，我们的开发有自主知识产权，而且不违反国家相关法律。

硬件方面的限制是缺少充足的服务器，只能使用项目组员的个人计算机；软件方面没有限制；运行环境可以使用现有的计算机资源；开发所需的环境没有限制。

可利用的信息主要来自互联网上相关文档和开源代码。

系统投入使用的最晚时间为 2007 年 7 月。

条件：七人开发团队。

假定：只做最基本的原型，实现最基本的功能。

限制：开发、测试、试运行时限为一个月。

功能需求：基本功能包括新闻、个人信息管理、理财工具箱、资产管理、投资组合选择系统、专家专栏等。图 15-3 是其用况图。

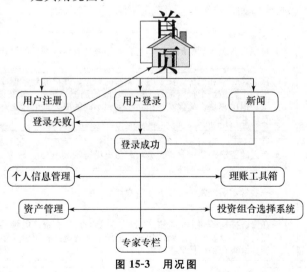

图 15-3 用况图

15.3.3 新闻显示模块

显示一些关于理财的最新信息，不用登录就可以浏览的模块。

15.3.4 用户管理模块

注册、登录和退出,注册时要填写的信息,并存储到数据库中,在注册过程中,做一个投资偏好(风险偏好)的测试,并且存储在数据库中;登录和退出模块,确保登录前后享受到不同的服务;记录之前的投资信息及收益情况。

15.3.5 资产管理模块

个人的资产负债表、资产分析和历史投资状况。

15.3.6 理财工具箱

一些常用的理财工具,方便客户计算;投资组合选择决策支持系统。

在投资描述基础上决定资产配置,然后考虑所有资产的预期回报率,相应的风险以及资产之间的相关性,最后系统能配置组合其中各资产的比例,最终得到最优的投资组合。

15.3.7 专家专栏

显示专家的经验之谈,客户也可以就某个问题与专家进行讨论。

15.4 系统总体结构

15.4.1 系统结构

系统物理结构和逻辑结构如图 15-4、图 15-5 所示。

新闻显示模块	● 显示一些关于理财的最新信息,不用登陆就可以浏览的模块
用户管理模块	注册、登录和退出,注册时要填写的信息,并存储到数据库中,在注册过程中,做一个投资偏好(风险偏好)的测试,并且存储在数据库中;登录和退出模块,确保登录前后享受到不同的服务;记录之产的投资信息及收益情况
资产管理模块	● 个人的资产负债表、资产分析和历史投资状况
理财工具箱	● 一些常用的理账工具,方便客户计算
投资组合选择决策支持系统	在投资描述基础上决定资产配置,然后考虑所有资产的预期回报率,相应的风险以及资产之间的相关性,最后系统能配置组合其中各资产的比例,最终得到最优的投资组合
专家专栏	● 显示专家的经验之谈,客户也可以就某个问题和专家进行讨论

图 15-4 物理图

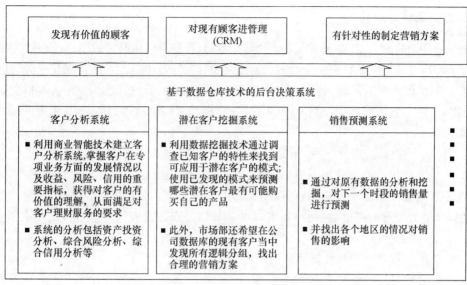

图 15-5 逻辑图

15.5 数据描述

15.5.1 静态数据

管理员的基本资料 = 管理员编号 + 密码 + 姓名 + 性别 + 电话 + 邮箱 + 权限；
用户信息 = 用户名 + 密码 + 姓名 + 性别 + 电话 + 邮箱 + 安全提问 + 回答 + 是否通过验证；
用户登录信息 = 用户名 + 密码 + 注册时间 + 登录次数；
金融产品 = 产品名 + 分类号 + 详细信息 + 是否上市；
理财咨询单 = 咨询单号 + 金融产品 + 理财要求 + 数量 + 提交日期；
已发表的留言 = 留言 ID + 管理者编号/用户名 + 提交时间 + 留言内容。

15.5.2 动态数据

动态数据如表 15-1 所示。

表 15-1 动态数据

动态数据	输入数据	输出数据
本阶段的金融信息	管理员规定金融信息排序	提交之后新的信息显示在网页上
留言	用户对信息的留言	留言显示在对应信息的留言栏中
日期	N/A	显示当前日期和时间
搜索信息	用户的搜索关键字和对应的信息	搜索结果显示在网页上
管理员权限	管理员转让管理员权限,被授权的用户接受管理员权限	新的管理员信息
咨询单统计信息	管理员的统计关键字和对应的咨询单表项	统计信息显示在网页上

15.5.3 数据采集

（1）一个用户通过 URL 进入到本系统的首页界面，若他是已注册过的用户，他可以使用自己的用户名和密码登录超级理财系统；若他是非注册用户（即游客），他不能查看本系统内的信息。

（2）在游客想成为本系统的注册用户时，他可以通过注册，提交自己的基本信息，例如：用户名、密码、姓名、性别、电话、邮箱、[MSN]、安全提问、回答，这些就成为系统内的用户个人信息的来源。

注：[ ]表示该项目为可选填写，不是必填。

（3）一个注册用户在登录到系统后，可以使用理财功能；他还可以修改自己的个人信息，同时更改系统数据库内的个人信息；可以浏览当前金融信息，并可以根据信息、理财产品关键字进行搜索，最后进行购买活动；用户还可以对各种理财产品发表评论、留言，这些成了系统评论、留言的主要来源。

（4）一个用户可以向管理员推荐理财产品。

（5）系统管理员需要维护系统数据的安全性，维护系统运行的安全性，维护系统的安全性、合法性，阻止不正常的访问和攻击。

15.6 性能需求

15.6.1 数据采集

1. 用户的功能

用户功能如表 15-2 所示。

表 15-2 用户功能

注册/登录	用户需注册才能使用该系统
用户理财咨询	用户查看理财产品，如果有所需的帮助，用户可以选择咨询专家
用户评论/留言	用户可以针对某个理财产品或信息，发表自己的评论
个人信息维护	用户可以修改自己的信息，但用户名不能变.

2. 面向管理员的功能

管理员功能如表 15-3 所示。

表 15-3 管理员功能

登录	提供管理员登录的界面
金融产品管理	子功能设计： A. 新建金融信息 　　录入金融信息 B. 现有信息维护 　　可以更改现有的详细信息 C. 查看金融信息 　　可以根据一定的查询条件，查询金融相关信息 D. 金融产品 　　对这一段时间内可提供金融理财产品，供用户选择

续表

登录	提供管理员登录的界面
用户信息管理	子功能设计： A. 用户注册确认 　　对申请注册本系统的用户信息进行核实，对符合要求者予以通过 B. 显示用户信息 　　以可打印的报表形式显示全部用户的信息，可以按照搜索条件显示部分用户的信息 C. 编辑用户 　　可以对用户信息进行增减和修改操作，包括基本信息和购买记录 D. 查询用户 　　可以通过条件输入进行对用户信息的查询
咨询单管理	子功能设计： 以咨询单的 4 种状态为框架： A. 在线理财咨询：生成的咨询单 B. 待处理的咨询单：已经生成但还没有开始处理的咨询单 C. 已处理的咨询单：已处理的咨询单 D. 完结的咨询单：该咨询单中的书已经全部被取走，咨询单死亡
留言管理	管理源对用户的评论或留言进行回复，直接回复到邮箱

3. 公共功能

公共功能如表 15-4 所示。

表 15-4　公共功能

理财咨询排名	根据金融产品被咨询的人数进行排名
金融信息搜索	搜索自己需要的信息

4. 数据精确度

用户名的规定：必须是真实姓名，否则通不过验证。

用户密码的规定：长度为 6—16 个字符，字符可以为字母、数字，同时区分大小写。

用户评论或留言必须在 500 字以内，同时不准少于 3 个字。

5. 时间特性要求

响应时间：0.5 s。

更新处理时间：1 s。

6. 安全性

用户注册时必须填写真实姓名和学号，否则管理员不予通过。

管理员不能随便删除图书信息。

同时在线用户数 200，最大注册用户数 1 万。

7. 其他需求

设定用户权限，保证数据的安全性，增强系统的可维护性、可补充性、易读性以及可靠性。比如：

安全保密性：为了维护用户的利益，系统中每个用户的交易记录、支付方式等都要求是严格保密的，因此要求设有登录密码检验功能，并且此密码可以在以后进行修改。

可使用性：要求容易使用，界面友好。

可维护性：要求本软件的维护文档齐全，便于维护文档编制人。

15.7 运行需求

15.7.1 用户界面

本交易平台的界面设计总体原则为：简洁、友好、清爽。按照页面的作用可划分有三类：

(1) 首页：完成会员注册、登录。提供关键字搜索界面和主类别目录；与主类别目录对应的子类别目录页面。

(2) 搜索结果显示页面：以分页方式显示查找到的结果。

(3) 最终用户所需的商品或厂商的详细情形页面。

15.7.2 硬件接口

支持一般奔腾 133、16 MB 以上内存的 PC 机。

15.7.3 软件接口

本系统使用 J2EE 技术开发，依赖于 Java 的跨平台性，开发工具为 Eclipse 3.0 ＋MyEclipse3.8.，本系统可以运行在大部分操作平台下。Web 服务器需要遵守 J2EE 标准的 Web 容器，推荐 Tomcat 5.0 版本。数据库，在 Windows 环境下可以使用 SQL Server2000，在 Linux 环境下可以使用 MySQL5.0 或 Oracle 9。

操作系统：Windows XP/2000。

数据库支持软件：SQL Server 2000。

J2EE 开发工具：TOMCAT 5.0，ECLIPSE 3.0，MYECLIPSE3.8。

15.8 设计约束

15.8.1 用户界面约束

符合人性化设计，用户界面简单、易于操作。

15.8.2 时间效率约束

用户提交请求到收到响应时间间隔不超过 6 秒。

15.8.3 健壮性约束

系统能够承受 1000 人同时访问。

15.8.4 隐含约束

假设该系统用户都具有一定的财务知识背景。

15.9 关键技术与算法

利用商业智能技术建立客户分析系统掌握客户在专项业务方面的发展情况以及收益、风险、信用的重要指标，获得对客户的有价值的理解，从而满足对客户理财服务的要求。

利用数据挖掘技术通过调查已知客户的特性来找到可应用于潜在客户的模式。使用已发现的模式来预测哪些潜在客户最有可能购买自己的产品。

15.9.1 关键数据结构

数据结构是在整个计算机科学与技术领域上被广泛使用的术语。它用来反映一个数据的内部构成，即一个数据由哪些成分数据构成，以什么方式构成，呈什么结构。数据结构有逻辑上的数据结构和物理上的数据结构之分。逻辑上的数据结构反映成分数据之间的逻辑关系，而物理上的数据结构反映成分数据在计算机内部的存储安排。数据结构是数据存在的形式。数据结构是信息的一种组织方式，其目的是为了提高算法的效率，它通常与一组算法的集合相对应，通过这组算法集合可以对数据结构中的数据进行某种操作。逻辑结构有四种基本类型：集合结构、线性结构、树状结构和网络结构。表和树是最常用的两种高效数据结构，表是线性结构的（全序关系），树（偏序或层次关系）和图（局部有序（weak/local orders））是非线性结构。

因此，本系统也利用了表和树型结构：用户注册信息表；决策树。

15.9.2 加密方案

不需要加密。

15.10 系统单元设计

15.10.1 系统单元

系统单元如图 15-6 所示。

新闻显示模块	● 显示一些关于理财的最新信息，不用登陆就可以浏览的模块
用户管理模块	注册、登录和退出，注册时要填写的信息，并存储到数据库中，在注册过程中，做一全投资偏好（风险偏好）的测试，并且存储在数据库中；登录和退出模块，确保登录前后享受到不同的服务；记录之前的投资信息及收益情况
资产管理模块	● 个人的资产负债表，资产分析和历史投资状况
理财工具箱	● 一些常用的理财工具，方便客户计算
投资组合选择决策支持系统	在投资描述基础上决定资产配置，然后考虑所有资产的预期回报率，相应的风险以及资产之间的相关性，最后系统能配置组合其中各资产的比例，最终得到最优的投资组合
专家专栏	● 显示专家的经验之谈，客户也可以就某个问题和专家进行讨论

图 15-6 系统单元

15.10.2 系统层次结构

系统层次结构如图 15-7 所示。

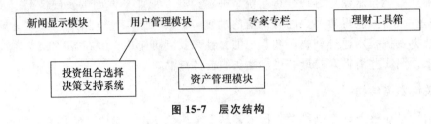

图 15-7　层次结构

15.11　接口设计

15.11.1　外部接口

所谓用户接口是一个程序与程序的使用者交互的那部分。用户接口有许多形式,从简单的命令行接口到图形用户接口,形式各异,本交易平台的界面设计总体原则为:简洁、友好、清爽;因此,我们利用 Jave 编程语言类库提供的一个用户接口工具箱——抽象窗口工具箱,简称为 AWT(Abstract Windowing Toolkit),如表 15-5 所示。

表 15-5　外部接口

注册/登录	用户需注册才能使用该系统
用户理财咨询	用户查看理财产品,如果有所需的帮助,用户可以选择咨询专家
用户评论/留言	用户可以针对某个理财产品或信息,发表自己的评论
个人信息维护	用户可以修改自己的信息,但用户名不能变

15.12　开发环境的配置

开发环境的配置如表 15-6 所示。

表 15-6　开发环境配置

类别	标准配置	最低配置
计算机硬件	PIV 2.4GHz 或者 AMD 2500+,1GB SDROM 或者 DDR	PⅢ 1.2GHz 或者 AMD 1000+,256MB SDROM 或者 DDR
软件	Eclipse3.0,Myeclipse3.8,Tomcat5.0,Windows XP/Linux Redhat 9.0,SQL sever2005	Eclipse3.0,Myeclipse3.8,Tomcat4.0,Windows 2000,SQL sever2000
网络通信	Http/TCP/IP	Http/TCP/IP
其他	开发环境对 CPU 有较高的要求	有较强的处理能力,不能经常宕机

15.13 运行环境的配置

运行环境配置信息如表 15-7 所示。

表 15-7 运行环境配置

类别	标准配置	最低配置
计算机硬件	PⅣ 2.4 GHz 或者 AMD 2500＋,1 GB SDROM 或者 DDR	PⅢ 1.2 GHz 或者 AMD 1000＋,256 MB SDROM 或者 DDR
软件	Eclipse3.0,Myeclipse3.8,Tomcat5.0,Windows XP/Linux Redhat 9.0,SQL sever2005	Eclipse3.0,Myeclipse3.8,Tomcat4.0,Windows 2000,SQL sever2000
网络通信	Http/TCP/IP	Http/TCP/IP
其他	对系统的稳定性和反应速度有很强的要求	至少能稳定运行较长时间

15.14 测试环境配置

测试环境的配置信息如表 15-8 所示。

表 15-8 测试环境配置

类别	标准配置	最低配置
计算机硬件	PⅣ 2.4 GHz 或者 AMD 2500＋,1 GB SDROM 或者 DDR	PⅢ 1.2 GHz 或者 AMD 1000＋,256 MB SDROM 或者 DDR
软件	Eclipse3.0,Myeclipse3.8,Tomcat5.0,Windows XP/Linux Redhat 9.0,SQL sever2005	Eclipse3.0,Myeclipse3.8,Tomcat4.0,Windows 2000,SQL sever2000
网络通信	Http/TCP/IP	Http/TCP/IP
其他	对系统的稳定性和反应速度有很强的要求	至少能稳定运行较长时间

15.15 故障处理要求

故障处理作如下要求：

(1) 系统非正常退出时,中间数据保存在模板当中,当用户再次进入系统时,提示是否将模板中的数据保存,根据用户的选择做出相应的操作。

(2) 当用户操作不当时,提示操作失误信息,并引导用户做出正确的操作。

(3) 当系统崩溃时,中间数据保存在模板当中,当用户再次进入系统时,提示是否将模板中的数据保存,根据用户的选择做出相应的操作。

15.16 其 他

本系统一个较小型的理财系统,因此在考虑成本和满足最低要求的情况下,尽量利用现有的免费软件和我们小组自有的资源：

服务器用我们自有的个人计算机；

操作系统为 Windows XP；

开发工具有：Eclipse 3.0＋MyEclipse3.8＋Tomcat5.0；

数据库支持软件：SQL Server 2000。

15.17 编写人员和编写日期

编写人员资料如表 15-9 所示。

表 15-9 编写人员和日期

编写人员	编写日期	负责人
贾一鸣	2007-3-31	孟庆伟
项习飞	2007-4-25	孟庆伟
胡兵	2007-5-20	孟庆伟
杨庆文	2007-6-12	孟庆伟

15.18 参 考 文 献

[1] 董纪昌,邓小铁,汪寿阳等.基于互联网络的投资组合选择.系统工程理论与实践 12,73～80.

[2] 董纪昌,汪寿阳.基于互联网络的投资组合选择.长沙：湖南大学出版社.

[3] 梁循,曾月卿.网络金融.北京：北京大学出版社.

[4] 上海国际金融中心研究会 金融理财筹划 上海人民出版社.

[5] Frank K. Reilly, Keith C. Brown 陈跃译. 投资分析与组合管理 中信出版社.

[6] 夸克 霍 克里斯. 罗宾斯著. 陈晓燕等译 个人理财筹划 中国金融出版社.

[7] 梁循.数据挖掘算法与应用.北京：北京大学出版社.

[8] 陈京民.数据仓库与数据挖掘技术.北京：电子工业出版社,2002.

[9] 陈文伟,黄金才.数据仓库与数据挖掘.北京：人民邮电出版社,2004.

[10] 卢宗华. AHP 矩阵一致性判别和元素修正方法及其应用[J]. 山东科技大学学报第三期,2000-09.

[11] 焦李成. 神经网络系统理论[M]. 西安：西安电子科技大学出版社,1996.

[12] Hecht-Nielsen R. Theory of the Back Propagation Neural Network [A]. In：Proc 1989 IEEE IJC-NN [C], 1989.593—603.

[13] Wei Qiang, Zhang Shijun, Zhang yongchuan. How to Determine the Structure of the Hidden Layer in Neural Networks[J]. International Journal Hydroelectric Energy, 1997.

第16章 投资理财顾问系统

作者：刘锋，李荣锋，邢舟，巩伟，叶蔚　　编辑：阮进，闫永平

16.1 产品需求概述

16.1.1 功能简介

1. 产品介绍

在当今理财产品越来越多，令大家眼花缭乱不知该如何选择的时候，我们的产品会给大家提供相关的建议和帮助。可以让用户根据自己的实际情况，在保证一定现金流的情况下，在一定的时间范围之内，达到投资回报率的最大化。因为股票、期货等行业具有不可预期和风险过大的特性，所以本产品并没有提供股票和期货等的投资建议；而只是对债券、基金、银行利率等有固定回报率的产品进行分析。

2. 功能概述

此产品的主要功能是提供给用户投资理财的建议，并提供一些预期收益的计算功能，同时对于用户投资的历史记录进行分析。用户可以根据系统建议修改投资方案，并根据自己指定的投资方案在线购买基金等。

本产品是作为一个大的系统中的理财分析部分。其他还有网站相关部分，基础数据维护部分，信息发布搜集部分等。此部分和其他部分之间交互的数据流图如图16-1所示。

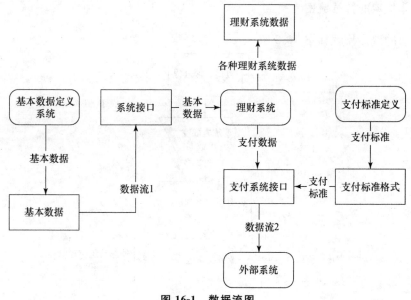

图16-1 数据流图

16.1.2 运行环境

1. 硬件环境

根据预期用户量建议，服务器的配置如下。

最低配置：CPU：P Ⅳ 2.8 SDRAM：1 GHz，硬盘 SCSI 40 GB，磁带备份机，显示器：14VGA。

推荐配置：CPU：INTEL DUAL CORE SDRAM：2 GHz，硬盘 SCSI 80 GB，磁带备份机，显示器：14VGA。

2. 软件环境

基本配置：OS：LINUX REDHAT AS4.0 WEBSERVER：JBOSS DB：POSTGRE；

推荐配置：OS：LINUX REDHAT AS4.0 WEBSERVER：WEBLOGIC DB：ORACLE。

16.2 数据描述

16.2.1 数据表示

本产品的数据分为三种。第 1 种是系统内部数据，第 2 种是与其他系统交互所使用的数据，第 3 种是信息存储所使用的数据。

在系统内部的数据全部使用 java 的 VO 进行表示，对于与外部系统之间的交互，全部采用 XML 文件来表示；对于存储数据就使用数据库来存储。

16.2.2 数据量估计

本产品主要模块同时处理的产品个数在 1000 量级，同时处理的并发访问大概在 1000 以内，注册用户在 10 万量级，其他需要效检索信息类的数量大概在 100 万量级。

16.2.3 整体框架的数据流图

整体框架的数据流程如图 16-2 所示。

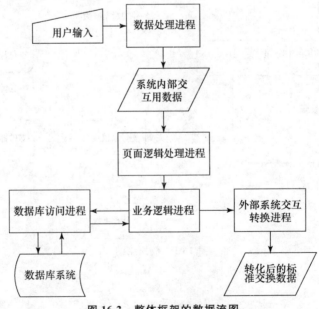

图 16-2　整体框架的数据流图

16.3 总体设计

16.3.1 系统功能

1. 单个产品投资分析功能
(1) 产品信息查询：根据用户输入得到单个理财产品的信息；
(2) 投资回报计算：提供单个产品回报率的计算评估；
(3) 投资回报比较：依据不同产品的计算模型计算出各种产品的投资回报，并作列表进行比较；
(4) 产品相关信息：查看产品相关的新闻、公司介绍、历史表现等。

2. 组合投资建议
(1) 投资需求定义：帮助用户定义一整套投资计划，用来进行投资组合的条件使用；
(2) 投资组合建议：依据用户的投资需求定义，列出系统建议的投资组合；
(3) 投资组合修改：提供用户在当前投资组合当中的修改，修改之后显示新的投资组合所产生的回报；
(4) 组合比较：对两个投资组合进行各个方面的比较，包括风险程度、投资回报、灵活程度等。

3. 基金代购
(1) 用户信息管理：对用户的信息进行管理和验证；
(2) 标准文件管理：对与各个外部系统接口数据格式进行管理；
(3) 各种接口管理：将用户的数据依据标准文件格式转化为接口所需要的文件。

4. 用户历史投资分析
(1) 历史投资查询：对历史的投资记录进行查询和分析；
(2) 历史投资分析：分析用户投资过程中投资回报影响比较大的因素；
(3) 历史投资总结：对用户的历史投资给出一个总结图表。

16.3.2 系统性能

1. 精度
所有浮点预算在 0.01 精度范围内。

2. 时间特性要求
在 100 并发用户访问下，信息浏览、查询功能响应时间在 2 秒内，其他功能如投资组合建议功能，算法复杂，计算量较大，预计响应时间为 5 秒内。

3. 可靠性
数据库自动备份，数据库出错启用数据恢复；建议硬盘采用 RAID1 保证数据安全性。

4. 灵活性
系统中可以根据实际情况调整当前的存款利率及基金、债券等的价格。用户可以根据实际情况设定投资选项，系统给出推荐投资组合。

5. 输入输出要求

用户初次使用系统时要输入自己的相关信息进行注册；查看推荐投资组合时用户需要输入投资的各种喜好选项；系统通过柱状图、饼状图、表格或者文字的形式给出投资组合策略、基金信息以及用户的历史投资信息。

6. 数据管理能力要求

系统需要管理用户基本信息，用户历史投资信息，用户投资收益，基金债券的实时价格以及银行利率，同时管理与其他系统交互的接口信息。

7. 故障处理要求

可能的硬件故障主要是硬盘损坏导致数据丢失，这将产生灾难性的后果，建议通过采用 raid1 预防这种损失。

可能的软件故障如系统 bug，数据库问题，操作系统及网络服务器的故障等不会对本系统造成太大损失。如出现故障，只需重装软件即可。而数据库的故障可能导致数据丢失而造成重大损失，可以通过数据库自动备份或者 DBA 定期备份的方法来解决。

16.3.3 基本设计理念和处理流程

处理流程如图 16-3 所示。

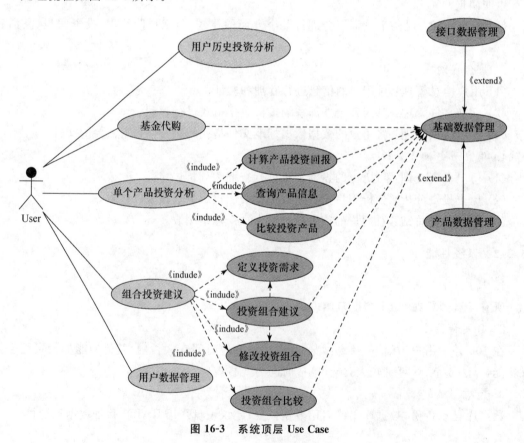

图 16-3　系统顶层 Use Case

16.3.4 结构

系统物理结构如图 16-4 所示。

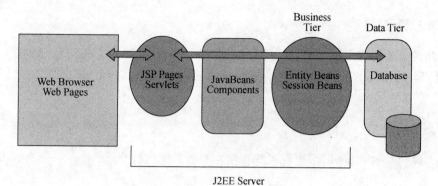

图 16-4 系统物理结构图

系统网页流程如图 16-5 所示。

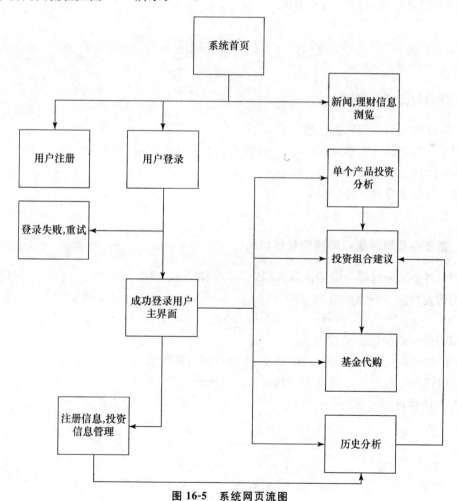

图 16-5 系统网页流图

16.4 接口设计

16.4.1 用户接口

用户用浏览器访问系统网站,通过填写 HTML 表单并提交的方式与系统交互,系统回答信息以 HTML 页面形式返回给用户,页面中将包含文字信息,或者柱状图、饼状图、表格等信息。

16.4.2 外部接口

需要与基金代购系统、网络银行系统和债券交易系统进行交互。

16.4.3 内部接口

对应每个数据表和每个视图,各设计了一个类来封装包括数据库操作在内的所有操作,EJB 通过调用这些类的公共方法来响应 Servlet 的调用。

16.5 数据结构和算法

16.5.1 组合投资模型的假设

(1) 假设有 n 个基金可供选择;
(2) 每个基金的收益率为 $R_1, R_2, \cdots, R_n$,它们都是随机变量,均值为 $r_1, r_2, \cdots, r_n$;
(3) 每种基金的投资比例为 $x_1, x_2, \cdots, x_n$;
(4) 平均收益为 R,均值为 r;
(5) 有 $R = x_1 * R_1 + x_2 * R_2 + \cdots + x_n * R_n$。

16.5.2 基于平均风险级别的线性规划算法

假设:每个基金都有一定的风险级别 $k_1, k_2, \cdots, k_n$;
我们假定风险级别是线性的,即按照 $(x_1, x_2, \cdots, x_n)$ 组合进行投资的平均风险 k 有
$$k = x_1 * k_1 + x_2 * k_2 + \cdots + x_n * k_n$$
于是可以得到两组问题的最优解:
(1) 平均风险级别在不超过规定限度下,收益最高的投资组合;
(2) 保证收益超过一定限度下的风险最低的投资组合。
问题转换为线性规划问题:

(1)
$$\max\{x_1 * r_1 + x_2 * r_2 + \cdots + x_n * r_n\}$$
$$\text{s.t.} \quad x_1 + x_2 + \cdots + x_n = 1$$
$$x_1 * k_1 + x_2 * k_2 + \cdots + x_n * k_n \leqslant K$$

(2)
$$\min\{x_1 k_1 + x_2 k_2 + \cdots + x_n k_n\}$$
$$\text{s.t.} \quad x_1 + x_2 + \cdots + x_n = 1$$

$$x_1r_1+x_2r_2+\cdots+x_nr_n \geqslant K$$

可以用单纯形法进行求解。

16.5.3 基于均值-方差的二次规划模型

在早期研究成果的基础上,美国经济学家,诺贝尔经济学奖得主马柯威茨(Harry Markowits)在20世纪50代建立了均值-方差模型的分析框架(即投资组合选择理论)。他的这一创造性工作使金融学由描述性科学转变为分析性科学。

均值-方差描述如下:

对于平均收益 $R=x_1*R_1+x_2*R_2+\cdots+x_n*R_n$,我们用 Var(R) 来做为风险的估计,假设 $R_1,R_2,\cdots,R_n$ 的协方差阵

$$\sum = (r(i,j))nx_n \quad \sigma_{i,j}=\mathrm{Cov}(R_i,R_j)$$

假设 $\sum$ 是非奇异的(即没有一项基金的收益与其余的部分基金的组合完全相关,而且没有一项基金是无风险的),那么

$$\mathrm{Var}(R) = xT\sum x$$

$$\mathrm{Var}(R) = \mathrm{Var}(\sum x_iR_i) = \sum x_i^2\mathrm{Var}(R_i) + \sum x_ix_j\mathrm{cov}(R_i,R_j)$$

问题转化为一个二次规划模型:

$$\min\{\sum x_i^2 r(i,i) + \sum x_ix_jr(i,j)\}$$
$$\mathrm{s.t.} \quad x_1+x_2+\cdots+x_n = 1$$
$$x_1*r_1+x_2*r_2+\cdots+x_n*r_n \geqslant K$$

16.6 系统出错信息处理

16.6.1 出错信息

用户名、密码错误:提示用户名或密码错误,要求用户重新输入;
本地数据库错误:显示数据库出错,请用户重试;
与银行系统连接失败:显示与银行系统连接失败,请用户稍后重试;
与股票系统连接失败:显示与股票系统连接失败,请用户稍后重试;
与债券系统连接失败:显示与债券系统连接失败,请用户稍后重试。

16.6.2 补救措施

1. 后备技术

备份本地数据库,以便在数据库出错时能使用备份数据库继续为用户提供服务。

2. 恢复及再启动技术

在数据库出错后,利用数据库恢复技术实现本地数据库的恢复。

第5篇 网络信息

第 5 篇

网络信息

第 17 章　金融信息垂直搜索引擎

作者：陈靓，吕旺，龚海平，朱菘，胡江堂，刘颖　　编辑：闫永平，梁循

17.1　系统概述

金融信息垂直搜索引擎是一个为用户提供各类金融信息的平台，它能够帮助系统用户迅速、方便地搜集想要了解的股市信息。本系统主要分为两个功能模块：信息采集模块、信息检索模块。互联网上金融信息的搜集及有序展示，为广大金融从业者及股民提供决策支持。本产品提供的金融信息包括股票、债券、基金和股评信息。

整个过程中，数据由非结构化数据抽取成结构化数据，经过深度加工处理后以非结构化的方式和结构化的方式返回给用户。

信息采集模块：使用现有的或自己写的爬虫，对网上的资源进行过滤、抓取、归档，建立金融信息数据库。利用 Heritrix。

信息检索模块：使用一个文本全文搜索引擎，对搜集到的金融信息建立索引，提供搜索功能。基于 Lucene。

17.2　文档介绍

17.2.1　文档目的

该文档给出了金融信息垂直搜索引擎的总体设计，包括系统结构设计、单元设计以及开发环境设计等，为系统分析员进行下一步的详细设计打下了基础，同时也可以使程序开发人员对该系统有一个概要的了解。

17.2.2　文档范围

本文档涉及金融信息垂直搜索引擎的系统设计以及开发环境、测试环境设计。其中，系统设计还包括了系统总体设计、各个模块单元设计以及接口设计。

17.2.3　参考文献

[1] 梁循. Java 2 from SCRATCH[M]，北京：北京大学出版社，2006.
[2] John Erik Halse, Gordon Mohr, Kristinn Sigurðsson, et al. Heritrix Developer.
[3] Erik Hatcher, Otis Gospodnetić. Lucene in Action[M]. NY：Manning Publications，2005.

17.2.4　术语与缩写解释

术语与缩写解释信息如表 17-1 所示。

表 17-1　术语与解释

缩写、术语	解释
SD	System Design
SPP	Simplified Parallel Process
Heritrix	Internet Archive's Web crawler
Lucene	Information Retrieval Library
…	

17.3　设计约束

1. 用户界面约束

符合人性化设计,用户界面简单、易于操作。

2. 时间效率约束

用户提交请求到收到响应时间间隔不超过 6 秒。

3. 健壮性约束

系统能够承受 1000 人同时访问。

4. 隐含约束

假设该系统用户都具有一定的股票知识背景。

17.4　设计策略

扩展策略：本系统将采用三层框架（表现层、逻辑层、数据持久层）进行设计,并且采用 MVC 设计模式,方便系统扩展。

折衷策略：本系统以时间效率为第一考虑,必要时可牺牲空间效率。

17.5　系统总体结构

17.5.1　系统结构

系统结构如图 17-1 所示。

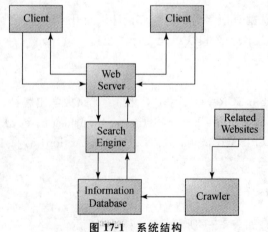

图 17-1　系统结构

本系统共分为三个功能模块：信息采集模块、信息检索模块、前台显示模块。根据系统的功能，将系统划分为：

（1）信息采集系统

使用 Heritrix 爬虫。本系统自动采集互联网上的金融信息，解析并保存到本地数据库中。

（2）信息检索系统

采用 Lucene，实现一个搜索引擎。本系统根据客户的请求，在数据库中迅速地检索符合请求的金融信息。

（3）前台显示系统

采用 JSP 和 AJAX 技术的前台 GUI 系统。本系统用来根据客户的请求，动态地从后台数据库为其生成相应的 html 页面，显示给用户。也就是说这个系统主要负责系统和用户的交互部分（GUI）。

17.5.2　关键技术与算法

完成该系统，需要解决的技术有以下三个：

（1）信息采集：本系统基于若干著名的金融专业网站，通过爬虫采集该网站上的信息，并通过链接，发散循环采集。最终将收集到的信息保存在本地磁盘以及本地数据库。

（2）信息检索：本系统制作一个搜索引擎，响应用户的搜索指令，在数据库中检索符合搜索条件的金融信息。

（3）前台显示：Ajax 不用刷新页面就可动态地获取页面信息。

17.5.3　关键数据结构

本系统的关键数据结构为金融信息结构：

ID　　　　　　【信息 ID】：
category　　　【信息类别】：股票、基金、债券、汇率、利率。
name　　　　 【信息名称】：
code　　　　　【（股票、基金、债券）代码】：
summary　　　【信息综述】：
URL　　　　　【信息采集地址】：URL 形式。
updatetime　　【信息更新时间】：

17.6　系统单元设计

17.6.1　系统单元

系统单元包括信息采集模块和信息检索模块，如图 17-2 所示。

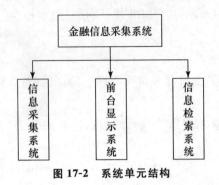

图 17-2 系统单元结构

17.6.2 系统层次结构

（1）数据层。信息采集模块，将采集信息存入本地数据库。

（2）处理层。Web 服务器与数据库进行交互：

接收用户的查询，通过索引获得结果集标识；

根据结果集标识查询数据库；

将查询到的结果传递到显示层。

（3）显示层。用户通过浏览器发出查询指令后得到反馈的显示页面。

17.6.3 系统单元设计

1. 信息采集子系统

数据表：

输入参数：种子 URL

输出：存入到数据库内的金融信息

为其他系统提供接口：无

2. 信息检索子系统

数据表：

输入参数：查询关键字

输出：符合查询条件的金融信息

为其他系统提供接口：无

3. 前台显示子系统

数据表：

输入：用户请求

输出：符合请求的 html 页面

为其他系统提供接口：无

17.7 接口设计

17.7.1 外部接口

1. 用户接口

软件一律采取网页界面，事件的产生通过点选按钮来触发。对于需要文字录入的部分显示对话框或者文本框,供用户填写。

2. 其他外部接口

(1) 硬件接口:通过网络与 Internet 相连,可实现与网络用户的交互。支持一般 X86 系列微机。

(2) 软件接口:运行在 Windows98 及更高版本的 Win32API 的操作系统之上,JVM 要在1.4 版本以上。

17.7.2 内部接口

各子系统之间通过共享数据库来实现远程的连接。采用了以数据为中心的体系结构,其优点是便于更改和维护,增加模块或扩充功能时,只需要对既定的数据库以及各模块中实体的操作类(与数据库进行交互的类)进行改动即可,无须对整个程序结构做大幅度的调整。

第18章 金融信息搜集及预测系统

作者：罗侃，申卓敏，刘靖煊，夏俊峰，张伟，张伟伟　　编辑：王超，唐典章，梁循

18.1 概　述

本系统是一个垂直搜索加股票预测系统。现在互联网上的信息越来越影响金融市场的行为。本系统基于 luncene 实现了互联网上金融信息的抓取，并通过 SVM 的方法对金融市场进行了预测。

18.1.1 功能简介

与市场上的股票收益预测软件不同，本软件采用了具有创新思维的支持向量机，它将复杂的股票预测简单化、直观化。通过开展此工程，培养我们的团体协作意识和软件工程思想，同时在数据挖掘上也得到锻炼和提高。

18.1.2 开发意图

通过将 1995 年到 2006 年的所有上市公司的数据(去掉早年的数据后共有 4327 个训练样本)放入股票预测系统，实现预测准确率高达 72%，使我们近一步掌握程序设计语言开发软件技术，培养我们的软件工程设计思想。

18.1.3 应用目标

基于 SVM 的股票收益预测系统软件能使股民迅速区分好股票和坏股票，提高股票未收益的准确性。同时，通过本软件对支持向量机做进一步的推广。

18.2 总体规划

18.2.1 垂直搜索部分体系结构

垂直搜索部分的体系结构如图 18-1 至 18-4 所示。

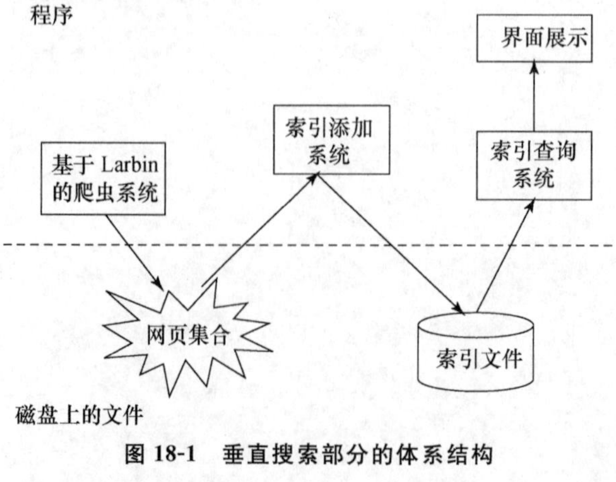

图 18-1　垂直搜索部分的体系结构

垂直搜索部分体系内层级之间的关系如图 18-2 所示。

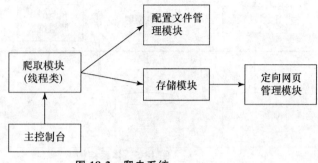

图 18-2　爬虫系统

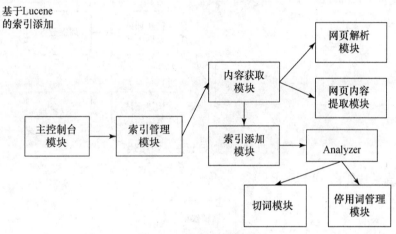

图 18-3　索引添加系统

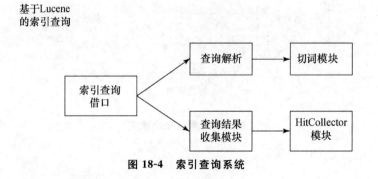

图 18-4　索引查询系统

18.2.2　SVM 预测部分体系结构

体系结构如图 18-5 所示。

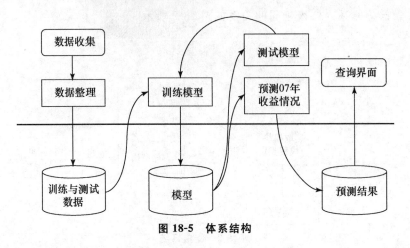

图 18-5　体系结构

原始数据处理模块如图 18-6 所示。

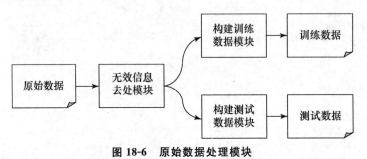

图 18-6　原始数据处理模块

模型生成模块如图 18-7 所示。

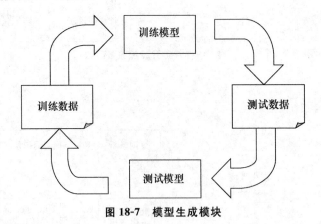

图 18-7　模型生成模块

数据展示模块如图 18-8 所示。

图 18-8　数据展示模块

18.3 算法流程

18.3.1 垂直搜索部分的算法流程

垂直搜索部分的算法流程如图 18-9 所示。

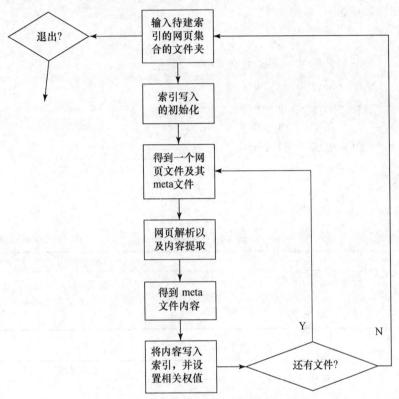

图 18-9 垂直搜索部分的算法流程图

18.3.2 基于 SVM 的预测部分算法流程

(1) 构建训练数据(把资料转成 libsvm 看得懂的格式);
(2) Scaling;
(3) 选择效果好的 RBF kernel;
(4) 用 cross validation 选择效果好的参数(grid.py);
(5) 用得到的参数来 train model;
(6) 测试。

18.4 数据描述

18.4.1 数据包含项

股票序号、股票名称、截止时间、每股收益、每股净资产、调整后每股净资产、每股资本公积金、每股未分配利润、每股经营活动产生的现金流量净额、每股现金及现金等价物增加净额、毛利率、主营业务利润率、净利率、总资产报酬率、净资产收益率、销售商品收到的现金占主营收入比例、应收账周转率、存货周转率、固定资产周转率、主营业务增长率、净利润增长率、总资产增长率、净资产增长率、流动比率、速动比率、资产负债比率、负债比率、股东权益比率、固定资产比率、扣除非经常性损益后每股净利润。

18.4.2 预测结果描述

例如：

股票序号	股票名称	所属类别 07 年收益值
600000	浦发银行	1 0-0.6
600001	邯郸钢铁	1 0-0.6
600003	东北高速	1 0-0.6
600004	白云机场	1 0-0.6

18.4.3 数据表

数据信息如表 18-1、表 18-2 所示。

表 18-1 StockPre

字段名称	数据类型
股票代码	数字
股票名称	文本
预测情况	数字

表 18-2 StockInfo

字段名称	数据类型
股票代码	数字
股票名称	文本
每股收益	数字
截止时间	日期/时间
每股净资产	数字
调整后每股净资产	数字
每股资本公积金	数字
每股未分配利润	数字
每股经营活动产生的现金流量净额	数字
每股现金及现金等价物增加净额	数字
毛利率	数字
主营业务利润率	数字
净利率	数字
总资产报酬率	数字
净资产收益率	数字
销售商品收到的现金占主营收入比例	数字

续表

字段名称	数据类型
应收账周转率	数字
存货周转率	数字
固定资产周转率	数字
主营业务增长率	数字
净利润增长率	数字
总资产增长率	数字
净资产增长率	数字
流动比率	数字
速动比率	数字
资产负债比率	数字
负债比率	数字
股东权益比率	数字
固定资产比率	数字
扣除非经常性损益后每股净利润	数字

第 19 章 SIMS 股市信息采集挖掘系统

作者：李楠，刘小舟，陈林，陈寅，洪志雄　　　编辑：李楠，闫永平，梁循

19.1 概　　述

　　股市股票市场风云莫测。每一天，都有数以万计的交易在股票市场完成，同时也有数以万计的信息在大量的生成。对于股民而言，最有价值的莫过于股市信息。信息对于股票市场来说是一种无形的商品。Internet 的出现打破了时间和空间的局限，改变了股市交易的方式，也改变了股民获取各种信息的途径。股市交易者通过 Internet 可以联系到更多的交易对象，找到更多的交易机会。金融业是网络时代的最大受益者之一，金融也将是网络经济最持久和强大的推动力。金融产业将通过 Internet 和其他信息技术的发展摆脱时空限制，而网络金融势必将成为金融业的发展方向。

　　这个项目的目的在于更加快捷、方便并且准确地为用户提供及时的股市信息及分析数据，帮助用户制定决策。信息是股市市场的必需品，直接影响着投资者的行为。很多金融机构已经意识到第一手的财经信息能够为他们带来巨大的利益，本项目就是希望能够为用户提供这样一个获取信息的平台。

　　我们的系统就是以向用户提供最快、最准确的股市信息为出发点来设计的。股市信息采集挖掘系统(SIMS：Stock Information Mining System)主要是提供给用户一个网络的环境，让用户可以通过这个环境获取他需要的一些关于股票的信息。系统采用 B/S 架构，用户可以在任何有浏览器的场合下与系统交互。我们的 SIMS 股市信息采集挖掘系统主要实现了以下几个功能模块：

(1) 用户的登录与注册；
(2) 股票走势预测；
(3) 股票曲线图展示；
(4) 股评搜索；
(5) Top10 热股。

19.2 总 体 设 计

19.2.1 设计约束

　　我们的系统应能保护用户隐私、确保用户信息的私密，它采用 https 传输关键数据。系统提供相对友好的页面设计，使用户可以很方便地上手缩短学习曲线。此外，系统还应保持相对的灵活性，提供一个有弹性的框架，可以很方便地修改某个组件或改良某些核心算法。

19.2.2 系统总体结构

1. 系统结构

总体上说,该系统主要包括用户的登录与注册、股票走势预测、股票曲线图展示、股评搜索以及 Top10 热股等五大功能模块,他们之间的交互如图 19-1 所示。

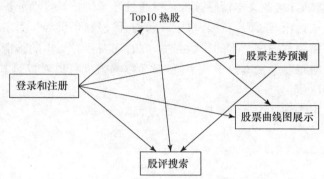

图 19-1　SIMS 系统功能模块之间的交互关系

2. 关键技术和算法

(1) 人工神经网络

本系统通过人工神经网络的自学习和回归来实现对金融文本走势值的计算。人工神经网络是对生物神经系统的计算机模拟,它使用大量的人工神经元相互连接组成网络进行运算来解决问题。神经网络最大的特点在于它具有学习能力,可以从已知的问题中学习"知识",并运用这些"知识"来解决未知问题。人工神经网络的发展为人们研究数据之间的非线性关系提供了一个很好的工具。通过设置网络参数和隐节点的个数,人工神经网络可以对几乎所有形式的函数进行拟合。对于一个前向传递的神经网络,只要它的隐节点数目足够多,它就可以一定程度上拟合任意函数。

在系统实现过程中,我们首先从数据库中选出新闻的 ID 值,通过数据库查询得到新闻的内容,然后计算其形势值(h)、影响时间值(d)以及影响强度值(s)。然后我们通过相关网站获得训练样本新闻的走势值(t),将其和其他数据联合整理成神经网络的训练样本对神经网络进行训练。训练好的神经网络将对测试集合中的新闻进行走势值计算。

图 19-2 展示了神经网络的训练过程。

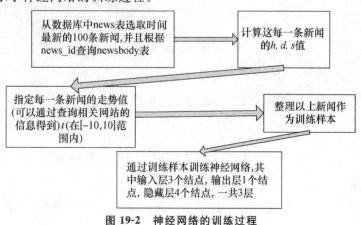

图 19-2　神经网络的训练过程

(2) 文本形势值计算

文本形势值计算是该系统的另外一项核心技术,我们设计了一套基于关键词统计的金融文本形势值的计算算法。文本的形势值也叫其感情值或倾向性值,近几年来,关于文本倾向性分析(也叫做文本情感计算)的研究逐渐成为国内外研究者所关注的一个热点。通俗地说,文本倾向性描述的是文本所传递的情感。对文本倾向性进行分析,实际上就是试图根据文本的内容提炼出作者的情感方向。文本情感分析是指通过计算机技术自动分析文本信息所包含的情感因素,例如喜欢或讨厌、正面或负面、快乐或悲伤、愤怒和恐惧等。为了实现对文本信息的准确提取,我们不仅需要掌握该文本的影响强度,同时还需要对文本的感情取向有一个正确的把握;如果我们需要对每一个文本赋予一个值,那么影响强度可以看成是其绝对值的大小,而倾向性可以看成是其正负号。

图 19-3 展示了计算当前新闻的形势值 h 的过程。

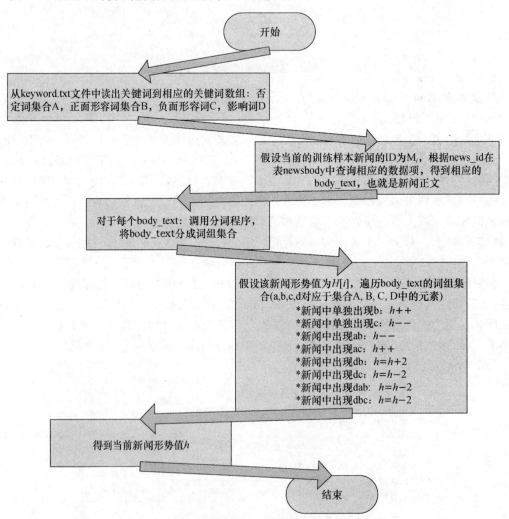

图 19-3 对某一条新闻计算其形势值 h 的算法流程

(3) 加密方案

用户与网站交互时使用 https 协议,信息在网络上加密传输,确保用户和网络的安全性。

19.2.3 系统单元设计

SIMS 系统主要由以下五个单元构成,用户的登录与注册、股票走势预测、股票曲线图展示、股评搜索以及 Top10 热股。

提供用户注册和登录的功能,这是一个简单的权限认证,用户只有通过认证后才能享用系统提供的其他功能,系统将对每个用户提供一个独一无二的 ID。用户 ID 和密码将被保存在数据里,系统将记录用户的相关信息供数据挖掘使用,以便提供用户感兴趣的信息。注册过程流程如图 19-4 所示。

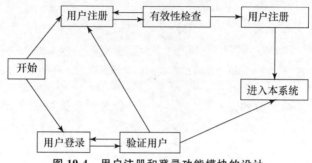

图 19-4 用户注册和登录功能模块的设计

在股票走势预测中,首先,用户输入需要查找的股票的名称;系统接受到了用户提交的要求之后对数据库进行查询,得到一组符合要求的新闻,然后一一计算每一条新闻的相关数值,通过神经网络的训练和回归为满足查询条件的新闻集合的每一个计算其走势值 t。该过程的流程图如图 19-5 所示。

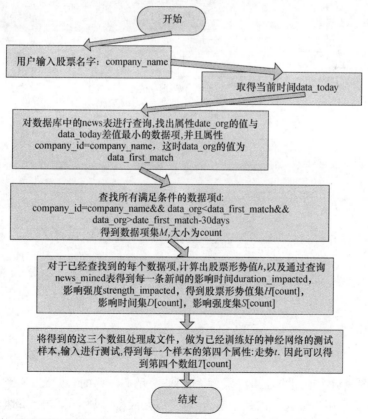

图 19-5 查询数据库得到新闻集合,并依据神经网络回归为每一条新闻计算其走势值

此外,SIMS系统还将根据新闻的内容判断出该条新闻是针对哪一家上市公司的,其判断方法如图19-6所示。

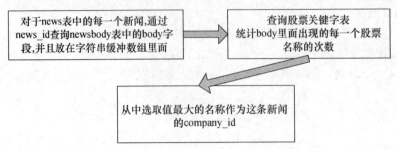

图19-6　根据新闻的内容判断其涉及到的上市公司

在得到了返回的新闻集合的走势值之后,SIMS会为用户提供一个t加权平均值,其计算方法如图19-7所示。

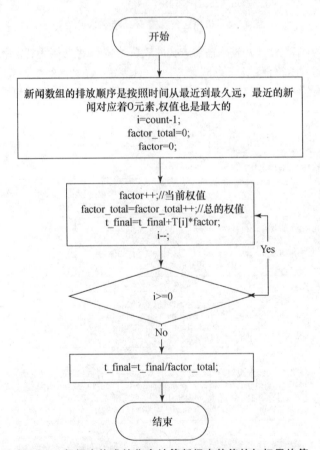

图19-7　根据由构成的集合计算新闻走势值的加权平均值

股票曲线图展示认证用户输入股票名称名称,显示此股票的日线图,从网上抓取该股票的相关值,绘图输出。用户输入可以是股票名,也可以是股票号加上股票上市地。

股评搜索用户输入股票的名称,提交要求以后系统返回从数据库里面搜索到的所有的与这支股票相关的新闻,返回的形式为每一条新闻的 subject。如果用户对其中某些新闻比较感兴趣,还可以通过点击相应的链接去查看全文。

Top10 热股建立一个表 keyword.mdb,属性为日期、查询次数、股票名字、用户提交每次有效的查询时、系统将查询日期和股票名字。从 keyword.mdb 中查找出次数最多的 Top10,将对应的股票名字显示给用户。

第 20 章　互联网股市信息挖掘系统

作者：阮进，彭学政，叶东富，周敏　　编辑：阮进，闫永平，梁循

20.1　文档介绍

20.1.1　系统单元设计

在经过调研得到的深入的需求分析的基础上，进行系统设计，生成相应的设计文档。此文档主要介绍了互联网股市信息挖掘系统，记录了详细的设计思路和相关细节、总体设计框架、具体设计方法、算法设计和用到的主要技术等，以便于对此系统感兴趣的读者较快地了解掌握本系统的相关情况。

20.1.2　文档范围

此文档主要介绍了互联网股市信息挖掘系统的系统概述、系统功能、运行环境、系统流程、系统结构、信息获取模块、网页抓取模块、页面分析模块、中文分词模块、数据预处理、数据挖掘模块和系统维护等。

20.2　系统概述

20.2.1　需求分析

随着国家经济的持续发展，股市的规模越来越大，股市对国民经济和个人投资者的影响越来越大。本系统通过对互联网信息对股市波动的研究来多方面摸索、掌握股市波动规律，为股市管理者和投资者的决策提供一些有价值的参考资料，从而促进股市和经济的稳定、健康、有序地运行。

互联网技术的飞跃发展，各类信息不断涌现。网络丰富了人们的信息来源，越来越多的人需要利用互联网上的信息，网络上各种活动在逐渐改变人们的生活。到今天，互联网上的网页数目已经达到上百亿个，并且正以接近千万的数量增长，进一步地，有预言认为互联网上的网页数目每隔 100 天或者 120 天就翻一番。

由于网络上信息数量非常庞大，用户查询信息的需要带来了搜索技术的快速发展，搜索引擎出现极大地方便了人们的网上活动，但是它的实现过程又具有一些难以逾越的障碍，比如搜索精度和效率问题很难达到用户非常满意的程度，精度较低，所以搜索结果可用性不是很强，需要用户自己另外花费时间和精力进行鉴别，而且搜索结果比较零乱，无法有效组织起来，因此很难反复使用。这些问题的存在需要我们找到更加高效的工具来处理互联网的丰富资源。

目前在金融领域，互联网信息也是以极高的速度在增长，每天都有大量的网站发布各种金

融信息,这种信息具有很强的行业特殊性,因此对搜索引擎有着更高的需求。对于网民和广大的金融研究者来说,要准确地获取互联网上的金融信息是很难通过手工来做到的,这些相关信息包括上市公司的信息、经济运行情况的信息、各行业新闻、金融公司的新闻、专业人士的分析和监管机构发布的信息等,必须借助搜索引擎这样的工具,才能比较高效地完成信息的搜集工作。尤其是对于金融方面的专业人士,更是需要一种专业的信息收集工具来获取必要的专业信息。

20.2.2 系统任务

定量分析网络上的股市评论信息对股市波动的影响。

1. 功能

系统应该能够实现从给定网站列表中获取全部网页,并且要能够从网页中提取类似股票名称、评论作者、评论倾向等关键字,然后对评论文章做一些语义分析,得出评论的乐观程度,并能根据乐观程度通过一定的分析模型计算出股市影响程度。

2. 性能

系统应能保证抓取国内重要网站网页并且能保存一个月的历史记录。

3. 输出

输出的结果存放在数据库,这些数据说明了股市信息对股市涨跌影响的方向和程度。

输入使用 Efinance 服务器上的网络股市信息资料、特征词表。

基本的数据流程和处理流程如图 20-1 所示。

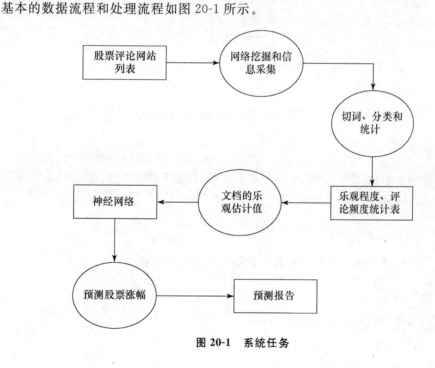

图 20-1 系统任务

20.2.3 系统设计原则

前瞻性,着眼当前股市发展趋势,提前研究、制作将来可以广泛应用的系统软件。

易维护性,鉴于此次项目周期短、任务急,我们将做一个易于将来进一步维护,性能可以不断提高的系统软件。

可扩展性,鉴于互联网发展迅猛、应用越来越广泛,我们倾向于做一个将来适当修改就可以对互联网上其他目标进行处理、研究并应用的系统软件。

20.3 系统功能

20.3.1 性能规定

1. 系统具有较强的灵活性要求
(1) 目标网站列表可以变化;
(2) 切词的集合可以变化;
(3) 输出数据格式可以变化。
2. 输入输出要求

各输入输出数据类型都为纯文本类型。

20.3.2 数据管理能力要求

全部运行,至少需要 2 GB 的磁盘存储空间。

20.4 运行环境

20.4.1 设备

主要需要主频较快的微机和较大容量硬盘,能够运行 Windows XP。

20.4.2 支持软件

支持软件有 Windows 操作系统、VC 开发工具编译(或汇编)程序、Microsoft.NET 开发平台、测试支持软件、SQL Server 2000 等。

20.4.3 接口

该软件同其他软件以纯文本文件格式和数据库文件交换数据。

20.4.4 系统流程

本系统的相关流程如图 20-2 所示。

系统流程

图 20-2 系统流程

20.4.5 系统结构

本系统的结构设计如图 20-3 所示。

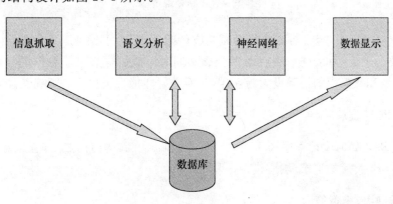

图 20-3 系统流程

20.5 信息获取模块

20.5.1 模块功能简介

去特定的股市信息发布网站抓取股市评论信息，将抓取的网页进行有用信息提取，然后存入数据库供后续分析处理。我们将这个模块称为蜘蛛程序，因为它像蜘蛛一样在 Web 网上爬行。

20.5.2 模块总体设计方案

整个模块在 Microsoft .NET 开发平台下,用 C#语言实现。

模块又细分为三个小的模块:网页抓取模块,页面分析模块和数据库操作模块。

首先为蜘蛛指定起始地址,蜘蛛下载起始地址对应的网页,下载的网页经过分析后,得到该页面上链接到的所有 URL 的列表和剔除了 HTML 语言标记后的纯信息文本。把 URL 列表中的 URL 放入 URL 队列中等待下载。而纯信息文本则存入数据库中供进一步分析(中文分词),如图 20-4 所示。

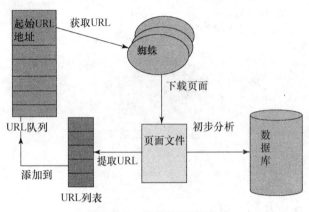

图 20-4 数据处理过程

由于在下载过程中,经常需要等待页面响应访问请求,为了保证下载的速度,需要利用多线程进行下载。于是,为系统一次启动多个蜘蛛同时下载。这带来了数据的互斥访问问题。要对 URL 队列和数据库的访问设置为互斥,只有这样才能保证程序的正确性。

20.5.3 网页抓取模块

本小节将讲述如何设计程序和实现对网页的抓取。在具体讨论之前,有必要先介绍一下.NET Framework 类库的请求/响应模型。

20.5.4 请求/响应模型简介

为了实现对网页的抓取,需要用到.NET Framework 类库提供的请求/响应模型,该模型提供一种简单的方式访问 Web 上的资源。

.Net Framework 中的请求/响应模型由两种主要的类来表示:WebRequest 和 WebResponse。这两种类提供了一种访问网上资源的一般方式。WebRequest 表示一个网络请求,包含诸如 RequestURI、headers、Credentials 和 ContentType 等属性。WebRequest 上的主要方法有 GetRequestStream、GetResponse 以及它们的异步方法 Begin/EndGetRequestStream 和 Begin/EndGetResponse。GetRequestStream 用于获取流以便将数据上载到服务器。GetResponse 用于获取服务器返回的响应对象。WebResponse 表示从处理该请求的服务器接收返回的响应。其关键属性有 ContentLength、ContentType、headers、ResponseURI 和 Status。WebResponse 上最常用的方法是 GetResponseStream,它用于从服务器读取(下载)数据。当

对 WebRequest.GetResponse 进行调用时,通常发出实际的网络请求。

WebRequest 是.NET Framework 的用于访问 Internet 数据的请求/响应模型的抽象基类。使用该请求/响应模型的应用程序可以用协议不可知的方式从 Internet 请求数据。在这种方式下,应用程序处理 WebRequest 类的实例,而协议特定的子类则执行请求的具体细节。HttpWebRequest 类提供 WebRequest 类的 HTTP 特定的实现。

不要使用 HttpWebRequest 构造函数。使用 WebRequest.Create 方法初始化 HttpWebRequest 的一个新实例。如果 URI 的方案是 http://或 https://,则 Create 将返回 HttpWebRequest 实例。

HttpWebRequest 类的 GetResponse 方法返回包含来自 Internet 资源的响应的 WebResponse 实例。实际返回的实例是 HttpWebResponse 的实例,并且能够转换为访问 HTTP 特定的属性的类。

WebResponse 类也是抽象基类,协议特定的响应类从该抽象基类派生。应用程序可以使用 WebResponse 类的实例以协议不可知的方式参与请求和响应事务,而从 WebResponse 派生的协议特定的类携带请求的详细信息。

客户端应用程序不直接创建 WebResponse 对象,而是通过调用 WebRequest 实例上的 GetResponse 方法来创建它。

20.5.5 设计思路

1. 对单个网页进行抓取

这个功能由 Spider 类中的 getWebPage 方法实现。流程图如图 20-5 所示。

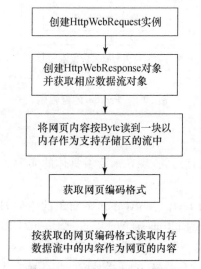

图 20-5 getWebPage 的流程图

首先创建 HttpWebRequest 实例,利用 HttpWebRequest 类的 getResponse()方法来创建 HttpWebResponse 对象。先将网页内容按 Byte 读到一块以内存作为支持存储区的流中。

由于网页存在多种编码方式,如 GB2312、UTF-8 等,所以必须按照网页的编码方式来读取响应数据流,否则下载的文件将会是一堆乱码。因此要先获得网页的编码格式。首先通过 HttpWebResponse 的 Headers 属性来获得网页的公共标头信息:Content-Encoding、Content-

Length、Content-Type、Last-Modified 等。其中的 Content-Type 就包含网页的编码格式,我们可以通过检索 Content-Type 中的 CharSet 来获得编码格式。但是,有些网页的 Headers 返回为空,那么我们就要从网页文件中去发现它的编码格式。调用函数 getCharSet 和 getEncoding 即可获得网页的编码格式。然后将内存存储区的 Byte 流按网页编码方式读出。

2. 获取所有有用的网页

这部分功能由 Spider 类中的 Process 方法实现。流程图如图 20-6 所示。这个方法作为多线程处理的执行函数。

Spider 类中有标识蜘蛛程序是否停止的布尔变量 bExit,只要 bExit 为 false,就一直执行循环:(1) 蜘蛛从 URLQueue 队列中取出一个 URL 地址来进行处理,下载的页面经过分析后,得到一个 URL 地址列表;(2) 得到已剔除了 HTML 语言标记的纯信息文本。前者被添加到 URLQueue 中等待被下载,而后者通过数据库操作被写入数据库。

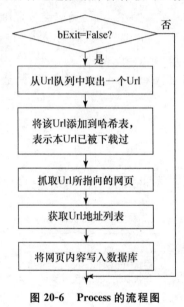

图 20-6 Process 的流程图

20.5.6 功能实现

前面讲述了网页抓取的设计思路,现在来看看具体的实现。

getWebPage 的实现

创建 HttpWebRequest 和 HttpWebResponse 对象的语句如下:

HttpWebRequest req = (HttpWebRequest) WebRequest.Create(URL);

/* 创建 HttpWebRequest 对象不用构造函数,而是调用 WebRequest 基类的静态方法 Creat 来创建,URL 指向要下载的网页,为 string 数据类型。由于 WebRequest.Create(URL)创建的是 WebRequest 对象,需要显式将其转化为 Http 协议的 HttpWebRequest 类型的对象。*/

```
req.AllowAutoRedirect = true;              //允许进行地址重定向,跟踪页面跳转
req.MaximumAutomaticRedirections = 3;      //设置地址重定向的深度
req.Timeout = 10000;                       //设置超时时间,若10秒钟还没响应,则作为超时处理
result = (HttpWebResponse) req.GetResponse();
```

/* 创建 HttpWebResponse 也不用构造函数,而是使用 WebRequest 类的 GetResponse 方法。同样,也要

把 GetResponse 方法返回的 WebResponse 对象显示转化为 HttpWebResponse 对象。*/

将网页内容下载到内存数据流的程序如下：

```
MemoryStream rawdata = new MemoryStream();
                            //创建一块以内存作为支持存储区的流
byte [] buffer = new byte[1024];
                            //创建长为1024Byte 的缓冲，用来暂存下载的数据
Stream rs = result.GetResponseStream();
                            //获取数据流，该流用于读取来自服务器的响应的体
int read = rs.Read(buffer,0,buffer.Length);
                            //从流中读取1024Byte，read 为实际所读取的byte 数
while(read > 0) //该循环用于将整个网页的内容下载到内存中
{
    rawdata.Write(buffer,0,read);
                            //将从流中读取得数据放入内存数据流中
    read = rs.Read(buffer,0,buffer.Length);
}
```

这样，我们就把整个网页下载到了内存中，但是，现在还不能算完成了任务，因为内存中的数据全是 Byte 类型。下面我们讨论怎么将那些 Byte 数据转化成能够为我们所识别的数据。由于网页制作者可以在多种编码格式中选择一种，一般都为 GB2312 或 UTF-8，所以要正确保存网页内容，我们需要先获取网页的编码格式，然后按照这种格式来将网页内容存入数据库。

获取网页编码格式的代码如下：

```
string ctype = result.Headers["content-type"];
                            //利用 HttpWebResponse 的 Headers 属性来获得 content-type
string charset = null;
if(ctype != null)
{
    int ind = ctype.IndexOf("charset="); //在 ctype 中检索"charset="
    if(ind != -1)
        charset = ctype.Substring(ind + 8);
                            //如果有，则将编码格式读到 charset
}
if(charset == null)         //在 content-type 里面没有 charset 信息
    charset = getCharSet(rawdata);
                            //调用 getCharSet 函数在内存数据流中查找
Encoding e = getEncoding(charset);   //获取网页的 Encoding
rawdata.Seek(0,SeekOrigin.Begin);
StreamReader sr = new StreamReader(rawdata, e);
                            //创建以网页编码格式来读取的流
string s = sr.ReadToEnd();  //将内存流中的数据读取到字符串中
return s;                   //s 中存储了正确的网页文件的内容
```

Process 的实现

```
while(! bExit)              //只要 bExit 为 false 就一直运行
```

```
{
    getQueueURL();                          // 从 URLQueue 中取出一个 URL 地址来处理
    Monitor.Enter(URL_done);                //要互斥访问 URL_done,访问前先加锁
    if(URL_done.Contains(URL))              //如果此 URL 已经处理过,则下一个
        continue;
    URL_done.Add(URL,null);                 //将 URL 添加到 URL_done 中,标识为已访问
    Monitor.Exit(URL_done);                 //为 URL_done 解锁
    string content = getWebPage( );         //获取 URL 指向的网页的内容
    if(content == "")
        continue;
    myDB.AddToDataBase(URL,content);
}
```

20.5.7 页面分析模块

本节讨论对已经下载的网页的分析工作,包括提取页面中的超链接,URL 分析和剔除网页中的 HTML 语言标记。由于这部分的工作用到了正则表达式,所以在第一小节先对正则表达式作了简单的介绍。

20.5.8 正则表达式简介

正则表达式(regular expression)通常被错误地认为是只有少数人理解的一种神秘语言。在表面上它们确实看起来杂乱无章,如果你不知道它的语法,那么它的代码在你眼里只是一堆文字垃圾而已。实际上,正则表达式非常简单并且可以被理解。正则表达式最早是由数学家 Stephen Kleene 于 1956 年提出,他是在对自然语言的递增研究成果的基础上提出来的。具有完整语法的正则表达式使用在字符的格式匹配方面上,后来被应用到金融信息技术领域。自从那时起,正则表达式经过几个时期的发展,现在的标准已经被 ISO(国际标准组织)批准和被 Open Group 组织认定。

正则表达式并非一门专用语言,但它可用于在一个文件或字符里查找和替代文本的一种标准。一个正则表达式,就是用某种模式去匹配一类字符串的一个公式。

一个正则表达式,分为三个部分:分隔符,表达式和修饰符。分隔符可以是除了特殊字符以外的任何字符(比如"/ !"等),常用的分隔符是"/"。表达式由一些特殊字符(特殊字符详见下面)和非特殊的字符串组成,比如"[a-z0-9_-]+@[a-z0-9_-.]+"可以匹配一个简单的电子邮件字符串。修饰符用来开启或者关闭某种功能/模式。现在给出一个完整的正则表达式的例子:

/hello.+? hello/is

该正则表达式"/"就是分隔符,两个"/"之间的就是表达式,第二个"/"后面的字符串"is"就是修饰符。在表达式中如果含有分隔符,那么就需要使用转义符号"",比如"/hello.+? /hello/is"。

好在.NET Framework 类库中提供了 Regex 类,这样我们就可以利用强大的正则表达式来编程。关于 Regex 类的其他用法,请查询 MSDN Library。

20.5.9 提取已下载网页中的超链接

这部分功能非常关键,也比较复杂。说它很关键是因为只有从已下载网页中提取出了 URL,才能让蜘蛛继续执行下去,这样才能下载到校园网内部的尽可能多的网页。说它复杂是因为 URL 地址的形式各种各样,没有严格的规定。加上 HTML 语言又不是很严格,这样网页中的超链接既有绝对 URL 地址,又有相对 URL 地址;有些网页使用了地址重定向,页面能够自动跳转;有些网页使用了 IFrame 标签,一个网页能包含另一个网页;网页中的超链接有时还包含 doc、pdf 甚至 exe 文件。这些对于程序员来说是一个非常头痛的问题,你一不小心就会漏掉一些 URL 地址,或者取得一些没有用的 URL 地址。笔者就曾经下载过一个 exe 文件,那居然是一个应用程序! 好在 .NET Framework 类库提供了正则表达式,这使得这一问题变得不再那么可怕。

设计思路是:由于网页上的超链接大多数都放在 Href 标签里,所以我先写了一个正则表达式来匹配所有网页中形式为:"href = ???"的超链接。将所匹配到的超链接转化为正式的 URI 对象,经过过滤,并检查是否为校园网内的 URL 地址。将符合条件的 URL 地址暂存到一个 ArrayList 中。

到这里,我们并没有完全找出网页中的 URL 地址,因为有些网页做了地址重定向、嵌入式页面等,前面根本就匹配不到这些 URL 地址。根据地址重定向和嵌入式页面的特征,我们可以再次利用正则表达式来匹配这类特殊的 URL 地址。将所匹配到的 URL 地址同样经过过滤,检查范围并放入 ArrayList 暂存。

最后,将 ArrayList 中所有的 URL 地址全部存入 URLQueue 队列中去。

获取超链接的过程如图 20-7 所示。

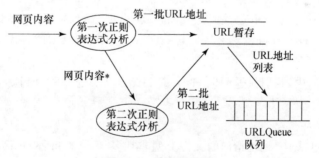

图 20-7 获取超链接

下面对本程序中用 Regex 类来获取 URL 的代码做简单的解释:
string regex1 = "href\\s*=\\s*(?:\"(?<1>[`\"]*)\"|(?<1>\\S+))";
                            //这就是用于匹配 URL 的正则表达式
Regex re = new Regex(regex1);
                            //为指定的正则表达式初始化并编译 Regex 类的实例
MatchCollection matches=re.Matches(content);   //获得匹配结果集
System.Collections.IEnumerator enu=matches.GetEnumerator();
                            //获取匹配结果的枚举
while(enu.MoveNext() && enu.Current!=null)   //处理每一条匹配结果
{

```
            Match match=(Match)(enu.Current);          //获取枚举中的当前结果
            URL = Format.strToURL(match.Value,URL);//将枚举结果转化为 URI 对象
            if(URL != null&&Format.isCampusURL(URL))
myURLArrayList.Add(URL.ToString());
//如果是有用的 URL,则将其添加到 URL 暂存列表
        }
```

20.5.10　URL 分析

从网页内容中提取出来的 URL 地址鱼龙混杂,各式各样。有的不是指向网页的,而是指向 FTP、Mail、Doc 文档、图片甚至一些 exe 文件;有的 URL 地址不是绝对地址而是相对地址;有的 URL 是不在我们的处理范围之内。从网页中提取出来的 URL 地址一定要经过某些处理过程,才能保证爬虫程序的正确性和高效性。

1. 得到 URI(统一资源标识符)对象

在.NET Framework 的类库中,提供 URI 类。从网页中提取出来的 URL 地址都是用 string 数据类型表示的,现在我们通过 strToURL 函数来将表示 URL 地址的 string 数据转化为 URI 对象。在这里,值得注意的一点就是注意相对 URL 地址的转化。

strToURL 函数的原型为

public static URI strToURL(string str,string baseURL)

其中 str 参数为表示要转化的 URL 地址,baseURL 参数为 str 的基地址。str 就是从它的基地址指向的网页中提取出来的。

URI 类的构造函数有多个,常用的有以下两个:

① public:URI(string) 用指定的 URI 地址初始化 URI 对象。

② public:URI(URI,string) 根据指定的基和相对 URI,初始化 URI 新实例。

关键代码如下:URI myURI = new URI(new URI(baseURL),str);这样就将 string 转换成了 URI 对象。

在该函数的返回中,我们只返回以 Http 或 Https 开头的 URI,而其他形式的 URI 则被过滤掉了。

2. URL 地址过滤

前面已经提到过,URL 地址指向的文件类型非常多,但是爬虫程序只要求下载那些网页文件,而对图片、文档之类的文件可以不用下载。于是,设计了一个 URL 过滤函数 URLFilter。

URLFilter 函数的原型为:private static URI URLFilter(URI URL)

URL 就是要处理的 URI 对象,如果该 URI 没有被过滤掉,则返回 URL;否则返回值为 null。

下面来看看具体的实现:

```
bool result = false;                              //定义布尔变量,表示是否匹配成功
    string [] types = {"htm","html","php","asp","jsp"};
                                            //将我们要下载的网页类型存储到一个 string 数组里
    string path = URL.AbsolutePath;          //获取 URL 的绝对路径
    int index = path.LastIndexOf('.');
    if(index == -1)
        return URL;
```

```
            string type = path.Substring(index+1);
                                        //获取网页文件的后缀名,如若果没有则不过滤
            foreach(string str in types)
        {                               //将网页文件后缀名跟数组中的类型比较,看是否为其中之一
                if(type.Equals(str))
                {
                    result = true;
                    break;
                }
            }
            if(result == true)          //若是,则不被过滤;否则该 URL 地址被过滤
                return URL;
            else
        return null;
```

20.5.11 剔除网页文件中的 HTML 语言标记

剔除网页中的 HTML 语言标记是一项非常复杂的工作,这是由 HTML 语言的特点决定的。HTML 语言中不仅有很多可用的标签,而且还可以包含 JavaScript 函数等。要做真正意义上的剔除 HTML 语言标记而只剩下纯信息文本,需要花费很多精力。鉴于能力有限,在这里只是大致上完成了任务,并不是非常的完美。可能会有些没考虑到的情况,而导致信息丢失或者其他的错误。

在 HTML 语言中,标签的出现形式都为:

<label> content </label>

我们的目标就是将尖括号及里面的标签名去掉,只剩下 content。

而对于 style 标签,和 script 脚本,它们的形式为:

<style> style text </style>

<script> functions </script>

我们的目标就是将它们统统剔除。

下面给出几个用于匹配 HTML 标签的正则表达式:

Regex re = new Regex("<(\\s|\\S)+? >",RegexOptions.IgnoreCase|RegexOptions.Compiled);

// 用于匹配普通的标签

Regex re1 = new Regex("(<style(\\s|\\S)+? </style>)");

// 专门匹配 <style> type </style>

Regex re2 = new Regex("(<script(\\s|\\S)+? </script>)");

// 专门匹配 <script> functions </script>

将这些标记剔除后的语句为:temp = re.Replace(temp,"");该语句将 temp 中所有匹配成功的部分替换为空,相当于从 temp 中删除。

除了剔除一些标签以外,还应剔除掉那些用于排版的符号,比如:\r,\n,\r\n,\t 等。

20.6 中文分词模块

20.6.1 中文分词技术

中文分词技术属于自然语言处理技术范畴,对于一句话,人可以通过自己的知识来明白哪些是词,哪些不是词,但如何让计算机也能理解?其处理过程就是分词算法。

20.6.2 中文分词方法

现有的分词算法可分为三大类:基于字符串匹配的分词方法、基于理解的分词方法和基于统计的分词方法。

1. 基于字符串匹配的分词方法

这种方法又叫做机械分词方法,它是按照一定的策略将待分析的汉字串与一个"充分大的"机器词典中的词条进行配,若在词典中找到某个字符串,则匹配成功(识别出一个词)。按照扫描方向的不同,串匹配分词方法可以分为正向匹配和逆向匹配;按照不同长度优先匹配的情况,可以分为最大(最长)匹配和最小(最短)匹配;按照是否与词性标注过程相结合,又可以分为单纯分词方法和分词与标注相结合的一体化方法。常用的几种机械分词方法如下:

(1) 正向最大匹配法(由左到右的方向);

(2) 逆向最大匹配法(由右到左的方向);

(3) 最少切分(使每一句中切出的词数最小)。

还可以将上述各种方法相互组合,例如,可以将正向最大匹配方法和逆向最大匹配方法结合起来构成双向匹配法。由于汉语单字成词的特点,正向最小匹配和逆向最小匹配一般很少使用。一般说来,逆向匹配的切分精度略高于正向匹配,遇到的歧义现象也较少。统计结果表明,单纯使用正向最大匹配的错误率为 1/169,单纯使用逆向最大匹配的错误率为 1/245。但这种精度还远远不能满足实际的需要。实际使用的分词系统,都是把机械分词作为一种初分手段,还需通过利用各种其他的语言信息来进一步提高切分的准确率。

一种方法是改进扫描方式,称为特征扫描或标志切分,优先在待分析字符串中识别和切分出一些带有明显特征的词,以这些词作为断点,可将原字符串分为较小的串再来进行机械分词,从而减少匹配的错误率。另一种方法是将分词和词类标注结合起来,利用丰富的词类信息对分词决策提供帮助,并且在标注过程中又反过来对分词结果进行检验、调整,从而极大地提高切分的准确率。

对于机械分词方法,可以建立一个一般的模型,在这方面有专业的学术论文,这里不做详细论述。

2. 基于理解的分词方法

这种分词方法是通过让计算机模拟人对句子的理解,达到识别词的效果。其基本思想就是在分词的同时进行句法、语义分析,利用句法信息和语义信息来处理歧义现象。它通常包括三个部分:分词子系统、句法语义子系统、总控部分。在总控部分的协调下,分词子系统可以获得有关词、句子等的句法和语义信息来对分词歧义进行判断,即它模拟了人对句子的理解过程。这种分词方法需要使用大量的语言知识和信息。由于汉语语言知识的笼统、复杂性,难以将各种语言信息组织成机器可直接读取的形式,因此目前基于理解的分词系统还处在试验阶段。

3. 基于统计的分词方法

从形式上看,词是稳定的字的组合,因此在上下文中,相邻的字同时出现的次数越多,就越有可能构成一个词。因此字与字相邻共现的频率或概率能够较好地反映成词的可信度。可以对语料中相邻共现的各个字的组合的频度进行统计,计算它们的互现信息。定义两个字的互现信息,计算两个汉字 X、Y 的相邻共现概率。互现信息体现了汉字之间结合关系的紧密程度。当紧密程度高于某一个阈值时,便可认为此字组可能构成了一个词。这种方法只需对语料中的字组频度进行统计,不需要切分词典,因而又叫做无词典分词法或统计取词方法。但这种方法也有一定的局限性,会经常抽出一些共现频度高、但并不是词的常用字组,例如"这一"、"之一"、"有的"、"我的"、"许多的"等,并且对常用词的识别精度差,时空开销大。实际应用的统计分词系统都要使用一部基本的分词词典(常用词词典)进行串匹配分词,同时使用统计方法识别一些新的词,即将串频统计和串匹配结合起来,既发挥匹配分词切分速度快、效率高的特点,又利用了无词典分词结合上下文识别生词、自动消除歧义的优点。

到底哪种分词算法的准确度更高,目前并无定论。对于任何一个成熟的分词系统来说,不可能单独依靠某一种算法来实现,都需要综合不同的算法。笔者了解,海量科技的分词算法就采用"复方分词法",所谓复方,相当于用中药中的复方概念,即用不同的药才综合起来去医治疾病,同样,对于中文词的识别,需要多种算法来处理不同的问题。

20.6.3 词频统计结果

由前面的分词系统,我们可以统计出词频,并对其中的各种词进行分类。共分四种:
① 强烈的正面词汇,如:金奖,风靡,飙升,高峰,热点;
② 一般的正面词汇,如:双赢,带动,合作,受益,活力;
③ 强烈的负面词汇,如:惨烈,失血,元气大伤;
④ 一般的负面词汇,如:看跌,跌破,减少,减弱。
我们将各类词汇的词频统计结果存入数据库中,如图 20-8 所示。

强烈的负面词汇	一般的负面词汇	一般的正面词汇	强烈的正面词汇	总词数
0	0	0	0	745
0	1	4	0	534
0	1	4	0	557
0	0	22	0	843
0	0	6	0	260
0	0	4	0	626
0	2	6	2	325
0	1	14	0	691
0	1	39	1	2013
0	0	31	0	1436
0	0	5	0	737
0	3	24	0	1486
0	3	31	0	1564

图 20-8 词频统计表的截图(获得该截图的查询语句为 select strongNegative"强烈的负面词汇", weakNegative"一般的负面词汇", weakPositive"一般的正面词汇", strongPositive"强烈的正面词汇", allWordCounts"总词数" from wordCounts)

20.6.4 对各类词汇分配权值,形成文档的初步评分

由于文档中不同的词汇,它们的实际的影响力是不一样的,在我们的系统中力求发掘这些

不同点,我们根据统计的结果与他人的经验,对各种词汇的影响权值分配如下:

强烈的正面词汇:2

一般的正面词汇:1

强烈的负面词汇:-2

一般的负面词汇:-1

其中正数代表的是正面的影响,负数代表的是负面的影响。

分配了权值之后,我们就可以形成对文档的初步评分了,对这些数据进行操作的 TRANSACT-SQL 语句如下:

```
update wordCounts
set allCount = (strongNegative * (-2) +
weakNegative * (-1) + weakPositive * (1) + strongPositive * (2)) / allWordCounts
```

这样就综合了当前文档中的各类词汇的影响,对文档给出了初步的评分。

20.6.5 评分值的归一化处理

为了方便后续的数据挖掘,前面得到的初步评分其形式并不是很好的,它并不方便作为神经网络的输入,现在我们的工作就是将这些评分归一化,统一到-1~1区间。同样,我们也是用 TRANSACT-SQL 语句来编程处理。由于这里的编程比较复杂,我们用了 TRANSACT-SQL 中的 CURSOR 一类的变量与结构。如需要维护该系统,可参阅 query analyzer 的帮助文档,这里仅将相关的代码列出:

```
--首先创建临时表,用于存储 news_ID 与结果值
create table #1(
news_ID    numeric(16,0),
res    float,
);
--获取表中评分的最大值、最小值、平均值
declare @max float, @min float, @avg float;
select @max = max(avgCount) from wordCounts;
select @min = min(avgCount) from wordCounts;
select @avg = avg(avgCount) from wordCounts;
declare @news_ID numeric(16, 0), @avgCount float;
declare @res float;
--声明一个 cursor 变量,用于遍历整个表
declare word_cursor cursor for
select news_ID, avgCount
from wordCounts
--打开该 cursor
open word_cursor
--从当前行取出数据
fetch next from word_cursor
into @news_ID, @avgCount;
declare @a float;
```

```
select @a = 2.0/3;
--当表中还有记录时
while @@fetch_status = 0
begin
    select @res = @avgCount;
    if @avgCount>@max * @a
        select @res = @max * @a;
    if @avgCount<@min * @a
        select @res = @min * @a;
    if @avgCount < 0
        select @res = -@res / (@min * @a)
    if @avgCount > 0
        select @res = @res / (@max * @a);
        --插入到临时表中
    insert into #1(news_ID, res) values(@news_ID, @res);
    fetch next from word_cursor
    into @news_ID, @avgCount;
end
--关闭与释放 cursor
close word_cursor
deallocate word_cursor
--将结果写回原表
update wordCounts
set estimatedValue = res
from wordCounts, #1
where wordCounts.news_ID = #1.news_ID
--删除临时表
drop table #1
```

这里的归一化处理中,我们也是根据统计的结果与经验调整了各个参数,而不是直接地将最大值,最小值映射到1、-1。我们的处理是,首先获取最大值、最小值,大于最大值的2/3或小于最小值的2/3都截断,取为最大值的2/3,最小值的2/3。然后才按照平均的办法将这个结果值归一化到-1~1。

20.6.6 总结

在梁老师和两位助教的帮助和我们小组成员的共同努力下,我们终于完成了这个项目。必须承认,虽然整个系统已经完成,但还是有很多值得改进的地方。

在系统的完成过程中,我们不断地学习和实践,这使我们都有了很大的进步。在编程的过程中,我们遇到过很多大大小小的困难,但我们还是在指导教师、助教的帮助下和自己的努力下解决了各个难题。通过这次项目合作,我们能够锻炼自己协作完成任务的能力;整个项目过程中,我们每周开一次例会,互相讨论,分享收获,这使我们的工作效率得到了很大的提高,而且彼此之间也能够相互熟悉,共同学习,共同进步。

最后再次感谢梁老师和助教陆斌、张琴两位学长,还有所有给予我们帮助的人。

第 21 章 搜索系统 Unique Engine

作者：秦琴，陈俊年　　编辑：闫永平，梁循

21.1 产品描述

21.1.1 编写目的

本系统是基于 B/S 模式的系统。系统提供金融信息的垂直搜索功能，能够及时地反映金融财经信息和状况，非常适合专业人士搜索信息所用。垂直搜索引擎是本系统的主要部分，为了适合商业应用，专门有用户管理模块负责管理注册用户并为他们提供一些其他服务。本规格说明书为方便程序开发人员和今后的维护人员而编写。

21.1.2 产品名称

电子理财投资系统 Version1.0。

21.1.3 文档范围

本文档涉及范围包括本软件开发的相关方面，包括设计约束、体系结构和相关数据结构。

21.2 产品需求概述

21.2.1 功能简介

(1) 本网站是集财经信息和股市行情于一体的金融信息搜索网站。

能够提供当日政策、公司信息发布、个股行情和专家观点。所采集的信息是立足于中国金融市场之上，用于广大金融网民阅读。

(2) 本网站是中国金融市场的门户网站，所需数据来自国内知名金融网站发布的信息。

(3) 立足于商业应用，针对注册用户提供更多个性化的服务。

21.2.2 运行环境

1. 硬件环境

最低配置如下：

(1) Intel Core(TM)2 CPU T5600 1.83 GHz。

(2) 1 GB 以上的内存。

(3) 1 GB 以上的可用硬盘空间。

2. 软件环境

(1) Windows XP 操作系统。

(2) JDK1.6.0。

21.2.3 条件与限制

服务器必须安装 J2EE 开发平台,编写语言采用 Java 语言,数据库使用 MySQL。客户端浏览器需要 IE5.0 以上。

由于受时间的限制,软件的第一版本作为 DEMO 版,所以有的功能的实现必须等到下一版本的发布。

21.3 功能需求

本网站实现功能包括:

(1) 及时显示和传递中国金融市场上的最新咨询,根据关键词进行金融领域信息的垂直搜索。

(2) 根据用户需求,显示各金融网站的最新分析评论。

(3) 方便注册用户对搜索到的金融信息做出自己的分析和论断。

21.3.1 功能划分

金融信息的搜集子系统:对数据库保存的网站地址和保存的相应规则解析,下载特定网页的特定部分建立索引和倒排表,并将 URL 保存到数据库。根据搜集信息做经济形势的预测。后台管理程序和数据库维护系统:管理员每日开启程序下载和建立索引,维护数据库的正常运行,并设置系统的各项参数。注册用户管理模块:用户管理修改自己的信息,并且对搜索的信息加以管理。

21.3.2 功能 1

金融信息搜索,包括下列内容:

(1) 编号 1

此功能根据用户输入想要查询的金融信息,返回后台数据库中 200 个网站就这个查询信息进行搜索。

(2) 详细信息

① 输入信息:输入关键词;

② 输出信息:输出包含关键词的网页的 URL 和更新时间及信息类别;

③ 系统响应:1~2 秒。

21.3.3 功能 2

用户登录,发布信息,包括下列内容:

(1) 编号 2

此功能实现了用户管理功能,包括注册、登录、发布信息等。

(2) 详细信息

① 输入信息。登录时,输入用户名和密码;注册时,输入用户名,两遍输入密码,输入邮箱

地址、生日年月;发布评论时,输入评论名和评论内容。
② 输出信息 登录成功或失败界面,发布信息。
③ 系统响应 2~3 秒。

21.3.4 功能 3

管理员的后台管理和数据库维护系统,包括下列信息:
(1) 编号 3
此功能实现了系统管理和维护功能,设置系统参数。
(2) 详细信息
① 输入信息:后台参数设置的各种命令,或者 SQL 语句。
② 输出信息:设置成功与否,显示执行 SQL 语句的结果。
③ 系统响应:2~3 秒。

21.4 数据描述

数据库的描述参见《数据库设计说明书》。
数据的其他描述(略)。

21.5 用户界面

系统用户界面全部为图形界面,用户仅需简单地用鼠标点击表示某项系统功能的菜单和图形,就可方便地执行某个系统功能。

21.5.1 硬件接口

1. 网络环境
Ethernet 局域网。
2. 网络协议
TCP/IP。
3. 服务器
IBM 工作站。
4. 内存要求
5.1GB 以上。

21.5.2 软件接口

1. 操作系统
Windows XP Professional 操作系统。
2. JDK1.6.0
3. Web Server
apache Tomcat 5.5。

4. 数据库服务器

MySQL 4.1.16。

开源软件包：

Lucene 2.0.0lucene-demos-2.0.0.jar；

lucene-core-2.0.0.jar；

mySQL-connector-java-3.1.7-bin.jar；

Ant 1.6.1。

21.5.3 通信接口

网络协议：TCP/IP。

21.6 系统概述

本系统是一个基于 web 的垂直搜索系统，用户打开网页，根据关键词搜索需要的信息。搜到的信息按照更新下载的时间和信息相似度排序列出。用户可以逐条浏览信息标题和其他属性，点击标题即可到达相关网页。

系统的主要功能就是搜索 Internet 上面的关于金融的相关信息。此外，后台维护程序和基于 Web 的系统维护平台，都是为保证主要功能而设计。这些功能主要用于对系统运行的各项参数作设置，并管理维护后台数据库系统。

21.7 设计约束

21.7.1 需求约束

服务器必须安装 J2EE 开发平台，编写语言采用 Java 语言，数据库使用 MySQL。客户端浏览器需要 IE5.0 以上。

由于受时间的限制，软件的第一版本作为 DEMO 版，所以有的功能的实现必须等到下一版本的发布。

本系统应当遵循的标准或规范包括 JDK1.60 和 J2EE1.4。

21.7.2 软件、硬件环境约束

1. 硬件环境

最低配置如下：

(1) Intel Core(TM)2 CPU T5600 1.83 GHz；

(2) 1 GB 以上的内存；

(3) 1 GB 以上的可用硬盘空间。

2. 软件环境

(1) Windows XP 操作系统；

(2) JDK1.6.0;
(3) 数据库系统 MySQL 5.0。

21.7.3 接口的约束

1. 硬件接口
(1) 网络环境：Ethernet 局域网；
(2) 网络协议：TCP/IP；
(3) 服务器：IBM 工作站；
(4) 内存要求：1GB 以上。
2. 软件接口
(1) 操作系统：Windows XP Professional 操作系统。
(2) JDK1.6.0。
(3) Web Server：apache Tomcat 5.5。
(4) 数据库服务器：MySQL 4.1.16。
(5) 开源软件包：
Lucene 2.0.0lucene-demos-2.0.0.jar；
lucene-core-2.0.0.jar；
mySQL-connector-java-3.1.7-bin.jar；
Ant 1.6.1。
3. 通信接口
网络协议：TCP/IP。

21.7.4 隐含的约束

除了 Java 环境的一般设置外，需要对开源软件包配置环境变量。

21.8 设计策略

按照软件工程的惯例，体系结构设计人员需要根据产品的需求与发展战略，来确定设计策略(design strategy)。

21.8.1 扩展策略

本系统的第一版本将只完成搜索引擎及其辅助后台管理，维护和下载等功能，另外，根据搜索到的信息来预测经济形势和股市情况的功能将在今后逐步完善。所以系统必须要可扩展。为了使实现系统的可扩展性，所有相应功能的实现都是以模块的形式出现的，整个系统是松耦合的系统。Web 搜索引擎在数据库支持的情况下可以单独部署，Web 的系统维护模块也独立于搜索引擎模块而独立部署，后台管理程序也是可以相对独立运行的。这样，在今后开发后续功能时，对已开发部分不受印象影响。只要有数据库的支持，就可以完成扩展。

21.8.2 移植策略

基于扩展策略同样的需求，系统开发时也将考虑到整个系统的移植。

首先是 Java 环境的配置,其次考虑开源软件包的环境配置。

系统移植最关键的部分是数据库系统的移植。

21.8.3 复用策略

软件工程要求代码的可复用性。根据这一精神,本系统所有的代码将很好地打包,分别管理。

21.8.4 折中策略

主要是考虑到时间很紧,所以才会把一些功能的开发留到下一迭代过程中。

折衷考虑到系统的性能和时间紧迫的原因,第一次开发将主要解决搜索引擎模块的开发,并开发相应的支持模块,包括提到的 Web 管理模块和后台管理模块。

21.9 系统总体结构

21.9.1 系统结构

(1) 正如前述,本系统可以分解为三个子系统:Web 垂直搜索引擎、基于 Web 的数据库管理模块和后台管理程序,如图 21-1 所示。

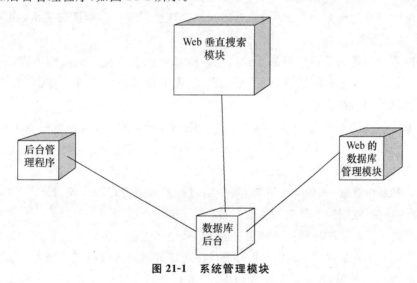

图 21-1 系统管理模块

(2) 之所以如此划分是基于软件扩展、复用和移植策略所考虑,具体参照 21.8 节设计策略所述。

(3) 后台管理程序主要运行在服务器上,负责管理维护数据库和设置本系统的各项运行参数,最主要的功能还包括负责选择性下载、分析和储存网页,建立索引和倒排表等。

Web 的管理模块方便管理员从远端机器上登录服务器,维护数据库系统,包括为系统添加新的下载分析网址及其该网址所有网页的分析规则。

Web 垂直搜索引擎方便用户,直接在浏览器上通过键入关键字搜索相关信息。所有搜索到的信息按照时间和相似度,以规整的格式显示在用户眼前。

21.9.2 关键技术与算法

系统首先根据数据库中存储的 URL 抓取相应的网页,然后按照相应的规则解析网页,截取特定的部分(包括信息的标题,URL 等),并保存到数据库中;然后程序根据获取的 URL 开始抓取信息网页,并建立索引,主要是建立倒排表。

建立索引和倒排表属于关键的技术,采用开源软件包 Lucene 的技术来完成。关于网页的解析,主要还是根据常用的字符串抓取技术来完成。

对网页选择性下载是通过开启数个线程、并行地来完成的。

本系统采用的搜索技术,不是针对整个 Internet 的爬虫程序,而是对数据库特定表中的 URL 信息和相应网页解析规则进行的专门搜索和下载。

在下载网页中网速是瓶颈,所以需要多线程下载。每个线程完成任务之后,要去循环队列获取要下载的网页。循环队列的数据每当只有容量 1/3 的时候,将去数据库获取网址。获取网址和下载,建立索引的线程同步进行,所以需要考虑到线程调度。下载到信息后,对应的 URL 属性需要改变,以表明已经下载,或者已经建立索引,或者还未下载,所有对属性记录的写操作需要和下载该网页的操作实现原子操作。

对于建立索引的步骤,需要注意插入索引的代价很高。网页越多,速度越慢;网页越多,实时性又得不到保证,而且使用 lucene 来建立索引时异常操作不能回写。改进的方法是在每下载够一定数量的网页时建立一个索引,并单独存放。这里同样存在辩证的关系,如果索引建立太频繁,效率也会降低。

可能用户更趋向于浏览到规整的搜索信息。所以信息规整化也是我们考虑的内容,使用户看到的信息更像是本地化的信息,而不是杂乱的 Web 链接。实现这一点,主要需要考虑从数据库中得到规范的信息。

关于本系统的性能方面,由于浪费 CPU 并长期不释放内存的话,有可能带来灾难般的后果。所以对于长期运行的服务器而言,释放内存变得十分重要,可防止内存占用量恶性增长。我们采取以下几个策略来达到这一目标:

(1)对于积累性数据,例如运行日志,每一定时间就清空内存写入硬盘。
(2)下载的网页数据需要及时写入数据库。
(3)使用循环队列及时地替换不需要的数据,采用多线程同步。
(4)子进程主动死亡检测,如果一个子线程在规定的时间内没有完成任务,就自动死亡。

对服务器容错的考虑,要求异常全部捕捉,尽量合理地处理。

正如前述,本系统实现模块化的开发,按照软件工程的方法,尽量实现模块化、复用性,各个类独立存放。

21.9.3 加密方案

作为软件产品的第一版,暂时不涉及加密的内容。

第 22 章 金融信息服务集成平台

作者：文沛，周斌，郭文嘉，郑莹，李晓东　　编辑：阮进，闫永平，梁循

22.1 文档介绍

22.1.1 系统概述

首先需要说明的是，我们小组并没有把这个项目仅仅作为一个课程实习来做，盲目追求多功能、为应付课程而做的应用并不能引起我们的兴趣，相反，我们在仔细研究目前的市场和技术趋势的基础之上，尝试提出原创性的解决方案，期望能够探索出如何更好地利用信息技术整合金融资源，在哪些方面信息技术能够给金融行业带来新的价值，甚至开拓出新的市场机会。同时，在此概念之上开发了用于表述或者说支撑我们想法的原型系统。因此，我们为什么要做这个系统，这个系统的价值何在，成为我们这个项目的关键之处。对此，我们小组进行了大量的调研和讨论，下面通过将我们的思路进行简单的描述，来逐步揭示出我们金融信息服务集成平台的核心价值。

我们注意到，随着技术的进步和经济的快速发展，很多行业逐渐显现出买方市场的特征，同类产品的需求趋于饱和，企业之间的竞争高度加剧，同时消费用户群逐渐呈现出个性化、多样化的趋势，而行业内部也在随时发生着变化，如新企业的进入、旧企业的破产和联合等。在新的市场环境中，企业如何调整自己的业务以适应而不致被达尔文定律淘汰，或者如何能够迅速改变业务以开拓新的需求已经成为衡量企业核心竞争力的一个极其重要的方面。IT 部门作为大多数企业的一个核心部门，担负着帮助企业处理信息资源、整合业务流程的重任，在历史上，曾极大地提高了企业的生产效率。而随着 90 年代以来的技术爆炸性发展，很多系统已经不能适应新的要求，而使用的过时技术决定了其平滑迁移的局限性，一个小模块的改变通常意味着重构整个系统。因此，许多企业的 IT 遗留系统和企业的实际业务流程通常是脱节的，并不能促进生产率，经统计，对于旧系统的维护成本相当之高，通常占到 IT 成本的 80% 左右。同时，基于封闭的环境和技术开发出来的系统缺乏与外部环境进行通信和数据交换的能力，限制了企业在开放的市场环境下的竞争能力，特别是参与当今电子商务活动的能力。因此，企业产生了所谓的对于随需应变的软件的强烈需求。

这种易变的需求，要求 IT 企业能够开发出既能解决实际问题又具有一定程度上的灵活性、可扩展性、能够适应变化的系统。对此，产业界和学界进行了各种各样的尝试。最早可以追溯到六七十年代的结构化编程、瀑布模型，期望通过规范开发过程、严格的规约限制指导高质量软件的开发（虽然实践证明，其对于易变需求的捕捉是失败的）。后来又出现了面向对象技术以及更为高层的基于中间件基础之上的构件技术。而所有这些技术都是以软件的方式来看待软件，强调在较低层面上（过程、程序、软件）的软件复用，而当企业的业务发生变化时，这种低层次的复用，并不能使 IT 系统很好地自我演化，这是因为用软件抽象的业务流程与实际

业务流程之间存在着一定的差异,即遗留系统是由以前的业务领域专家构造的业务模型转化而成的面向对象或基于构件的系统,而现在需构造的系统则应由现在的业务领域专家建模,再转化为实际的系统,两个高层模型之间可以复用概念,而实际的系统却不存在平滑迁移。为了解决这个问题,包括 IBM、BEA 在内的大公司开始尝试推广 SOA,即基于服务的架构,提倡企业以业务服务为基础、采用通用的标准(数据访问标准、数据交换标准等)和开放的架构来构建整个系统,在服务而不是软件层面进行结构和功能划分及复用。目前,SOA 正在快速发展,许多企业都提供了针对第三方的 Web service 接口,以提供一种统一的方式进行业务整合。

因此,我们可以看到,提供 Web service 已经成为了一种业界的共识,是以后必然的发展趋势。虽然前景非常美好,但是 SOA 的发展速度远远低于预期估计。这是因为目前的服务实现技术及相关规范还是过于复杂,各个规范参与制订厂商之间的利益纠葛和博弈使得 Web service、WSDL、BPEL、SDO 等支撑 SOA 架构的规范包罗万象,这对于普通的开发者来说是非常难以学习和驾驭的,一般企业的 IT 部门并没有成熟到可以消化这种复杂度的程度,同时,相关的支持工具还很不成熟,也限制了 SOA 的广泛应用。

Web2.0 及其相关技术的出现,给 SOA 带来了曙光。特别是 AJAX 技术,使得在传统应用中的一些计算可以转移到客户端进行,充分利用客户端的计算资源,页面局部刷新技术减小了客户端和服务器端的通信消耗,带来了所谓的连续的 Web 应用感受(不会因为页面的跳转打断用户正常的工作和思路),并使得 Web 应用程序能够更接近于桌面程序,极大地提高了用户体验。以前一些公认为无法在网络上实现的应用(如 word、excel 等)已经可以实现(如 writely、google spreadsheet 等),这使得你在任何地方都可以使用这些软件进行办公,"软件将无处不在",也使得"网络整体计算平台"这个概念更接近现实。也就是说,以后传统软件的概念将会消亡,整个网络将成为一个统一的计算平台,现在使用的软件以后都会变成各种各样的服务,只需要连接到网上,就可以使用和享受这些服务。同时,我们注意到,普通用户对于网络的应用已经进入了新的时代,网络开始逐渐具有个性化特质(博客社区)的繁荣就是一个很好的例证。在这样的大环境中,企业要参与以后的商业活动,或者说电子商务,以一种开放的方式拥抱网络,将成为必经之路。现在看来,在网上开放自己的 Web service 接口或者说 API,是一种非常好的方式。而且,基于 Web 方式的数据、应用整合能够有效克服 SOA 技术的复杂性,提供一种基于浏览器的简单方式,使得业务人员和 IT 人员能够共同参与到整合过程中来。

这就是我们所说的 Mashup,新一代集成不同来源的数据和信息的融合系统。这种集成和整合包括了企业内部的应用、数据和企业外部的应用数据,并一同反映到一个网页或者网站上,提供统一的用户体验,如图 22-1 所示。

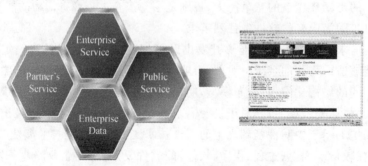

图 22-1　系统结构

它吸收了 SOA 和 Web2.0 的精髓,提倡以服务的形式构建系统,并给服务增加了更多的属性(如 HTML、CSS 等技术开发的外观等),使得后台实现和前台界面组装为构件,形成一种立体化的全新构件系统。同时,充分考虑 Web2.0 的发展趋势,提倡基于情境的解决方案,提供给用户用于创造最终解决方案的途径,而具体的方案则由用户自己决定,最大程度上体现了"用户创造价值"、"服务复用"等多种理念。

综上所述,Mashup 是目前和未来整合数据和信息的最好的方式。在这样的分析下,我们相信今后在互联网上一定会出现越来越多的 Web service,而在 Web service 极大丰富的情况下,新的系统完全能够通过将现有 Web service 进行有机整合来实现,即通过组装进行快速开发。由此,我们原创性提出"服务市场"这么一个概念,预测以后会出现这么一个中心平台,集合了无数的 Web service,供企业或其他参与者进行服务的买卖,企业购得服务以后能够较轻松地整合到自己现有的系统之中。

具体来说,从水平纬度上来看,这个市场中存在着三种角色,即平台提供者、服务提供者和服务购买者,三者可以类比为淘宝、淘宝上的商家和普通消费者。

而对于不同的服务提供者来说,从垂直纬度上来讲,存在着不同层次。初级服务提供商的服务被二级服务提供商所使用,二级服务提供商的服务被三级服务提供商所使用,依次类推,形成一个垂直方向的产业链。

我们是参考了汽车产业的发展过程得出这个推论的。汽车产业刚起步的时候,生产厂商从轮胎到方向盘统统自己负责,这样给企业生产、管理带来了很大的困难,企业无法通过提高专业程度来提高生产效率,也无法利用规模效应降低成本、获取收益。渐渐地,产业中出现了专门生产汽车引擎、轮胎、配件的企业,各个企业不再提供一条龙服务,而是专注于自己比较优势所在的领域,通过外包等产业内的合作参与市场活动,即出现了产业分工(见图 22-2)。

图 22-2　产业分工

由此可见,"服务市场"的形成并不是我们凭空想出来的,而是在对现有技术、市场发展趋势进行仔细研究的基础之上提出来的,背后有其经济学原理的支持。当然,这是一个比较广泛意义上的阐述。具体到金融行业来说,承载其服务的实体不是如汽车行业那样需要经过物理过程创造出来的,而是虚拟的、可以借助网络迅速传播和整合的信息。在金融行业里面,信息就是服务,服务就有价值,因此,其非常适合于以"服务市场"的形式进行整合。可以预见,在不久的将来,会出现专门的原始数据提供服务、数据初级分析服务、数据高级分析服务、投资预测服务、投资建议服务等,这些服务之间会形成上文中所述的层级关系。而个人投资者或企业可以在这个市场中选择自己感兴趣的服务(比较关键的是能够在完成同一功能或者说处于同一层次的不同厂商提供的服务之间进行选择),组合成能够真正给自己带来价值的应用。

综上所述,我们金融信息服务平台就是希望实现一个市场或者说平台的原型,基本实现按需选择服务、按需组装服务、服务分层等基本理念,以向老师展示我们所想象的蓝图。

22.1.2 设计约束

简单是对系统的核心要求,摆脱传统 SOA 规范和相关技术的束缚,让用户能够以简单的方式(如拖拽等)、标准的方式(基于浏览器),进行数据和应用的整合。

22.1.3 设计策略

采用 Restful service 的方法,而不是基于 WSDL 的 Web service 实现形式,使得用户可以不关心繁琐的 Web service 定义过程,只需要知道服务地址(即 URL),通过标准的 HTTP 方法即可访问服务。

以 Web 小构件的形式对服务进行包装。

采用基于事件的机制,处理不同 Web 构件之间的交互和客户端内部的通信。

结合 HTML、CSS、Javascript,提供丰富的用户体验。

采用 AJAX 技术进行服务器和客户端之间的通信。

采用 JSON 这种轻量级的数据传输格式。

22.2 系统总体结构

22.2.1 系统结构

系统结构如图 22-3 所示。

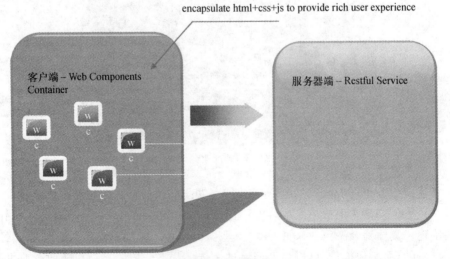

图 22-3 系统结构

系统主要分为服务器和客户端两大部分。

客户端存在着很多个网页组件，每一个网页组件是对后台服务的一个封装，允许用户以可视化的方式与后台服务之间进行交互。同时，存在着一个 Javascript 容器，负责网页组件的创建、注册以及对其生命周期的管理及处理不同部件之间的交互，如图 22-4 所示。

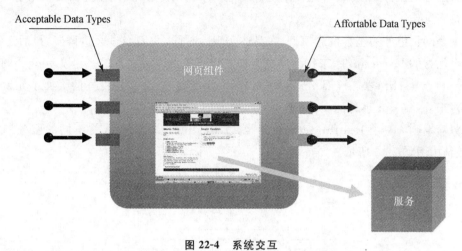

图 22-4　系统交互

每个网页组件会声明自己能够处理的数据的类型和能够提供的数据的类型，用于消化或发布数据，同时封装了一定的页面逻辑，用于显示目的。每个网页组件维护与显示有关的逻辑处理以及与特定 Web service 的绑定和通信。

不同的组件之间通过拖拽的方式实现绑定，即当一个网页组件 A 被拖拽到另一个网页组件 B 之上时，检查组件 A 的 Affortable Data Type 是否与组件 B 的 Acceptable Data Type 一致（也就是检查一个组件的输入与另一个组件的输出数据类型是否一致），若一致则说明组件 A 提供的数据能够被组件 B 所消化，这样就将 B 加入 A 的数据接收者列表。

界面以事件驱动的形式实现，以用户活动作为事件触发的条件。一个典型的事件过程如图 22-5 所示。

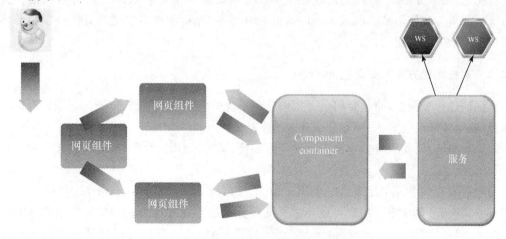

图 22-5　事件过程

用户与页面上的一个网页组件进行交互时,会激发该组件的事件处理函数,该函数发布自己的数据给所有监听该数据类型(Affortable Data Type)的其他网页组件,其他网页组件接收到数据并作出相应处理(包括更新界面、与服务器交互等,而服务器自己提供服务也可以进一步调用第三方的服务,并将结果返回给组件)。这样,在用户看来,同一界面的不同组件之间就有机地协同工作了。

以上是网页组件的基本概念模型,在具体实现的时候,我们经过大量调研,最后选择 Dojo 这样一个优秀的 Javascript 库来作为网页组件客户端的具体实现方式。它以 widget 的形式对 html、css 和 javascript 类三个部分进行了封装,以实现动态、交互性良好的页面小元素,同时,提供了对于 javascript 事件的支持。

服务器端则为一个 Restful Service 容器,以 Restful 接口的形式将不同的服务暴露给用户,大致结构图如 22-6 所示。

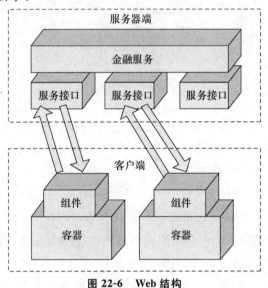

图 22-6　Web 结构

可见,金融服务是以粒度较细的服务接口的形式提供给对应的网页组件使用的。关于 Restful Service,我们用来实现 Restful Service 的框架 Xins,及我们实现的具体金融服务将在下面单独的章节中说明。

22.2.2　系统使用方式及简单的 use case

下面通过一个例子,简单介绍一下我们这个系统的大概使用情况,以及其对我们提出的按需选择服务、按需组装服务、服务分层概念的支持。

需要说明的是,我们将整个使用过程分为设计、绑定、使用三个阶段。

1. 设计阶段

用户进入系统以后,会打开一个用于编辑 HTML 页面的 rich editor,这里我们集成了 FKEditor,作为具体实现。用户可以使用所见即所得的方式进行页面编辑。注意到 editor 上我们插入了自己实现的 component repository 控件,用户点击以后可以打开一个组件选择页面,这里我们动态地从服务器端获取所有可以使用的组件,并显示用于标示组件的图片信息,如图 22-7 所示。

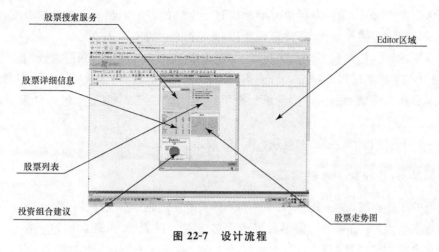

图 22-7　设计流程

我们实现了 5 个基本服务,包括:
(1) 股票搜索
输入股票代码进行模糊搜索。
(2) 股票详细信息
为了使数据尽量真实,我们自己编写了爬虫,根据股票代码从 google financial 上面搜索金融信息,并存放在数据库中。当然,如果 google financial 提供开放的 Web service 接口的话,我们完全可以使用其定义良好的 Web service,而不用采用"爬取"这种不利于扩展的方式。
(3) 股票列表
列出根据用户输入查询码返回的所有结果。与查询服务分开的好处是,可以动态选择不同的结果表现形式。
(4) 股票走势图
用 JFreeChart 画出股票一段时间内的走势图(用户可以对起止时间进行配置)。我们使用的数据是从 http://biz.swcp.com/stocks/#historical%20data 下载的 S&P 500 股票真实历史数据。
(5) 投资组合建议
使用遗传算法的变形,根据用户选择的股票,进行投资分析,给出最优投资建议。算法在后面会有详细说明。

需要说明的是,虽然这些服务我们都是在本地服务器上实现的,但是,从概念上来讲,这些服务属于不同的服务提供商,用户在我们这个平台上整合的是不同来源的数据和应用。

用户点击一个组件以后,就可以把组件插入到编辑页面当中。在该阶段,用户插入到页面当中的仅仅是组件的图片标识,当选择保存以后,动态地将标示替换为组件的具体实现,也就是其相应的 dojo widget。这样就进入了绑定阶段。这样,就完成了所谓的"按需选择服务"的功能。而用户选择的不同服务之间存在着一定的层次划分,一个组件的输出能够作为另一个组件的输入,也就是所谓的"服务分层"。

2. 绑定阶段
用户可以通过拖拽页面上的组件完成绑定过程。也就是所谓的"按需组装服务"。

3. 使用阶段

完成绑定工作以后,用户就可以开始使用自己定制的系统。与一个组件的交互,会引起不同组件之间的数据传递和协作,最终呈现给用户一个统一的使用体验。

将股票搜索组件拖拽到股票列表组件上,再将股票列表组件拖拽到股票详细信息组件上。这样,当用户在左边的输入框中输入查询码并点击搜索以后,会将搜索结果显示在股票列表组件中。当用户点击股票列表组件中的单只股票时,右边的股票详细信息组件会显示相应的详细信息。

这样,我们就成功地将不同的应用、不同的数据整合在一起了。

22.2.3 服务器、各种 service 的实现细节

在系统的服务器端,我们通过发布 Web Service 来提供业务功能,利用 Web Service 良好的封装性和松散耦合性,为前台应用提供良好的业务支持。随着 SOA 理念的逐步深入人心,Web Service 技术也得到了长足的发展,各种各样的 Web Service 创建模式不断产生。Restful Service 就是其中的一种,它的优势在于很好地解决了在网上暴露服务的一系列困难。例如:

① 浏览器端的 Ajax 应用需要调用服务器端的服务。
② 可能有多个浏览器端的应用共享同一个服务器端的服务。
③ 第三方应用也可能调用服务器端的服务。
④ 由于有不同的应用和开发者,服务应该易于使用。
⑤ 一个应用中的服务器端的服务组成了 API,一个 API 中,服务应该按照一致的方式工作。
⑥ 服务可以用各种不同的方式实现。

Restful 实际上并不是一种技术实体,而是一种理念,是一种架构体系的风格。Restful 是围绕两个基本原则的:

① Resources as URLs. 一个资源是建模中所谓的"业务实体",是你希望作为 API 的一部分暴露的实体。大多数情况下,这个实体是名词。每个资源作为一个独一无二的 URL 来表示。

② Operations as HTTP methods. REST 利用了已有的 HTTP 方法,尤其是 GET、POST、PUT 和 DELETE。

实现细节如图 22-8 所示。

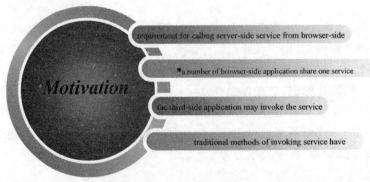

图 22-8 实现细节

XINS 是一种开源的 Web Service 技术,它提供对 SOAP、XINS、XML-RPC 等协议的支持。对于一个具体的服务,XINS 能够生成 HTML、WSDL、客户端代码、服务器端代码以及若干测试表单,因此,用户不需要太多关于复杂格式的知识,比如 XML Schema,就可以进行 Web Service 的开发和测试了。图 22-9 是 XINS 的整体架构。

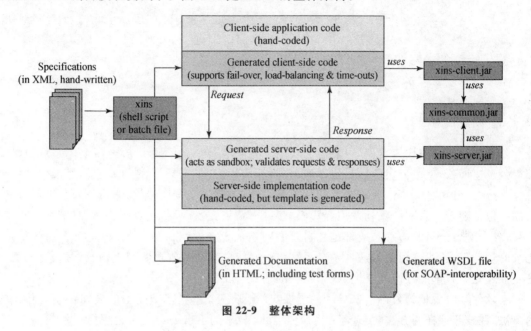

图 22-9　整体架构

在本项目中,我们使用 XINS 实现了四个 RESTful Service,它们是:
getStockDetails
printstock
SelectStock
Stockportfolio

22.2.4　致谢

感谢"网络金融"课程。为我们提供了一个开拓眼界,提高自身能力的平台,通过一个学期的学习,我们受益良多。

感谢博学多识的梁循老师。通过您旁征博引、生动有趣的讲解,让我们这些原本对"网络金融"一知半解的门外汉开始能够体会个中的奥秘。

感谢认真负责的助教老师。正是你们辛勤的工作保证了我们顺利完成这门课程的学习,通过与你们的交流,我们解开了一个又一个学习中的困惑,对知识的理解愈发深刻。

感谢一起学习了一个学期的其他小组的同学。通过和你们的讨论,我们理清了思路,纠正了原本错误的理解,一次次地"豁然开朗"。通过对你们完成的项目的观摩,我们得到了很多宝贵的启示。

最后,衷心祝愿"网络金融"这门课程越办越好。

第 23 章　网络信息 EDGAR 系统

作者：李锟，邹菁　　编辑：闫永平，梁循

23.1　产品描述

23.1.1　编写目的

随着国民经济的快速发展，以股市为代表的各类经济活动不论是从规模上还是从数量上都得到迅速增长，上市公司的数目也迅速增加，相应地，我们需要了解和关注的上市公司信息也越来越多。通常情况下，人们要查阅相关信息，或者信息不全面，或者查阅不方便，查询成本较高。但是随着互联网的蓬勃发展，越来越多的事情依托互联网，实现了无纸化，节约了成本。但是，各个上市公司的信息一般都是在自己的网站上发布，如果要搜集多个上市公司的信息，比较麻烦。于是，我们想到了这样一个系统，集中、统一存放和管理各个上市公司的信息，无论是企业还是个人都能方便的查询、检索相关的信息。

本软件针对大量的公司信息处理的需要，提出了一个建立基于网络的公司信息上传系统的方法，并按照这样的方法，实现了一个基于 Java 技术的上市公司信息远程提交系统。

23.1.2　产品名称

上市公司信息上传系统 EDGAR(the electronic data gathering-analysis- retrieval system) V1.0。

23.1.3　名词定义

B2B：本系统中指的是服务器与服务器之间的通信。

EDGAR：the electronic data gathering-analysis- retrieval system，即电子化数据收集、分析及检索系统。

23.1.4　术语解释

术语解释如表 23-1 所示。

表 23-1　术语

缩写	解释
EDGAR	electronic data gathering-analysis- retrieval system，电子化数据收集、分析及检索系统
B2B	本系统中指的是服务器与服务器之间的通信
JSP	Java Server Packages
B/S	Browser/Server
...	

23.2 产品需求概述

23.2.1 功能简介

现将各功能阐述如下：

(1) 本产品是为了方便上市公司把公司的相关信息(招股说明书、募集说明书、定期报告、临时报告、上市公告书)提交给证监会。它针对所有的上市公司，有一个通用的接口格式，便于及时、迅速的查询、检索、管理。

(2) EDGAR 具有的功能如图 23-1 所示。

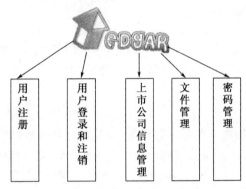

图 23-1　EDGAR 系统功能图

(3) 本产品是 EDGAR 的用户部分，整个 EDGAR 包括了上市公司和证监会以及管理员。此处对后者不再进行描述。

23.2.2 运行环境

1. 硬件环境

主机：PentiumIII 700 MHz 以上，推荐采用 Intel Core Due；

内存：128 MB 以上，推荐 256 MB；

硬盘：20 GB 以上，推荐 40 GB；

网络：1 MB/s 以上，推荐 10/100 MB 以太网卡。

2. 软件环境

操作系统：Windows 系列，最低配置 Windows2000，建议 Windows XP；

Access 数据库系统；

Tomcat 5.0 Web 服务器端；

以 WWW 方式提供服务，服务器端 JSP+JavaBean，客户端使用 IE 等 Web 浏览器。

23.2.3 条件与限制

在开发过程中，从方便实现的角度出发，我们选择了 Microsoft SQL Server 2000 数据库。

由于是在 Windows 系统环境下面开发 EDGAR 系统,为了开发方便,未使用像 Oracle、DB2 等大型数据库。

使用 SQL Server 2000 数据库只是为了开发方便,我们的 EDGAR 系统采用读取配置方法,可以动态决定采用哪种、哪个数据库系统,而且各种查询操作都只是最基本的数据库支持的操作,只要修改配置文件的数据库驱动和数据库服务器选项就可以加载不同的数据库系统驱动和连接数据库服务器。

23.3 功能需求

23.3.1 功能需求

1. 用户注册

注册该公司的相关信息,且用户名要求与该公司股市的代码一致。在注册的过程中,在填写公司的相关信息之前要先输入一个授权码。注册成功后,系统自动给用户指定的邮箱发送初始密码。

2. 用户登录和注销

用户在首页上用自己的用户名与密码登录,系统验证通过后,就可以调转到相关页面进行需要的操作;否则不允许进入系统。当用户使用完系统,进行退出操作,系统会撤销用户会话,返回系统首页。

3. 上市公司信息管理

用户可以增加、删除、更新自己的资料信息,同时,把操作的记录用邮件的形式发送给证监会。

4. 文件管理

证监会服务器定时(每天早上 7 点)自动向远程上市公司服务器索取该公司最新信息(按照事先约定的协议),而不用该公司主动上传。此外,给每个上市公司的服务器也需要定时(每天早上 7 点 30 分)自动向远程证监会服务器索取证监会最新公告和其他公司最新信息。

5. 密码管理

包括初始密码生成、修改密码和取回密码。

23.3.2 功能划分

本系统主要包括五方面的功能:(1)用户注册;(2)用户登录和注销,系统识别登录者身份后,给予相应的权限。用户根据权限进行个人信息修改、发布公司信息等操作;(3)上市公司信息管理(增加、修改、删除信息);(4)文件管理;(5)密码管理,包括初始密码生成、修改密码和取回密码。

23.3.3 用户注册

用户若想使用系统,首先要进行注册,注册成功后可以进行个人信息的修改,其主要内容包括:

1. 用户注册

想要使用系统,用户需要进行注册。根据用户名称、邮箱地址等相关信息,系统将自动生成一个用户的 ID,并通过邮件系统将密码发送到用户的注册邮箱中,用户可以使用注册好的名称进行登入,使用系统。其流程如图 23-2 所示。

2. 用户个人信息修改

用户注册成功可以进行个人信息的修改。用户不可以对用户名称进行修改,但可以修改密码和其他注册信息。信息修改也需要进行验证,验证的对象包括用户名称和密码的有效性。修改完不需发 E-mail。其具体流程如图 23-3 所示。

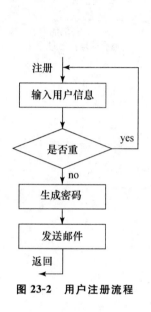

图 23-2　用户注册流程

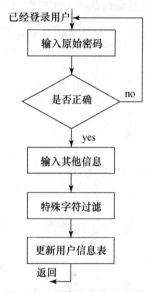

图 23-3　用户信息修改流程

23.3.4　用户登录和注销

注册成功的用户通过登录,可在用户权限内进行一系列操作,并可以进行退出操作,其主要内容包括:

1. 用户登录

用户注册成功后,在主页输入用户名和密码,验证成功后就获得相应的权限,可以进行修改资料、发布公司信息等操作。

2. 注销

用户在使用完系统后,进行退出操作后,系统会撤销用户会话,返回系统主页。

23.3.5　上市公司信息管理

用户登录后可以根据自己的权限进行,进行增加、删除、更新自己的资料信息等操作。同时,把操作的记录用邮件的形式发送给证监会。

23.3.6 文件管理

文件管理是本系统很重要的一部分,信息的获取完全是服务器自动进行的,而且是在每日指定的时间进行的。

每天定时(早上 7 点)证监会的服务器按照事先约定的协议,找到各上市公司的服务器,对相关的文件目录进行搜索,找到最新的文件,然后将其传送到证监会指定的位置。而各上市公司每日定时(例如早上 7 点 30 分)按照同样的方式在证监会服务器上查找最新的文件,然后将其传送到本公司指定的位置。这个过程完全自动,无需人工操作。最终,都能在指定的位置找到所需要的最新的文件,如图 23-4 所示。

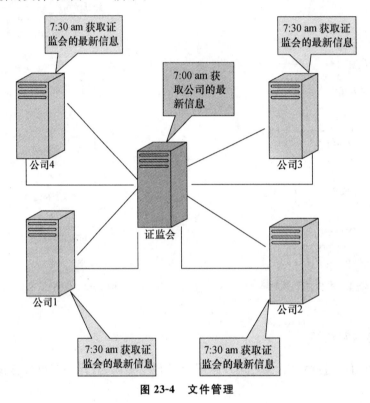

图 23-4 文件管理

23.3.7 密码管理

密码管理主要包括初始密码的生成、密码修改和密码的取回。

1. 初始密码的生成

初始密码在用户注册后生成。初始密码是由系统随机产生固定位数的字符串,并通过用户注册时登记的邮箱地址将初始密码发送给用户。流程如图 23-5 所示。

图 23-5 初始密码生成流程图

2. 密码修改

用户在进行密码修改时,需要对旧密码和新密码的有效性进行验证。

用新的密码代替旧的密码,将新的信息写入用户信息表。其流程如图 23-7 所示。

3. 取回密码

当注册用户忘记登录密码时,需要取回密码。用户通过输入用户 ID,系统将判断用户 ID 的有效性,并由用户名查询数据表获得用户的密码,以邮件形式将密码发送给用户。其具体流程如图 23-6 所示。

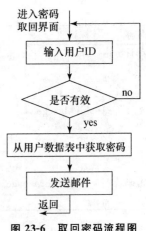

图 23-6 取回密码流程图

23.4 接口设计

23.4.1 外部接口

1. 用户接口

登录处理如图 23-7 所示。用户名为 6 位的数字(公司的股票代码),密码为大于 6 位的字符。如果不满足要求,用户无法登录进入本系统。

注册时所填写的公司邮箱必须真实有效;否则,无法收到证监会发送的一些信息。

2. 其他外部接口

硬件接口:通过网络与 Internet 相连,可实现与网络用户的交互。支持一般 X86 系列微机。

软件接口:运行在 Windows98 及更高版本的 Win32API 的操作系统之上,JVM 要在 1.4 版本以上。运行该系统需要一些 jar 包,有:cos.jar;activation.jar;mail.jar.

23.4.2 内部接口

各子模块之间通过共享数据库来实现远程的连接。采用以数据为中心的体系结构,其优点是便于更改和维护,增加模块或扩充功能时,只需要对既定的数据库以及各模块中实体的操作类(与数据库进行交互的类)进行改动即可,无须对整个程序结构做大幅度的调整。

23.5 程序系统体系结构

23.5.1 程序划分

程序划分如表 23-2 所示。

表 23-2 程序划分

名称	标识符	功能	所含源程序文件名
用户注册	register	注册;获得初始密码;信息修改	Registerservlet.java
用户登录	login	登录后获得相应的权限,用户根据权限进行个人信息修改、发布公司信息等操作	Loginservlet.java

续表

名称	标识符	功能	所含源程序文件名
信息管理	companyInfoManage	增加、修改、删除公司信息表和公司文件表	Addservlet.java，updateservlet.java，deleteservlet.java
文件管理	fileManage	证监会服务器定时自动向远程上市公司服务器索取该公司最新信息；上市公司服务器也定时自动向远程证监会服务器索取证监会最新公告和其他公司最新信息	Getinfo.java
密码管理	passwordManage	初始密码生成；修改密码；取回密码	Setpassword.java Sendpassword.java

23.5.2 程序层次结构关系

程序层次结构关系如图 23-7 所示。

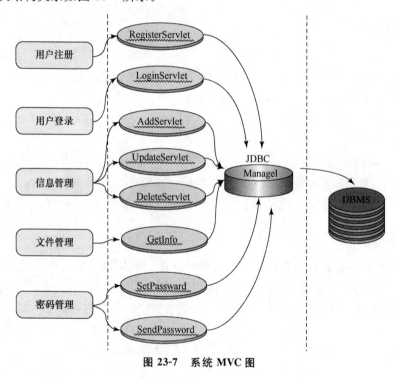

图 23-7 系统 MVC 图

23.6 全局数据结构说明

23.6.1 数据结构

项目中用户表、公司信息表、公司文件表、公司执行人员表均保存在数据库文件里。如表 23-3 至 23-6 所示。

表 23-3 用户表 users

序号	字段含义	字段名	类型	宽度	是否主键	是否非空	备注
1	用户编号	user_userid	int	4	yes	yes	
2	用户名称	user_username	varchar	128		yes	
3	用户密码	user_password	varchar	128		yes	
4	邮件地址	user_email	varchar	128		yes	
5	联络地址	user_addr	Varchar	128			
6	用户电话	user_phone	Varchar	20			
7	用户权限	user_priviledge	varchar	20		yes	分3类

表 23-4 公司信息表 companyinfo

序号	字段含义	字段名	类型	宽度	是否主键	是否非空	备注
1	公司 ID	company_ID	varchar	16	yes	yes	
2	企业名称	company_name	varchar	128		yes	
3	单位地址	company_addr	varchar	128			
4	单位电话	company_tel	varchar	128		yes	
5	单位传真	company_fax	varchar	128			
6	提交时间	update_time	datetime		yes		
7	公司主页	company_site	varchar	20			
8	企业指数	index	varchar	4		yes	
9	所属板块	industry	varchar	4		yes	
10	简介	company_brief	varchar	2000			

表 23-5 公司文件表 companyfile

序号	字段含义	字段名	类型	宽度	是否主键	是否非空	备注
1	文件编号	company_ID	varchar	16	yes	yes	
2	文件内容	file_content	binary				二进制文件

表 23-6 公司执行人员表 leaderinfo

序号	字段含义	字段名	类型	宽度	是否主键	是否非空	备注
1	人员 ID	leader_ID	varchar	16	yes	yes	
2	公司 ID	company_ID	varchar	16			foreign key
3	人员名称	leader_name	varchar	128			
4	人员职务	leader_title	varchar	128			
5	人员薪水	leader_salary	varchar	128			

23.7 接口设计

23.7.1 程序划分

1. 用户注册设计说明
2. 数据结构说明

使用用户表 users。

3. 算法及流程

用户注册的流程如图 23-7 所示。

4. 数据存储说明

模块中的数据主要通过 Connection 对象 rs 与数据库文件进行链接,然后通过调用存储过程实现把用户的注册信息添加到数据库中。

5. 源程序文件说明

源程序文件都放在 edgar 目录下:

```
import javax.servlet.*;
import javax.servlet.http.*;
import java.io.*;
import java.util.*;
import java.SQL.Types;
import java.SQL.Connection;
import java.SQL.CallableStatement;
import java.SQL.ResultSet;
import javax.SQL.DataSource;
import javax.naming.Context;
import javax.naming.InitialContext;
```

6. 函数说明

本模块包括的源程序文件及其函数如下:

Register.jsp	用户注册界面
RegisterOK.jsp	用来显示用户注册成功的界面
RegisterServlet.java	用户注册后台代码

函数 register(String user, String email, String addr, String phone)

用户注册实现过程,返回值类型为 int。

23.7.2 用户登录及注销设计说明

1. 数据结构说明

使用用户表 user。

2. 算法及流程

用户登录流程如图 23-7 所示。

3. 数据存储说明

模块中的数据主要通过 Connection 对象 rs 与数据库文件进行链接,然后通过调用存储过程验证用户名和密码。

4. 源程序文件说明

源程序文件都放在 edgar 目录下:

```
import javax.servlet.*;
import javax.servlet.http.*;
```

```
import java.io.*;
import java.SQL.*;
import javax.SQL.DataSource;
import javax.SQL.*;
import javax.naming.*。
```

5．函数说明

本模块包括的源程序文件及其函数如下：

  login.jsp   用户登录界面
  logout.jsp   用来注销
  loginServlet.java   用户登录后台代码
  函数 checkUser(String user, String psw)

用户登录验证过程返回值类型为 String。

23.7.3 信息管理设计说明

1．数据结构说明

使用公司信息表和公司执行人员表。

2．算法及流程

信息管理流程如图 23-7 所示。

3．数据存储说明

模块中的数据主要通过 Connection 对象 rs 与数据库文件进行链接，然后通过调用存储过程实现增加、删除、更新操作。

4．源程序文件说明

源程序文件都放在 edgar 目录下：

```
import javax.servlet.*;
import javax.servlet.http.*;
import java.io.*;
import java.SQL.*;
import javax.SQL.DataSource;
import javax.SQL.*;
import javax.naming.*。
```

5．函数说明

本模块包括的源程序文件及其函数如下：

  companyInfoManage.jsp 用户信息管理界面
  addServlet.java   增加信息
  updateServlet.java   更新信息
  deleteServlet.java   删除信息

23.7.4 文件管理设计说明

1. 数据结构说明

文件管理模块主要实现证监会从各上市公司获取最新文件,由 GetInfo.java、infoPath.java、TimerServlet.java、WrapperTimer.java、displayInfo.jsp 等文件组成。

文件管理模块主要的数据结构说明如下:

```
iHour=7,iMinute=0,iSecond=0;           //设置早上 7 点启动
PERIOD = 12 * 60 * 60 * 1000;          //设置固定延时时间
SPath={"http://localhost:8080/test/info",
       "http://localhost:8080/test/info"
      };                                //设置各上市公司的信息存放的位置
DPath="C:/Documents and Settings/lk/workspace/EDGAR/WebRoot/info";
                                        //设置证监会文件存放的根位置
csrcSelfInfo="csrcselfinfo";            //设置证监会发布公告的文件目录
stockCode={"000002",                    //万科 A
           "6000000"};                  //浦发银行
suffix={".txt",".doc",".pdf"};          //文件类型
Number=9;                               //设置一个公司一天信息文件的最大个数
```

2. 算法及流程

定时自动向远程服务器执行任务,如图 23-8 所示。

GetInfo 运用 I/O 流,从信息源获取信息,程序打开一个输入流,程序可从输入流读取信息,如图 23-8 所示。

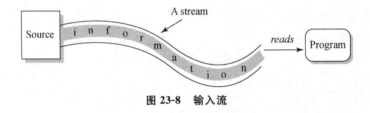

图 23-8 输入流

当程序需要向目标位置写信息时,便需要打开一个输出流,程序通过输出流向这个目标位置写信息,如图 23-9 所示。

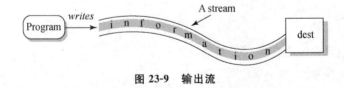

图 23-9 输出流

3. 数据存储说明

文件的格式:yyyymmdd+xx+后缀,如:"2007072202.txt",说明是 2007 年 7 月 22 日该公司的第二个文件,后缀可以是".txt",也可以是".doc"其他文件格式等。在证监会的服务器上,每个公司都有一个文件夹且以公司的股票代码命名,文件夹里存放所有该公司的文件信息。

4. 源程序文件说明

源程序文件都放在 edgar.info 目录下：

```
package edgar.info;
import java.io.*;          用于进行输入输出流操作
import java.net.*;         用于网络连接等操作
import java.util.date;     用于时间处理
```

23.7.5 密码管理设计说明

1. 数据结构说明
2. 算法及流程

密码管理流程如图 23-7 所示。

3. 数据存储说明

模块中的数据主要通过 Connection 对象 rs 与数据库文件进行链接，然后通过调用存储过程实现密码修改及密码取回操作。

4. 源程序文件说明

源程序文件都放在 edgar 目录下：

```
import javax.servlet.*;
import javax.servlet.http.*;
import java.io.*;
import java.SQL.*;
import javax.SQL.DataSource;
import javax.SQL.*;
import javax.naming.*;
```

23.8 性 能 需 求

23.8.1 时间特性

一般操作（如用户登录、创建删除用户、修改删除公司信息）的响应时间应在 1～2 秒内。

操作核心数据的运行时间依赖于查询内容是否复杂及数据库查询的快慢，应在可接受的时间内完成规定的操作。一般的即时操作（如用户登录、创建删除用户、修改删除公司信息、及时修改核心数据）的运行时间应在 1～2 秒内完成，不会让用户长时间等待。

远程操作在一般情况下的响应时间为 1～2 秒，但特殊情况无法估计。

23.9 运 行 需 求

23.9.1 用户界面

用户界面如图 23-10 所示。

图 23-10 用户界面

23.9.2 硬件接口

本系统暂不设置与除了计算机以外的终端设备进行通信，不需要相关的硬件接口。

23.9.3 软件接口

操作系统：Windows XP Professional 操作系统；
JDK1.5.0；
Web server：apache Tomcat 5.0；
数据库服务器：Microsoft SQL Server 2000；
开源软件包：cos.jar；
activation.jar；
mail.jar。

23.9.4 通信接口

http://localhost:8080/EDGAR。

23.10 其他需求

23.10.1 健壮性

系统能够间断地备份数据，在服务器出现故障时能够自动对数据进行恢复，从而能够保证系统稳定可靠。

23.10.2 安全保密性

系统保证用户的信息安全性，保证在交易过程中数据和信息不被监听和窃取。在所有的功能操作执行前先对用户的身份进行验证。

23.11 参考文献

[1] 梁循,杨健,陈华.互联网金融信息系统的设计与实现.北京：北京大学出版社.2005.
[2] 王立福.软件工程(第二版).北京：北京大学出版社.2002.
[3] 马燕,林传立.J2EE 在电子商务开发中的应用研究.计算机应用研究.19(9):42—44.2002.
[4] 庄心田,肖建宁.网络时代的金融系统功能.中外科技信息,(8):57—58,2002.

第6篇
其 他

第 24 章　校园物品交易平台

作者：周期律，廖建华，和斌，朱兴辉，谢云开，刘靖　　编辑：阮进，闫永平

24.1　产品概述

24.1.1　编写目的

需求规格说明将作为以后系统概要设计和系统详细设计的依据，预期读者为系统设计人员和软件编写人员。

24.1.2　产品名称

校园交易平台。

24.1.3　名词定义

用户：所有使用系统的人的集合，其中分为管理员、注册会员、游客，其具体的权限请参看用户简介。

物品类别：为便于查找信息，系统将所有信息分为计算机类、通信类、图书类、电子类、生活类、房屋类、兼职类等类别，并可以由管理员添加新的类别。

交易类别：即提供商品还是求购商品。

交易日期范围：即搜索信息时，发布信息时间到今天的时间间隔，如交易日期范围为 1 个月，则为今天时间往前推 1 个月的时间都有效。

搜索类别：分为按标题搜索或按全文搜索，在搜索时候分别只在发布信息标题里或只在发布信息的详细描述中搜索。

交易记录：注册会员发布的求购或提供商品的全部信息，其中包括：标题、详细描述、物品类别、交易类别、交易状态及其他用户所发的短消息等。

交易状态：标记该信息是否还有效，分为未完、完成或过期。注册用户在发布信息的时候将选择该信息的有效时间，并可以修改完成或未完的状态，以表示交易是否完成。

有效时间：注册会员在发布信息时候选择的该条信息的有效时间范围，不能超过 1 个月，过期信息交易状态将被标记为过期。

24.2　产品需求概述

24.2.1　功能简介

系统主要目的是给在校大学生提供一个二手商品交易平台，其功能是完成校园二手商品的交易，系统主要分为两个模块：一个为系统后台模块，一个为系统前端模块。

系统后台模块完成系统的日常管理维护工作，后台模块的主要功能包括：整个系统的任务分配，用户的权限分配，交易及用户信息修改、添加、删除、分类、查询管理、系统管理与维护。

系统前端模块是提供给用户操作的界面，完成用户的交易的工作，其主要功能有：使用系统，注册登录，查看和发布交易信息，查看其他用户信息，修改个人信息，系统使用建议及反馈，实现货物交易，更新自身所发布的交易信息。

系统功能模块如图 24-1 所示。

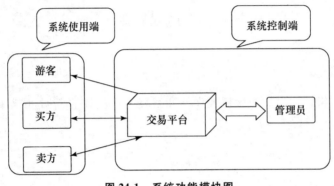

图 24-1 系统功能模块图

24.2.2 运行环境

1. 硬件环境

（1）服务器
- 奔腾 4 3 GHz 以上处理器
- CRT 或 LCD 显示器
- 1 GB 以上内存
- 千兆网卡

（2）客户端
- INTEL 1 GHz 以上处理器
- CRT 或 LCD 显示器
- 128 MB 以上内存
- 网卡或 MODEM

2. 软件环境
- IE4.0 以上版本
- Windows98、2000、XP
- 开发环境：ASP、DREAMWAVER、MS Access

24.3 系统框图

24.3.1 运行环境

运行环境如图 24-2 所示。

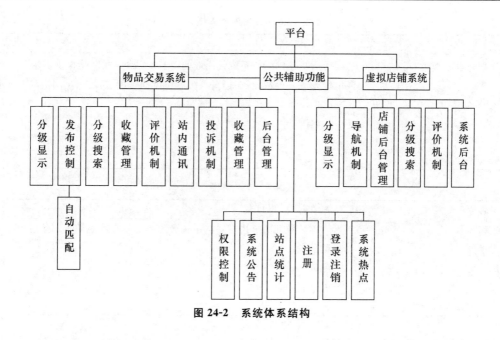

图 24-2 系统体系结构

24.4 数据描述

24.4.1 各种单据

各种单据如表 24-1 至 24-4 所示。

表 24-1 产品说明单据

单据名称	产品说明单据
用途	详细反映产品的
使用单位	查看说明的用户和游客
制作单位	发布销售与求购信息的用户
频率	……
高峰时的数据流量	……

表 24-2 用户信息单据

单据名称	用户信息单据
用途	详细反映用户信息
使用单位	查看信息的用户及管理员,及用户本人
制作单位	用户自身
频率	……
高峰时的数据流量	……

表 24-3　反馈信息单据

单据名称	反馈信息单据
用途	用于系统控制端与系统使用端的信息交流，为控制端提供需求的改变，以便改进系统性能，在提高系统可用度的基础上，进一步满足双方要求
使用单位	管理员
制作单位	用户及游客
频率	……
高峰时的数据流量	……

表 24-4　公告单据

单据名称	公告单据
用途	为管理员详细的描述将要在系统公告版上发布消息的全部信息
使用单位	管理员
制作单位	管理员
频率	……
高峰时的数据流量	……

24.4.2　数据项的详细说明

数据项的详细说明如表 24-5 至 24-13 所示。

表 24-5　产品说明单据（出售）

属性中文名	属性英文名	属性类型，长度，精度	属性值域
产品名称	name	char,20,0	/
产品基本描述	description of product	备注	/
原购价格	original price	int,10,0.00	>0
出售价格	sale price	int,10,0.00	>0
数量	amount	char,20,0	>0
所属种类	kind	char,20,0	<>null
产品快照	photo	备注,1,0	/
出售人姓名	name of seller	char,20,0	<>null
出售人联系方式	contact way	char,50,0	<>null
出售人信用级别	class of credits	char,2,0	(0,5)

表 24-6　产品说明单据（求购）

属性中文名	属性英文名	属性类型，长度，精度	属性值域	PK/FK
产品名称	name	char,20,0	/	
产品基本描述	description of product	备注	/	
原始价格	original price	int,10,0.00	>0	
求购价格	purchasing price	int,10,0.00	>0	
数量	amount	char,20,0	>0	
所属种类	kind	char,20,0	<>null	
产品快照	photo	备注,1,0	/	

属性中文名	属性英文名	属性类型,长度,精度	属性值域	PK/FK
求购人姓名	name of purchaser	char,20,0	<>null	
求购人联系方式	contact way	char,50,0	<>null	
求购人信用级别	class of credits	char,2,0	(0,5)	

表 24-7 用户信息单据(其他用户)

属性中文名	属性英文名	属性类型,长度,精度	属性值域	PK/FK
用户名	name	char,20,0	/	
性别	gender	logic,1,0	(true,false)	
年龄	age	char,4,0	>0	
邮件地址	email address	char,20,0	>0	
所在系别	major department	char,20,0	>0	
用户头像	photo	备注,1,0	/	
简介	description of user	备注	<>null	
所在年级	grade	char,4,0	<>null	
求购人信用级别	class of credits	char,2,0	(0,5)	

表 24-8 用户信息单据(自身)

属性中文名	属性英文名	属性类型,长度,精度	属性值域	PK/FK
用户名	name	char,20,0	/	
性别	gender	logic,1,0	(true,false)	
年龄	age	char,4,0	>0	
邮件地址	email address	char,20,0	>0	
所在系别	major department	char,20,0	>0	
用户头像	photo	备注,1,0	/	
简介	description of user	备注	<>null	
所在年级	grade	char,4,0	<>null	
求购人信用级别	class of credits	char,2,0	(0,5)	
密码	password	char,10,0	<>null	
是否修改密码	change password or not	logic,1,0	(true,false)	
更新密码	new password	char,10,0	<>null	
确认新密码	new password configuration	char,10,0	<>null	
联系电话	telephone	char,10,0	<>null	
求购人信用级别	class of credits	char,2,0	(0,5)	

表 24-9 反馈信息单据

属性中文名	属性英文名	属性类型,长度,精度	属性值域	PK/FK
反馈人名称	name	char,20,0	/	
反馈基本描述	description about feedback	char,400,0	/	
积分情况	credit	char,20,0	>0	
提交反馈时间	time of feedback	date,10,0	>0	
反馈数量	amount	char,5,0	>0	
反馈人联系方式	contact way	char,50,0	<>null	
反馈人信用级别	class of credits	char,2,0	(0,5)	

表 24-10 公告单据表

属性中文名	属性英文名	属性类型,长度,精度	属性值域	PK/FK
公告名称	name	char,20,0	/	
公告基本描述	description of note	备注	/	
公告发布时间	time to put on	date,10,0	>0	
公告级别	class of allergy	char,10,0	(1,3)	

表 24-11 产品交易账本表

账本名称	产品交易账本
用途	用于给用户一个较详细的商品交易的明细表包含该用户交易的所有轨迹,出售商品,购买商品
使用单位	管理员,用户
制作单位	管理员
频率高峰时的数据流量	

表 24-12 数据项的详细说明表

序号	数据项中文名	数据项英文名	数据项类型,长度,精度
1	用户名	name	char,20,0
2	账单时间	time of account	date,1,0
3	出售商品数量	count for sale	char,10,0
4	出售商品名称	name of sale	char,200,0
	出售商品日期	date of sold commodity	date,1,0
5	求购商品数量	count for purchase	char,10,0
6	求购商品名称	name of purchase	char,200,0
	购入商品日期	date of purchase commodity	date,1,0
7	购入商品数量	count for bought commodity	char,10,0
8	售出商品数量	count for sold commodity	char,10,0
9	购入商品金额	expense for buying	double,10,0.00
10	售出商品金额	income for selling	double,10,0.00
11	总成交金额	total exchange	double,10,0.00
12	总成交数量	count for total exchange	char,10,0

表 24-13 系统适时监控情况报表

报表名称	系统适时监控情况报表
用途	用于管理员查看整个系统在适时情况下整个系统运行情况,做各项系统数据分析及进一步系统的即时优化和管理
使用单位	管理员
制作单位	管理员
频率	……
高峰时的数据流量	……